KB165113

국어사전
활용교육

Korean Dictionary Project **KDP**

국어사전 활용교육

Korean Dictionary Project

2015년 3월 21일 초판 1쇄 발행
2017년 5월 5일 초판 2쇄 발행

ISBN 978-89-93858-31-0 03370
저자 전광진 外 34人
발행인 이숙자
표지 조의환
편집 권민서
교정 취영록
기획 LBH교육연구소

발행처 LBH교육출판사
등록 220-90-76309
주소 경기도 하남시 덕풍북로 140, 106-803
문의 (T) 031-794-2096 (F) 031-793-2096
홈페이지 www.LBHedu.com
이메일 lbhedu@hanmail.net

"대한민국, 만세 합시다!"

국어사전 활용교육

Korean Dictionary Project **KDP**

선생님 연수 교재, 학부모 맞춤 선물!
선생님 필수 지식, 학부모 으뜸 상식!

LBH교육출판사

차 례

머리말

대한민국 만세!
국어사전 활용교육에 달려 있다

단군기원으로 보자면 올해가 4348년이다. 아직 1만 년의 반도 안 되었다. 대한민국 기원으로 따지면 70년이 채 안됐다. 백년을 사는 시대라고 하지만 그것은 개개인을 두고 하는 말이다. 우리 대한민국을 두고 보면 백년이 아니라, 만년토록 가야하지 않겠는가? 그러한 염원(念願)이 애국가(愛國歌)에 잘 명시되어 있다. 그런데 이에 대하여 깊이 생각해 보거나 국가 만년대계를 대비하는 사람들은 그리 많지 않은 것 같다. 애국가 1절을 함께 읽어 보자.

> 동해물과 백두산이 마르고 닳도록
> 하느님이 보우하사 우리나라 만세!
> 무궁화 삼천리 화려강산
> 대한 사람, 대한으로 길이 보전하세!

우리나라 국민이라면 누구나 수없이 불러 보았을 것이다. 그런데 '우리나라 만세'의 '만세'가 무슨 뜻인지 정확하게 알고 있는 사람은 예상 외로 많지 않다. 초등학생은 물론이고 대학생들도 그렇다. 만세라는 한자어가 무슨 말인지 잘 모르는 것은 한자 지식의 결여가 한 원인일 수 있다. 그렇다고 한자자전을 찾아본다고 될 일이 아니다. 한글세대에게는 한자자전보다 국어사전이 더 우선적이다. 한자어의 뜻을 알려면 국어사전을 찾는 것이 상책이다. 국가기관에서 편찬한 《표준국어대사전》을 찾아보니 아래와 같이 풀이되어 있다.

> 만세 (萬歲)[만 : -]
>
> (명사)①영원히 삶. ②귀인, 특히 천자나 임금의 죽음을 이르는 말. (감탄사 · 명사) 바람이나 경축, 환호 따위를 나타내기 위하여 두 손을 높이 들면서 외치는 소리.

'우리나라 만세'의 만세가 무슨 뜻인지 알기 위하여 먼저 ①번을 대입하면 '우리나라 영원히 삶'이 되고 ②번을 대입하면 '우리나라 죽음'이 된다. 감탄사로 보면 '바람' '경축' '환호' 가운데 어떤 것을 나타내기 위하여 외치는 소리인지 알기 어렵다. '바람'을 위하여 두 손을 높이 들면서 외치는 소리라면 무슨 '바람'을 위한 것인지 도무지 감을 잡을 수 없다. 더구나 {萬}과 {歲}가 각각 무슨 뜻인지도 알 수 없다. 국어사전이라고 다 그런 것은 아니다. 알기 쉽게 설명한 사전도 있다. 예를 들어 《초중교과 속뜻학습 국어사전》에는 이렇게 풀이되어 있다.

> 만:세 萬歲 (일만 만, 해 세) [ten thousand years; hurrah]
>
> ① 속뜻 오랜[萬] 세월(歲月). ②오래도록 삶. 영원히 살아 번영함. ③영원하라'는 뜻으로 크게 외치는 소리. ¶ 대한민국 만세! / 우리나라 만세! ㊗만년(萬年).

오라! '만년'과 비슷한 말이구나! {萬}은 '일만'(ten thousand), {歲}는 '해'(year)임을 한자자전과 영어사전을 찾지 않아도 알 수 있다. '오랜 세월'이 속뜻인데, '오래도록 삶', '영원히 살아 번영함'을 뜻하기도 한다. '영원하라!'는 뜻으로 외치는 말로도 쓰이는데, 왜 '영원하라!'는 뜻이 되는지 그 이유를 알고 나니 속이 시원해진다. 즉 '우리나라 만세!'는 '우리나라여, 영원히 번영하라!'는 뜻이다. 그래서 네 절마다 마지막 후렴에 '대한 사람 대한으로 길이 보전하세!'가 들어 있고, 이것이 바로 '대한민국 만세'의 속뜻을 풀이한 말이다.

이제 '대한민국 만세'의 뜻을 바로 알았으니, 어떻게 해야 대한민국이 '만세'할 수 있을지에 대하여 다 함께 생각해 보자. 대한민국은 1948년생이니 67세 밖에 되지 않았다. 앞으로 백세, 천세, 만세를 이어가려면 어떻게 해야 할까? 우리나라가 만년토록 영원히 번창하려면 기초가 튼튼해야 하지 않을까? 이 일이 오늘날 우리에게 부여된 역사적 사명이다. 우리는 이러한 소명의식을 생각하고, 고민했다. 그래서 이 책을 엮었다.

대한민국이 만세하기 위한 근본적인 대책은 다방면으로 고찰할 수 있겠다. 우리는 그 가운데 교육이 가장 중요하다고 생각했다. 공교육의 첫 단추는 바로 초중등의 학교교육이고, 모든 과목의 기초학력을 굳게 다져야 하는 학교교육은 국어사전 활용에 그 사활이 달려 있다고 보았다. 그래서 '대한민국 만세 합시다.'라는 슬로건을 실행하기 위한 첫 번째 방안으로 '국어사전 활용교육'을 꼽았다. 또 다른 방안들이 줄지어 나오길 기대하면서, 이 교육이 왜 중요하고, 어떤 의미를 가지고 있으며, 어떤 기대효과를 누릴 수 있는지 살펴본다.

첫째, 국어사전 활용교육이 우리나라를 강대하게 한다. 언뜻 보기에 수긍이 되지 않고, 논리적 비약이 많아 보일 수 있다. 먼저 다른 나라의 사례를 보

자. 미국에는 학교교육의 뿌리를 튼튼하게 한 'Dictionary Project'가 있다(제 3장에 상세히 설명되어 있음). 그들이 내세운 슬로건은 'Reading makes a country great'(독서가 나라를 강대하게 만든다)이다. 미국을 더욱 강대한 나라로 만드는 이 프로젝트를 실행하기 위하여 우리의 국어사전에 해당하는 영어사전을 해마다 초등학교 3학년 학생들에게 기증한다. 학생들은 매일 매시간 학교와 가정에서 사전을 활용하고 있다. 2013년도에는 전국 초등학교 3학년 학생 430만 명 가운데 약 250만 명이 혜택을 받았다(www.dictionaryproject.org). 우리가 무상급식에 심혈을 기울이고 있을 때 미국은 무상사전 기부에 전력을 기울이고 있었다. 우리가 학생들의 배를 채우는 문제로 골몰하고 있을 때, 미국은 학생들의 머리를 채우는 문제에 몰두하고 있던 셈이다. 이웃 일본은 어떨까? 초대형 교육기업(Benesse Corporation)의 전폭적인 지원으로 '사전 찾기 학습'(辭書引き學習) 열풍이 거세게 일어나 전국을 휩쓸고 있다(www.teacher.ne.jp/jiten/study). 미국과 일본의 성공사례를 통해서 보면, 국어사전 활용교육이야말로 '대한민국 만세'의 교육 기반을 다지는 데 일조가 될 수 있음을 확실하게 알 수 있다. 비록 늦었지만 매우 시급한 과제라는 것도 알 수 있다. 국어사전 활용교육으로 학생들의 생각의 키를 키워야 나라가 큰다는 사실도 알게 되었다.

둘째, 국어사전 활용교육은 개천에서 용이 나게 한다. 우리나라 교육 현실이 갈수록 고비용 구도로 치닫다 보니, 교육에 의한 신분 상승이나 계층 상향 이동이 더욱 더 어려워지고 있는 것을 개탄하고 걱정하는 사람들이 많다. 국어사전 활용교육은 '초저(超低) 비용 – 초고(超高) 효과'라는 특징을 갖고 있다. 학생 1인 3만~4만 원의 초저 비용으로 모든 과목의 공부를 잘하게 할 수 있다. 우리 교육계는 가까운 데 해법을 두고 먼 곳에서 우왕좌왕 좌고우면 갈팡질팡 헤매고 있다. 분명, 초중등 교육의 사교육비 경감에 매우 효과적이다. 늦었지만 교육당국이 이 방안에 착안하여 전국의 학생과 학부모들이 사교육비 경감 정책의 수혜자가 되기를 기원한다. 이 책의 제 3장 3절 '우리나라의 성공사례' 편에 소개되어 있는 교육청, 학교, 학년 및 학급 단위 우수 사례에 관한 각 언론 매체의 보도 자료를 보면 그 가능성을 누구나 쉽게 예상할 수 있다. 사전 활용학습으로 '개천에서 용이 난' 가장 큰 모범 사례는 중국에서 있었다. 2012년도 노벨문학상 수상작가인 중국의 모옌(莫言, Mòyán)은 공식적인 학력이 초등학교 5학년 중퇴라고 한다. 그런데도 노벨문학상을 받을 정도로 폭넓은 문학적 소양을 갖게 된 것은 순전히 사전 활용학습 덕분이라고 한다. 학교를 그만 둔 후에도 혼자서 《신화자전》(新華字典)을 늘 끼고 살았다고 한다. 유튜브에서 '莫言'이라고 한자를 입력하여 검색해 보면 '과학과 문학의 대화'라는 제목의 대담록이 있다. 이 동영상에서 22분이 경과된 쯤에 그의 육성 증언이 나온다. 사실 초등학생용 국어사전에 나오는 단어를 모두 알 정도로 높은 어휘력을 가지면 모든 과목 공부가 '식은 죽 먹기'일 뿐만 아니라 어느 분야에서도 탁월한 인재가 될 수 있다.

셋째, 국어사전 활용교육이 우리나라 학교교육을 살릴 수 있다. 초중등 학교교육에서는 학력 기초를 굳게 다지는 것이 최우선이다. 그럼에도 학생들의 급식 문제를 두고 걱정하는 사람은 많아도, 학력(學力) 문제를 두고 우려하는 사람은 극히 드물다. 학생들의 문해력(文解力)을 '읽기 능력'으로 해석하여 아무도 이를 걱정하지 않는다. 한글로 쓰여 있는 교과서 문장을 읽지 못하는 학생은 거의 없다. 그런데 문해력을 '독해능력(讀解能力)'으로 해석하면 문제는 매우 심각해진다. 읽을 줄 알아도 뜻을 모르는 학생들은 너무나 많다. 사태가 이 지경인데도 걱정을 하지 않는다면, 그것은 학생들이 아니라 어른들에게 문제가 있다. 기성세대의 잘못된 인식이 문제인 것이다.

이에 대한 진단과 처방이 바로 우리나라 학교교육의 활로를 찾는 길이다. 이러한 진단을 바탕으로 국어사전 활용교육이 초중등 학교교육을 살릴 수 있다고 처방한 것은 다음 세 가지 측면에서 더욱 구체적으로 고찰해 볼 수 있다.

(1) 교과 교육 : 영어사전은 영어 과목 성적을 높여 준다. 그렇다면 모든 과목 성적을 높여 주는 사전은 무엇일까? 답은 '국어사전'이다. 국어사전이 국어 과목 공부에만 필요한 것으로 착각하는 사람들이 의외로 많다. 그런데 모든 교과의 독서(讀書)가 독해(讀解)로 이어지려면 반드시 필요한 것이 국어사전이다. '사람은 책을 만들고, 책은 사람을 만든다.'며 책을 읽는 교육, 즉 독서교육을 강조하는 글들은 참으로 많다. 이것을 부인할 사람은 아무도 없다. 그러나 책을 읽을 때는 단어나 문장에 대한 이해가 매우 중요함에도 독해의 중요함을 강조하는 글은 거의 없는 것 같다. 독서가 중요하다고 하여 아무 책이나 함부로 읽으면 약을 남용(濫用)하는 것과 같아서 득(得)보다 실(失)이 많을 수 있다. 그리고 독해를 잘 하려면 좋은 사전이 있어야 한다. 독서는 좋은 서적이 있어야 하고, 독해는 좋은 사전이 있어야 한다. '파충류'(爬蟲類)라는 단어를 예로 들면, 국가에서 편찬한 가장 큰 사전인 《표준국어대사전》에 '파충강의 동물을 일상적으로 통틀어 이르는 말. ≒ 파충'이라고 풀이하고 있어 궁금증이나 답답함을 속 시원히 풀어 주지 못하고 있다. 이와 달리, 무슨 뜻인지에 아울러 왜 그런 뜻이 되는지를 속 시원히 이해시켜 주는 사전이 있다. 그 국어사전은 '기어 다닐 파, 벌레 충, 무리 류' 같은 훈음을 제시하여 한자 지식을 쉽게 활용할 수 있게 하고, '땅을 기어 다니는[爬] 벌레[蟲] 같은 동물 종류(種類). 거북, 악어, 뱀 따위'라고 풀이하고 있다. 좋은 국어사전을 찾아내어 잘 활용하는 것이 모든 교과 교육에 있어서 필수불가결한 어휘력과 독해력을 높이는 관건이 된다.

(2) 영어 교육 : 초등학교 3학년부터 영어 교육을 실시하고 있지만, 자녀 교육열이 높은 학부모들은 유치원 때부터 영어를 가르치느라 많은 비용을 투자하고 있다. 우리나라 학생들에게 영어 교육은 미국이나 영국 학생들의 영어 교육과 크게 다르다. 미국이나 영국은 모국어(native language) 교육의 성격이 있는 반면, 우리나라는 외국어(foreign language) 교육에 해당한다. 모국어로서의 영어 교육은 영어를 영어로 바꾸어 말하는 능력이 중요하다. 반면 외국어 교육으로서의 영어 교육은 영어를 한국어로, 한국어를 영어로 바꾸어 말하는 능력이 중요하므로, 먼저 한국어 실력을 갖추는 것이 중요하다. 모국어로서의 한국어 기초를 다지기 전에 외국어인 영어를 가르치는 것은 약(藥)이 아니라 독(毒)이 될 수 있다는 사실을 모르고 영어 조기 교육에 출혈을 감수하는 사례를 볼 때 마다 안타깝기 짝이 없다. 국어사전 활용을 통한 한국어 어휘력 향상이 외국어(영어 등) 실력을 높이는 것보다 먼저 이루어져야 한다. 이것은 선택이 아니라 필수이다. 영어 과목 성적은 영어사전이 올려주고, 영어를 포함한 모든 과목 성적은 국어사전이 올려준다.

(3) 한자 교육 : 한글만 배워 한자를 모르는 세대를 일러 '한글세대'라고 한다. 한자 학습 부담이 없어 다행한 세대라고 말하지만 오히려 불운한 세대이다. 한글이 낱말의 음(音)을 나타내는 데 유리하다면, 한자는 낱말의 뜻[義]을 나타내는 데 유리하다. 한글이 숟가락이라면 한자는 젓가락이라고 말할 수 있다. 둘 다 사용할 줄 알면 좋을 텐데, 굳이 숟가락 하나만 사용하라는 것과 다를 바 없는 것이 바로 '한글 전용 정책'이다. 이 정책으로 혜택을 받은 학생보다 피해를 본 학생들이 많다. 한자 교육이 제대로 이루어져야 학생들의 학업 능력을 높일 수 있다. 그런데 우리나라의 한자 교육은 중국이나 일본과는 첫 단추부터 달라야 한다. 한자를 전용(專用)하는 중국이나 한자를 혼용(混用)하는 일본은 낱낱 한자를 중심으로 교육하는 것이

효과적이다. 하지만 우리나라 교과서에는 한자는 전무(全無)하고 한자어는 무수히 많기 때문에 이와 달라야 한다. 즉, 한자어를 중심으로 한자 교육을 해야 한다. '선(先) 한자어 – 후(後) 한자' 교육이 효과적이다. 학습 도구로 말하자면 한자자전보다 국어사전이 더욱 중요하다는 말이다. 예를 들어 '동해안에 해일이 일어났다'는 문장에 쓰인 '해일'이라는 단어의 뜻을 찾아보려면 한자자전은 무용지물이다. 먼저 국어사전을 찾아보아야 한자로 '海溢'이라 쓴다는 것을 알 수 있다. 그런데 일반 국어사전에는 {海}와 {溢}이 각각 무슨 뜻인지 풀이되어 있지 않다. 다행히도 '바다 해', '넘칠 일'이라는 속뜻을 알려 주는 국어사전이 있다. 속뜻이 풀이되어 있는 국어사전은 한자어 교육과 한자 교육을 동시에 할 수 있다. 한자어를 학습하면서 한자 지식을 쌓고, 그렇게 쌓은 한자 지식이 다른 한자어를 분석하는 데 도움이 되는 선(善)순환 효과를 누릴 수 있다. 특히 한자는 자형(字形), 자음(字音), 자의(字義)로 나누어지는데, 한자가 아니라 한자어를 많이 쓰는 우리나라는 한자의 자형보다 자의 지식이 매우 요긴하다. 따라서 한자어에 대한 자의 정보가 주어져 있는 국어사전은 한자 교육에도 매우 효과적이다.

(4) 창인 교육 : 창인 교육의 '창인'은 '창의성[創]이 강한 인재[人]'를 뜻하며 '창의(創意)·인성(人性)'의 준말로 볼 수도 있다. 교육계에서 흔히 말하는 '창의·인성 교육'이라는 말을 간결하게 '창인 교육'이라고 하면 좋겠다는 생각에서 지은 용어다. 최근 출간된 《초등한자 창인교육》이라는 책에서 처음 쓰인 말이다. 국어사전 활용교육이 학생들의 창의력 개발과 인성 함양에 큰 도움이 될 수 있다. 먼저 창의력에 대해 살펴보자. 창의력은 '무(無)에서 유(有)를 생각해내는 힘'이 아니라 '유(有)에서 또 다른 유(有)를 생각해내는 힘'이다. '하늘 아래 새 것은 없다'는 말도 그런 뜻에서 나온 것이다. 그래서 창의는 기존의 것을 아는, 즉 이해하는 것에서 시작되어야 마

땅하다. 서구의 한 철학자는 "생각의 한계는 언어의 한계"라고 했다. 쉽게 말하면 '사람은 아는 단어의 수만큼 생각할 수 있다'는 것이다. 창의력(創意力)은 사고력(思考力)을 바탕으로 자라나며, 사고력은 어휘력(語彙力)을 발판으로 향상된다. 단어의 수를 늘이려면, 즉 어휘력을 높이려면 국어사전 없이는 불가능하다.

인성(人性) 교육은 인간(人間)이라면 누구나 반드시 지녀야 할 품성(品性), 즉 사람으로서 지켜야 할 도리와 예절, 나아가 사람과 사람이 더불어 살아가는 데 필요한 모든 인품을 가르치는 일을 말한다. 인성 교육은 정직(正直), 용서(容恕), 책임(責任), 배려(配慮) 등 기본 자질을 뜻하는 낱말들의 의미를 하나하나 익혀 가는 것에서부터 시작한다. 그런 말들의 의미를 속속들이 잘 알려면 효과적인 국어사전이 있어야 한다. 이를테면, '배려'라는 단어에 대하여 '나눌 배, 생각 려'라는 훈음을 가진 한자를 쓰고, '마음을 나누어[配] 남도 생각[慮]해 주는 것'이라고 설명할 수 있어야 한다. 이렇듯 국어사전 활용교육은 창인교육에도 필수불가결하다.

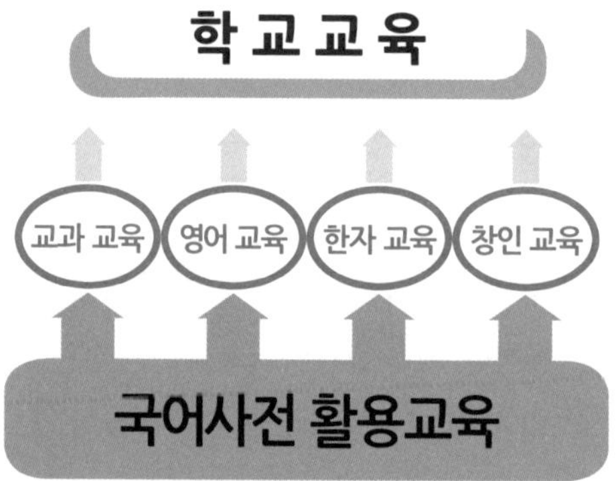

이 책을 엮게 된 배경과 주요 내용에 대해 간단히 설명해 본다. 미국의 국어사전 활용 프로젝트인 'Dictionary Project'는 이미 20여 년의 역사를 갖고 있고, 해마다 큰 발전을 거듭하여 초등교육의 튼튼한 뿌리 역할을 하고

있다. 일본의 '사전 찾기 학습'(辭書引き學習)도 이미 15년의 역사를 갖고 있고, 전국적으로 큰 각광을 받고 있다. 이에 어깨를 나란히 할 수 있는 우리나라의 '국어사전 활용교육'을 한 권의 책으로 엮은 것은 분명 미국과 일본의 사례에서 자극을 받은 것이다. 그러나 그 맹아나 발단은 이미 오래 전부터 있었다. 술이부작(述而不作)의 정신으로 기존의 글들을 모아 한 권의 책으로 엮었다. '책을 위한 책'을 만들기 위하여 급조(急造)하는 우를 범하지 않으려고 노력했다. 미국의 딕셔너리 프로젝트는 홈페이지는 잘 만들어져 있지만 관련 단행본은 없다. 일본의 경우 홈페이지와 관련 서적이 있지만 책(《辭書引き學習で子どもが見る見る變わる》 小學館, 2013)은 190쪽 밖에 되지 않는 안내서에 불과하다. 국어사전 활용 성과 면에서 미국이나 일본을 단시일 내에 능가하기는 불가능할 것이다. 그러나 이 단행본의 출현이 우리나라 교육계에 학력 향상이라는 희망의 불씨를 지피게 될 것을 기대한다. 나아가 후래거상(後來居上)의 토대가 되기도 기원해 본다.

이 책의 제 1장은 프롤로그에 해당되는 글들을 모아 정리한 것이다. 선구자(先驅者)적인 선견지명(先見之明)에 해당되는 글들이 더 많겠지만 아홉 편으로 한정했다. 특히 〈한 권의 사전이 우리나라 교육 발전의 초석이 된다〉, 〈초등학교 때의 학습 능력은 단어 실력에 달려 있다〉, 〈국어사전 찾기를 생활화하여 어휘력을 증강시켜야!〉라는 제목의 글들은 서울대 교육학과 교수와 교육부장관 및 민족사관고등학교 교장을 역임한 이돈희(李敦熙) 선생께서 집필한 것이다. 우리나라 국어사전 활용교육의 효시(嚆矢)이자 선창(先唱)이라는 의의를 갖는 이 글에서 우리는 많은 깨달음을 얻었다.

제 2장은 국어사전 활용교육을 실시하려는 교육기관이나 학부모, 학생들에게 안내자 구실을 할 수 있는 내용을 모아 가이드와 Q&A 형식으로 실었다. 사전 활용교육이나 학습 방법은 사실 매우 간단하고 단순하다. 책을 읽으면서 마주치는 생소한 단어('저항어휘'(抵抗語彙)라고 규정한 학자들

도 있음)에 대하여 그냥 지나치지 말고 반드시 사전을 찾아 밑줄을 긋고 스티커를 붙여 놓자는 것이다. 이렇게 '찾기' 개념의 사전 활용에서 한 걸음 더 나아가 '읽기' 개념의 사전 활용법도 제시되어 있다. 시간 날 때마다 차례로 읽어 가면서 재미있다고 여겨지는 단어에 대하여 밑줄 긋기를 하자는 것이다. 굳이 단어장을 적어 정리할 필요는 없다. 어렵고 번거로우면 오래 가지 못한다. 오래오래 지속적으로 사전 찾기를 하는 것이 더욱 중요하다. 국어사전 활용 학습으로 가장 크게 성공한 사람은 앞에서도 말한 바 있는 2012년도 노벨문학상 수상자인 중국의 모옌(莫言, Mòyán)이다. 그가 애용한 《신화자전》(新華字典)이라는 사전은 지금까지 총 3억 5천만 부가 팔린 세계 최고의 스테디 & 베스트셀러라고 한다. 이것이 G2에서 G1을 향하여 일취월장하고 있는 중국의 저력으로 작용하고 있다.

제 3장은 국어사전 활용교육의 성공 사례를 미국, 일본 그리고 우리나라 순으로 엮었다. 타산지석(他山之石)으로 삼기 위하여 실은 미국과 일본의 성공 사례에서 우리가 참고하거나 벤치마킹할 것은 참으로 많다. 미국의 'Dictionary Project'는 장학사업 측면에서도 귀감으로 삼을 만하다. 일부 학생에게 한정적으로 고기를 잡아다 주는 지금까지의 장학금 지급 방식에서 탈바꿈하여 동일한 비용으로 보다 많은 학생들에게 고기 잡는 도구(낚싯대=사전)를 제공해 줌으로써 스스로 해결 능력을 길러 주는 방식의 장학활동은 선진국형 장학제도의 표본이라고 할 수 있다. 우리나라의 성공 사례는 미국이나 일본에 비하여 양적 질적으로 부족한 점이 있다. 그러나 그 싹은 결코 얕잡아 볼 수 없다. 최근까지 각종 언론매체에 보도된 기사를 보면 국어사전 활용교육이 앞으로 큰 성공을 거둘 것이라는 예감이 든다. 그래서 국어사전 활용에 관한 보도 기사를 모아 보았다. 학습 방법과 효과를 언급하고 있어 학교 교육에 참고 가치가 높은 것만 엄선했다. 이러한 선례들이 우리나라 초중등 학교교육의 미를 밝혀주는 도화선이 되기를 소망해

본다.

제 4장은 국어사전 활용교육에 참고 가치가 매우 높은 명사들의 에세이를 모아놓은 것이다. 학계, 교육계, 언론계, 실업계 인사들이 주옥같은 글을 기고하여 공동 저자로 참여해 주었다. 〈즐거운 우회도로, 종이사전 찾기〉, 〈학생들이 목말라하는 어휘 뜻풀이〉, 〈영어 잘하려면 한국어 어휘력이 풍부해야〉, 〈국어사전은 나를 위한 든든한 밑천〉, 〈단어 공부는 모든 과목 성적 향상의 지름길〉, 〈공차기와 책읽기〉 등등 제목만 봐도 금과옥조의 글들이 즐비함을 알 수 있다. 국가대표 축구 선수와 축구 감독을 지낸 축구계 중진 인사, EBS 대표 영어 강사(미국인), MBC · KBS 등 각 방송국에서 국민성우로 활약하는 방송인, 굴지의 기업체 CEO 등, 각계각층의 저명인사들이 직접 몸으로 겪은 경험담을 토대로 국어사전 활용교육의 필요성과 효과를 증명해 주었다. 학교교육에 종사하는 선생님들이나 자녀 교육의 성공을 갈망하는 학부모님들에게 큰 힘이 되리라 짐작한다.

마지막 제 5장에는 국어사전 활용교육을 실시하는 데 있어서 이론적 기초를 다져줄 수 있는 논문 5편을 실었다. 〈핵심역량으로서의 국어 독해 능력 제고 필요성 분석〉, 〈교과수업에서의 어휘력 지도 필요성〉, 〈기본 학습용어 이해 실태와 국어사전 활용의 필요성〉, 〈우리말 한자어 LBH교수학습 프로그램 적용을 통한 창의적 어휘력 신장〉, 〈한자의 특질을 통한 LBH 교수학습법 개발〉 등 5편의 논문은 그 제목만 봐도 구미가 당길 것이다. 특히 우리 꿈나무들의 학력 향상과 그들의 성공을 바라는 사람들이라면!

국어사전 활용교육이 한 권의 책으로 출간됨으로써 앞으로 사전 활용학습의 열기가 더욱 뜨거워질 것이다. 나아가 효과적인 학습법의 새로운 교육사조를 형성하는 데 일조하기를 기대해 본다. 교육의 뿌리를 튼튼하게 하는 '무본교육'(務本教育)이라는 교육사조의 한 축으로 우뚝 서게 되기를 또한 기대한다. 《논어》 제1편 2장에 '군자가 기본에 힘쓰는 것은, 기본이 바로 서야 나아갈 길이 생기기 때문이다(君子務本, 本立而道生)'라는 말에 바탕을 둔 것이 바로 무본교육이다. 나무는 뿌리가 깊어야 하고, 사람은 생각이 깊어야 한다. 생각이 깊은 사람을 양성하는 첫 단계인 초등교육에 있어서 국어사전 활용학습은 평생교육의 중요한 발판이자 밑거름이 될 것이다. 그동안 우리나라 역대 정부의 교육정책에서 '사교육비 경감 방안'이 핵심적인 정책 과제로 다루어져 왔으나 뾰족한 결실이 없었다. 초중등 교육에 있어서 '사교육비 경감'과 '공교육 활성화'라는 두 마리의 토끼는 국어사전 활용교육에 의하여 확실하게 포획될 것이다.

사람은 아는 단어의 수만큼 생각하고, 말하고, 글을 쓴다. 학생들이 아는 단어의 수, 즉 어휘력은 집을 짓는 '벽돌'이나 총에 쓰는 '총알' 같아서 다다익선(多多益善)이다. 어휘력이 높아야 모든 과목의 공부를 제대로 소화할 수 있다. 어휘력은 학업 능력을 좌우하고, 학업 능력은 어휘력에 달려 있다. 이토록 중요한 어휘력을 향상시키는 것을 기본 목적으로 삼고 있는 국어사전 활용교육이 정부와 학부모에게는 사교육비 절감 방안을, 선생님들에게는 가르치는 즐거움을, 학생들에게는 공부하는 재미를 선사해 줄 것으로 확신한다. 국어사전 활용교육이 뿌리를 내리게 되면 우리나라 교육의 미래는 한층 더 밝아질 것이다. 한 권의 국어사전이 '대한민국 만세'의 든든한 교육적 초석이 되기를 기대해 본다.

'기초 튼튼, 마음 든든'을 표방하는 국어사전 활용교육이 선생님에게는 필수 지식(知識)을 알려줄 것이며, 학부모에게는 으뜸 상식(常識)을 제공할 것이다. 학교 교육과 밥상(머리) 교육이 한 마음 한뜻이 되어야 학생이 크고 나라가 큰다. 이러한 국어사전 활용교육이 뿌리를 튼튼하게 내리면 우리나라 교육의 미래는 한층 더 밝아질 것이다. 한 권의 국어사전이 '대한민국 만세'의 든든한 교육 기반을 조성하기를 기대해 본다.

제1장

국어사전 활용교육
프롤로그

1. 한 권의 사전이 우리나라 교육 발전의 초석이 된다

이 돈 희
숙명여대 이사장 / 前 교육부장관, 민사고 교장

아리스토텔레스는 "교육받은 사람과 교육받지 못한 사람의 차이는 산 사람과 죽은 사람의 차이와 똑같다"고 하였다. "자식 교육을 잘못하면 자식을 잃게 된다"라는 미국의 존 F. 케네디 대통령의 말도 이와 일맥상통(一脈相通)한 것 같다. 교육계에 몸바쳐 온 나의 삶에 대하여 스스로 자부심을 느끼고 있는 것도 바로 그토록 위대한 철학자나 훌륭한 정치가의 역설(力說)이 큰 힘으로 작용하였기 때문이다.

서울대학교 교육학과에서 맹자의 삼락(三樂) 가운데 하나인 '교육'의 즐거움을 누렸고, 대학 강단에서 연구하면서 쌓은 지식을 밑거름으로 삼아 우리나라의 교육행정을 책임진 적도 있으며(2000~2001년), 민족사관고등학교 교장직을 맡아 교육현장을 '실험실' 삼아 교육학도로서 새로운 공부에 도전하기도 하였다. 교육철학을 강의하던 대학 강단에 있을 때나 교육행정의 총 책임자로 있을 때와는 또 다른 많은 새로운 경험과 공부를 하게 되었다. 그 중 하나가 바로 학생들이 우리말의 어휘(語彙)를 학습하는데 한자어(漢字語)의 기초를 활용할 줄 알아야겠다는 것이었다.

각종 교재가 한글로만 적혀 있어 누구나 쉽게 읽을 수 있는 것은 사실이다. 그런데 읽을 줄 안다고 그 뜻을 다 아는 것은 결코 아니다. 그런데도 의미 파악을 위한 노력을 하지 않는 문제점이 거의 모든 학생에게 만연해 있다는 사실을 알게 되었다. 이를테면 '우리 사회가 해결해야 할 문제의 하나는 부의 편재이다' '이 기묘한 풍습은 국내 도처에 편재해 있다'라는 문장 가운데 쓰인 '편재'가 무슨 뜻인지, 이런 낱말의 뜻을 정확히 모르면 이 문장을 아무리 여러 번 읽어 봤자 헛일이다. 국어사전을 찾아보면 '한곳에 치우쳐 있음'도 '편재'라 하고, '널리 퍼져 있음'도 '편재'라 하니 어찌된 영문인지 몰라 더욱 막막해 하는 학생들이 많다니 실소(失笑)를 금할 수 없었다(참고, 偏在/遍在). '치우칠 편'(偏), '있을 재'(在), '고루 미칠 편'(遍) 같은 한자 지식을 활용하면 간단할 텐데, 그런 예지를 발휘하지 못하고 있는 우리 교육 현실이 안타깝기 그지없다. 한자어가 모든 과목에 걸쳐 부지기수로 등장하여 한자어 지식이 모든 과목의 학습에 직결되는 것인데도, 이에 대한 인식이 부족한 탓으로 대비책을 강구하지 않는 것이 참으로 딱할 지경이다.

사실 이러한 문제는 하루 이틀에 생긴 것이 아니고 선생님, 학부모, 학습자 그 누구를 탓할 일도 아니다. 요즘 흔히 쓰는 말로 하자면, 학습 '인프라'가 구축되어 있지 않았기 때문이다. 다행히 이러한 문제들을 일거(一擧)에 해소(解消)할 수 있는 새로운 방안이 개발되어 교육계에 큰 화제(話題)가 되고 있다. 성균관대학교 전광진(全廣鎭) 교수가 개발한 '한자의 특질을 활용한 LBH(Learning by hint) 교수학습법'이 바로 그것이다. 중국 언어학과 한자학을 강의 · 연구하면서 쌓은 지식의 토대 위에 교육심리학, 인지언어학, 언어습득 이론 등을 활용하여 개발한 학습 프로그램이다. 학습용 어휘의 대부분을 차지하는 한자어에 대한 학생들의 이해력(理解力) 증진 · 사고력(思考力) 함양 · 기억력(記憶力) 배가를 통하여 학습 효율을 크게 높일 수 있을 것이다. 민족사관고등학교는 민족 6품제(독서품, 수련품, 영어품, 예술품, 봉사품, 한자품) 교육을 실시하고 있다. 그 가운데 하나로 '한자품'을 설정할 정도로 한자 교육을 강조하고 있기 때문에 전 교수의 'LBH교수학습법'이 더욱 큰 효과를 거둘 수 있을 것으로 기대하여 모든 과목 선생님들과 전교 학생들에게 이 학습법을 적극 권장한 바 있다.

그런데 이 새로운 교수학습법을 교육현장에 실제로 도입하여 널리 활용하려면 기존의 국어사전이나 한자자전으로는 도저히 불가능하다는 문제점이 있었다. 그래서 전 교수는 'LBH교수학습법 활용 사전'을 편찬하였고, 새로운 개념의 이 사전을 누구나 쉽게 이해하도록 '우리말 한자어 속뜻사전'이라 이름하였다. 모든 과목 교재에 두루두루 널리 쓰이는 한자어에 대하여 한자의 훈(訓)을 힌트(hint)로 활용하여 '속뜻'을 간단명료하게 밝혀 놓음으로써 어휘력을 높이는 데 크게 기여할 것이다. 단어의 뜻을 정확히 이해하면 전(全) 과목 성적의 향상은 물론이고, 논술 공부에 꼭 필요한 고품격 어휘력 향상에도 큰 보탬이 될 것이다.

이 사전을 만들기 위하여 전 교수는 지난 10년간 헌신적(獻身的)으로 노력해 왔으며, 또 소요 출판을 위하여 사재(私財)까지 출연하는 출혈(出血)을 감수한 것으로 알고 있다. 그렇듯 각고의 노력과 심혈을 기울여 옹골차게 엮은 이 사전이 이 땅의 모든 선생님과 학생들에게 널리 애용되어 우리나라 교육 발전에 크게 이바지할 날이 하루 빨리 오기를 손꼽아 기다린다. 한 권의 훌륭한 사전이 우리나라 교육 발전의 초석이 될 수 있다.

※ 위 글은 전 교육부장관 이돈희 선생께서 2007년 5월 15일 《우리말 한자어 속뜻사

전》의 추천사로 쓰신 글을 약간 수정한 것입니다. 제가 15년간의 노력으로 편찬한 사전의 원고를 보고 갸륵하게 여겨서 쓰신 글입니다. 우리나라 사전 활용교육의 필요성을 갈파한 선생님의 선견지명이 담긴 주옥같은 글이기에 이 책의 첫머리에 싣고 싶었습니다. 이러한 취지를 말씀 드리니 선생님께서도 흔쾌히 수락해 주셨습니다. "이 사전이 이 땅의 모든 선생님과 학생들에게 널리 애용되어 우리나라 교육 발전에 크게 이바지할 날이 하루 빨리 오기를 손꼽아 기다립니다."라는 희망의 말씀은 곧 사전 활용교육이 우리나라 공교육의 발전의 초석이 될 수 있다는 선각자로서의 갈파라 여겨집니다. 이러한 천명이, 최소 비용으로 최대 효과를 올릴 수 있는 '국어사전 활용교육'이 우리나라 교육계에 깊은 뿌리를 내리게 되는 촉매가 되리라 여겨집니다. -전광진-

2. 초등학교 때의 학습 능력은 단어 실력에 달려 있다

이 돈 희
숙명여대 이사장 / 前 교육부장관, 민사고 교장

벌써 30년을 훌쩍 넘어 40년이 다 되어 가는 일이다. 미국에 유학 갔을 때, 미시건주의 디트로이트에서 이웃 교민들과 함께 '세종학교'라고 이름 붙인 주말 학교를 개설하여 이민 2세대 학생들에게 한글을 가르친 일이 있다. 그 이름이 좋았기 때문인지, 후에 미국 각지에 그런 이름의 학당들이 속속 생겨났다. 최근에는 한국어 세계화 프로젝트의 일환으로 '세종학교'를 국가 차원에서 전 세계에 널리 보급하고 있다고 들었다. 그 효시가 미국 디트로이트에서 비롯된 셈이다. 그래서 유학 시절의 그 자원봉사 활동에 대하여 보람을 느끼고 있다.

미국의 이민 2세대 학생들을 대상으로 가르친 경험에서 재삼 확인한 것은, 한글은 누구나 쉽게 배울 수 있다는 것이었다. "똑똑한 이는 하루 아침이 채 끝나기도 전에 다 깨치게 되고, 좀 둔한 이라도 열흘 안에 다 배우게 된다"(智者不終朝而會, 愚者可浹旬而學 - 《訓民正音》 序文)는 정인지(鄭麟趾)의 호언장담이 조금도 틀림이 없음을 여실히 알게 되었다. 그런데 한글을 깨쳤다고 해서, 즉 한글로 써 놓은 문장을 읽을 줄 안다고 해서 그 뜻을 다 안다고 생각하면 큰 오산이다. 한국어에 능통하려면 모든 과목의 교재에 무수히 많이 쓰이고 있는 한자어(漢字語)의 뜻을 잘 알아야 한다. 돌이켜 보면, 전광진 교수가 개발하여 편찬한 《속뜻사전》 같은 책이 그 당시에 있었더라면 참으로 효과적이었겠다는 생각이 든다. 더구나 한자를 몰라도 한자어를 쉽게 익힐 수 있는 장점이 있고, 고품격 어휘력 함양에 안성맞춤이기 때문이다.

서울대 교육학과에서 교육철학을 연구하고 강의한 경험, 교육부장관으로서 나라의 교육행정을 책임져 본 경력, 민족사관고등학교 교장으로서 교육현장에서의 체험 등을 바탕으로 교육을 성찰해 보면, '교육은 탑을 세우는 일과 같아서 기초가 매우 중요하다'고 생각한다. 교육현장에서 우수한 고교생들을 관찰해 본 결과, 그들 모두가 초등학교 때부터 두각을 나타냈다는 것을 알게 되었다. 이 사실은 기초 학력이 매우 중요함을 말해주는 방증이기도 하다. 특히 초등학교 때의 학습 능력은 단어 실력(어휘력)에 달려 있고, 그 어휘력은 한자어에 대한 이해력이 관건이다. 따라서 한자어 어휘력을 통하여 기초 학력을 튼튼히 다져두는 것이 중·고등 교육의 성공을 보장하는 지름길이다.

일찍이 필자가 추천한 바 있는 전광진 교수의 《우리말 한자어 속뜻사전》에 대하여 학교 선생님들과 학생들이 매우 좋은 반응을 보여주어 큰 자긍심을 느끼게 되었다. 그 요약본이 나와서 초등학생들도 이 사전의 혜택을 받았으면 좋겠다는 생각을 하던 차에, 전 교수로부터 《어린이 속뜻사전》에 대한 추천의 글을 요청받았다. 그래서 흔쾌히 수락하여 이 글을 쓰게 되었다. 우리 대한민국의 장래는 교육에 달려 있다. 이 사전의 활용을 통하여 전국의 모든 신동들과 초등학생들이 전 과목의 공부를 수월하고 재미있게 하게 되기 바란다. 나아가 수월성(殊越性) 교육의 기초를 확실하게 다짐으로써 앞으로 우리나라의 장래를 책임질 훌륭한 인재를 양성하는 데 크게 이바지할 것이다. 초등학교 때의 학습 능력은 바로 단어 실력에 달려 있기 때문이다.

※ 위 글은 전 교육부장관 이돈희 선생님께서 2008년 1월 1일《어린이 속뜻사전》의 추천사로 쓴 것을 약간 수정한 것입니다. 이 사전은 초등교과에 쓰이는 한자어 1만 5천개만을 수록한 것입니다. 한자어 외에 고유어와 외래어를 포함한 총 2만 8천개 어휘를 수록한《초중교과 속뜻학습 국어사전》을 2011년 11월 11일 출간함에 따라 이 사전은 절판되었습니다. 하지만 이 추천사 중에는 사전 활용 학습의 효용성을 갈파한 내용이 많습니다. 예를 들어 "초등학교 때의 학습 능력은 단어 실력(어휘력)에 달려 있고, 그 어휘력은 한자어에 대한 이해력이 관건이다." "사전의 활용을 통하여 전국의 모든 신동들과 초등학생들이 전 과목의 공부를 수월하고 재미있게 하게 되기 바란다." 같은 희망 사항은 국어사전 활용교육을 통하여 우리나라 공교육이 획기적인 발전을 기약할 수 있음을 강조한 대목입니다. 이러한 천명이 '국어사전 활용교육'의 싹을 틔웠기에 이 책의 첫머리에 싣고 싶었습니다. 우리나라 모든 학생이 이 교육의 혜택을 받게 되기를 빌면서. -전광진-

---

3. 국어사전 찾기를 생활화하여 어휘력을 증강시켜야!

이 돈 희
숙명여대 이사장 / 前 교육부장관, 민사고 교장

서울대학교의 교수 생활, 한국교육개발원 원장과 교육부장관으로서의 행정 경험, 민족사관고등학교 교장으로서의 현장 체험을 통하여 우리나라 교육 문제의 핵심을 조금이나마 이해하게 되었다. 이를 통하여 체득한 것을 바탕으로 그동안 기회가 있을 때마다 '대한민국의 희망은 교육'임을 누차에 걸쳐 제창한 바 있다.

사실 한 가정, 한 가족의 희망도 자녀 교육에 달려 있다. 이러한 점을 모든 국민이 익히 잘 알고 있다는 것은 정녕 우리나라의 크나큰 정신적 자산이자 경제 성장의 원동력이었다. 반면에, 사교육비 과잉지출이라는 문제점을 낳기도 하였다. 그런데 안타깝게도, 가정마다 교육비 지출이 출혈에 가까울 정도로 많고, 정부 당국도 막대한 투자를 하고 있는데도 우리나라 학생들의 기초 학력과 수업의 이해도는 다른 OECD 회원국에 비하여 매우 낮다고 한다.

교육이나 학습의 성과는 거기에 투입되는 비용에만 좌우되는 것이 아니다. 효과적인 방법이 동원되어야 하고, 그에 앞서서 정확한 진단이 선행되어야 한다. 우리나라 최우수 고등학교 학생들을 대상으로 조사해 본 결과, 그들은 모두 초등학교 때부터 두각을 나타낸 학생들이었다. 이러한 사실은 초등 교육이 얼마나 중요한지에 대한 방증이기도 하다. 그런데 초등학교 학생들의 우등생 비율은 학년이 높아 갈수록 낮아진다고 한다. 이 통계는 저학년 때는 누구나 공부를 잘하다가 4학년 이후부터 낙오자가 생기기 시작함을 말해 준다. 고학년에 접어들면서 낙오자가 많이 생기게 되는 까닭은, 새로운 어휘의 수가 급격하게 증가되기 때문이다. 급증하는 낱말을 잘 소화시키는 학생은 상위권을 유지하는 반면, 그렇지 못하면 하위권으로 밀려나게 된다. 이런 점에서 보자면 3~4학년에 걸쳐 이루어지는 '국어사전 찾기' 공부는 매우 큰 의미를 갖는다. 이때가 바로 초등 교육 성패의 분수령이라고 해도 과언이 아니다.

국어사전 찾기를 생활화하여 어휘력을 증강시키면 초등 교육의 성공은 물론 중고등 교육에서도 큰 성취를 보장받게 된다. 그런데 우리나라 학생들은 미국 학생들에 비하여 어휘력을 높이기 위한 노력이 부족한 것 같다. 그 이유 가운데 하나는 국어사전을 찾아봐도 풀이가 어려워 이해하기 힘들기 때문이라고 한다. 국어사전을 읽기만 해도 현기증을 느낀다는 하소연을 자주 들었다.

이상과 같은 진단을 통하여 보자면, 성균관대학교 全廣鎭 교수가 약 15년 전부터 심혈을 기울이고 있는 어휘력 향상 프로젝트와 국어사전 개선 작업은 참으로 큰 의의가 있다고 생각한다. 이해력 · 사고력 · 기억력을 바탕으로 창의력 향상에 주목적을 두고 있는 LBH교수학습법(일명 '속뜻학습법')을 개발하고, 이를 교육현장에 활용하기 위한 목적으로 새로운 개념의 국어사전을 편찬한 것은 우리나라 교육사에 있어서 획기적인 공헌을 할 것이다.

어휘 습득에 있어서 무작정 암기(暗記)가 아니라 속뜻에 대한 이해(理解)를 중요시하고 있는 全 교수의 속뜻학습법은 노벨화학상 수상자인 로저 콘버그 교수(미국 스탠퍼드대학)의 증언을 떠올리게 한다. 노벨화학상 수상자인 그가 우리나라를 방문하였을 때, 한 언론과의 인터뷰에서 "무작정 암기하기가 아니라 완벽한 이해를 위한 공부가 오늘의 나를 만들었습니다."라고 말한 기사(동아일보 2009년 4월 11일자 A8면)를 본 적이 있다. 종합해서 말하면, 속뜻학습법으로 완벽한 이해 위주의 공부를 초등학교 때부터 체득하여 학력 기초를 굳게 다진다면 우리나라에서도 노벨학술상 수상자가 배출될 수 있을 것이다. 실제로 全 교수는 그러한 취지에서 '노벨 프로젝트'를 세워서 차근차근 실행에 옮기고 있는 실천적 지식인이다. 이 사전을 편찬한 것도 그 원대한 포부를 실행에 옮기는 과정과 수단의 일환이라고 들었다.

속뜻학습법을 초·중학교 교육현장에 활용하기 위한 목적에서 편찬된 《초중교과 속뜻학습 국어사전》(약칭 '속뜻 국어사전')은 다(多)기능-다(多)효과를 기약하는 '종합국어사전'이라는 특색을 지니고 있다. 어휘력 향상을 통한 학력 신장을 목적으로 편찬된 이 사전이 우리나라 어문 교육의 획기적인 발전에 이바지할 수 있다고 확신하기에 전국 학부모님들과 선생님들께 적극 추천하는 바이다. 이 사전의 부록 가운데 하나인 '한 어머니와 전 교수가 나눈 이야기'를 읽어보기만 해도 누구나 자녀 교육의 성공 예감을 확신할 수 있을 것이다. 큰 마음이 큰 인물을 만든다. 이 땅의 모든 초등학생들이 이 사전의 사용자이자 수혜자가 되기 바란다. 그리하여 우리나라 학부모님들의 '자녀 교육 성공'이라는 꿈과 희망이 실현되기를 기원해 본다. 🔲

※ 위 글 가운데 "고학년에 접어들면서 낙오자가 많이 생기게 되는 까닭은, 새로운 어휘의 수가 급격하게 증가되기 때문이다. 급증하는 낱말을 잘 소화시키는 학생은 상위권을 유지하는 반면, 그렇지 못하면 하위권으로 밀려나게 된다. 이런 점에서 보자면 3~4학년에 걸쳐 이루어지는 '국어사전 찾기' 공부가 매우 큰 의미를 갖는다. 이때가 바로 초등 교육 성패의 분수령이라고 해도 과언이 아니다. 국어사전 찾기를 생활화하여 어휘력을 증강시키면 초등 교육의 성공은 물론 중고등 교육에서의 큰 성취를 보장받게 된다."는 구절은 국어사전 활용교육의 효용성을 더없이 잘 표현한 것입니다. 전 교육부장관께서 2010년 10월 27일에 쓴 《초중교과 속뜻학습 국어사전》의 추천사에 나온 글이기 때문에 더욱 값지게 느껴집니다. 이 글은 한 국어사전의 추천사이기에 앞서 국어사전 활용교육이 우리나라 공교육의 활로임을 선구적으로 제창한 것입니다. 동시에 이 책의 서론으로도 안성맞춤이라고 생각하여 이에 실었습니다. 이 점 독자 여러분이 깊은 통찰력으로 혜량해 줄 것으로 믿습니다. -전광진-

---

4. 사전의 뜻풀이 방식을 확 바꿈으로써 공부혁명을 주도하다

전 광 진
성균관대 중문과 교수 / 前 문과대 학장

국가 차원의 주요 교육정책이 '사(私)교육비 절감'을 집중적으로 겨냥하고 있고, 역대 정부의 교육당국은 이를 위하여 각종 방안을 수립하는 등 많은 노력을 경주해 왔다. 그런데도 학부모의 사교육비 부담이 줄어들기는커녕 계속해서 눈덩이처럼 불어나고 있다니 실로 안타깝기 짝이 없다. 그렇다면 '사교육비 절감' 문제는 절대로 풀 수 없는 영원한 숙제일까? "기본이 바로 서야 나아갈 길이 생긴다"(本立而道生)는 공자의 귀띔을 들어보면, 가장 기본적인 단계로 돌아가야지만 해결의 실마리를 찾아낼 수 있을 것 같다. 그렇다. 해법은 의외로 간단할 수 있다. 과외를 하지 않아도 수학 능력과 전 과목 성적이 향상될 수 있는 방안을 찾아내면 된다.

환자의 병을 확실하게 낫게 하기 위해서는 무엇보다도 그 병원(病原)을 정확하게 밝혀내는 것이 가장 중요하다. 병의 근본적인 원인을 찾아내지 못한 상태에서 약을 처방하는 것은 무모하기 짝이 없는 일이다. 학생들에 대한 학업 지도도 마찬가지다. 공부에 도움이 되는 책은 무수히 많다. 그러나 학생들이 정작 무슨 병을 앓고 있는지를 정확하게 진단하고 그것을 바탕으로 쓰여진 책은 과연 몇 권이나 있을까? 안타깝게도 거의 찾아볼 수 없다는 것이 우리 교육계와 출판계의 현실이다. 병에 대한 진단은 빠를수록 좋다. 그러나 늦었다고 해서 생략할 수는 없는 일이다. 늦었지만 우리는 학생들이 학습 과정에서 앓고 있는 병을 진단하는 일에 힘써야 할 것이다. 이 문제에 대해서 앞으로 교육 전문가들의 많은 연구가 있기를 기대해 본다.

이 문제와 관련하여 필자는 초보적인 설문조사를 통하여 중대한 사실을 발견하였다. 단어의 뜻도 분명하게 이해하지 못한 상태에서 문장을 익히려는 무모함이 바로 학력 저하의 원흉임을 알게 된 것이다. 고등학생(약 300명)을 대상으로 '재미 한국인 과학자'의 '재미'가 무슨 뜻이며, 그런 뜻을 일러 왜 '재미'라고 하는지를 물어 보았더니, 정확한 답을 제시한 학생이 5%밖에 되지 않았다. 대학교 졸업 예정자(297명)을 대상으로 '국가를 위한 일이라면 신명을 다 바치겠습니다'의 '신명'이 무슨 뜻인지, 그러한 뜻을 왜 그 두 글자로 나타냈는지를 물어 보았더니, 정확한 답을 알고 있는 학생이 7명(2.3%) 밖에 되지 않았다. 그토록 간단한 한자어조차(在美/身命) 제대로 알지 못하는 '단어 불감증', 그것이 바로 학력 저하의 주범임을 깨닫는 순간, 한편으로는 어이가 없었지만 다른 한편으로는 문제의 실마리를 찾았다는 생각에 일말의 희망을 갖게 되었다.

저명한 교육학자 Henry Adamchiewski 교수가 말했듯이 "이해하지 못하는 것을 배울 수는 없다". 그렇다. 단어 뜻도 모르면서 문장의 의미를 제대로 알 수는 없다. "모든 언어뿐만 아니라, 한 언어의 모든 단어는 그 자체가 완전한 세계이다"(Mel'ĉuk 1981, 570). 정확한 사고는 정확한 단어(용어)의 사용에 의하여만 가능하다. 따라서 학업에 있어서 '단어 실력', 즉 어휘력은 아무리 강조해도 지나치지 않다. 미국이나 영국에서 학업의 성취도가 결국 영어 어휘력에 좌우되듯이, 우리나라에서도 모든 공부가 결국은 한국어 어휘력으로 결정된다.

한국어, 즉 국어에 쓰이고 있는 어휘는 고유어, 외래어, 한자어 세 종류로 대별된다. 그런데 학생들이 '뿌리' '꽃잎' 같은 고유어나 '가스'(gas) '에너지'(energy) 같은 외래어를 몰라서 학습에 어려움을 겪는 것은 아니다. '대사'(代謝) '타원'(楕圓) 같은 한자어 때문에 골치를 앓고 있다. 한자어는 양적으로 매우 많을 뿐만 아니라(국어 어휘의 70% 이상), 학술용어로 말하면 90% 이상을 차지하고 있기 때문에 우리나라에서의 수학 능력은 바로 한자어 지식에 좌우된다고 해도 결코 과언이 아니다. 따라서 필자는 어려운 한자어를 어떻게 하면 잘 습득할 수 있을까? 이 문제를 위하여 길게는 10년 이상을 고민하고 연구한 끝에, 쉽고 간단하고 효율적인 'LBH교수학습법'(LBH=Learning by hint)을 개발하였다. 이를테면, 영어 'firefly'는 '반딧불이'를 가리킨다고 무작정 외울 것이 아니라, 먼저 '반딧불이'를 왜 'firefly'라고 하는지 그 이유를 생각해 보는 것이 필요하다. {fire}(불)과 {fly}(날다/파리)로 나누어 보면 '불'을 달고 있는 것과 '파리' 비슷하다는 것, 두 가지 힌트를 찾아낼 수 있다. 그 힌트를 통하여 '반딧불이'를 일컫게 된 까닭을 이해하면 속이 시원해지고 재미가 있을 뿐만 아니라 기억이 쉬워진다. 한자어도 마찬가지다. 낱낱의 글자가 무슨 뜻이며 그것이 단어의 뜻에 어떤 힌트 역할을 하는지 쉽게 파악하도록 도와 이해력 증진 · 사고력 함양 · 기억력 배가를 이룩하도록 한 것이 바로 'LBH교수학습법'이다.

그런데 이 교수학습법을 교육현장에 활용하려면 기존의 국어사전과 한자자전(옥편)으로는 도저히 불가능한 실정이다. 예를 들어 '타원'(楕圓)이라는 단어에 대하여 기존 국어사전에서는 '평면 위의 두 정점(定點)에서의 거리의 합이 언제나 일정한 점의 자취'라는 수학적 정의(definition)만 싣고 있다. 그러한 정의를 하필이면 왜 '타원'이라 했는지, 그 까닭을 알려면

'楕'와 '圓' 두 글자의 뜻을 알아야 하는데, 그렇게 하려면 다시 한자자전(옥편)을 찾아 봐야 하는 번거로움이 따른다. '길쭉할 타'(楕)라는 훈음을 상식적으로 알고 있는 선생님이나 학생은 극히 드물다. 그래서 이 사전에서는 옥편을 찾지 않아도 훈(訓, morphemic meaning)을 알 수 있도록 하였고, 수학적 정의에 앞서 '길쭉한[楕] 동그라미[圓]'라는 속뜻(morphological motivation)을 제시해 놓았다. 이러한 속뜻의 징검다리(stepping stones) 효과를 활용하면 어려운 한자어를 누구나 쉽고 재미있게 익힐 수 있기 때문이다. 다른 각도에서 말하면 한자를 잘 모르는 사람이라도 그 의미 정보를 쉽게 얻을 수 있는 특별한 배려를 해 놓음으로써, 학과 공부와 한자 공부가 저절로 되게 하였다. 언어학적으로 말하면 시니피앙(signifiant, 記標)과 시니피에(signifié, 記意) 간의 의미적 연관성(motivation)을 최대한 명확하게 드러냄으로써 어휘 습득을 더욱 과학적이고 효율적으로 하게 특수 제작한 것이다.

이 사전은 한자의 암시(hint)적 기능, 한자어의 합성법(compounding) 특성과 형태론적 유연성(morphological motivation) 그리고 속뜻의 징검다리 이론(SST: stepping stones theory) 등을 창의적으로 활용한 신개념 국어사전의 첫걸음이라는 성격을 지닌다. 우리가 어렸을 때 처음 내딛었던 걸음마가 그랬듯이 이 사전도 아직은 서투르고 부족한 데가 한둘이 아닐 것이다. 부족한 점은 앞으로 끊임없는 노력을 통하여 하나하나 보완해 나갈 예정이다. 강호제현의 많은 질정과 성원이 있기를 빈다.

끝으로, 이 사전을 활용한 자기주도 학습으로 자녀들이 과외를 하지 않고도 전 과목 성적이 쑥쑥 올라감으로써 학부모님들의 사교육비 부담이 줄기를 빌어 본다. 그리고 전 과목 선생님들이 'LBH교수학습법'을 활용함으로써 한자어의 뜻과 그 까닭을 몰라 답답하고 갑갑했던 학생들의 마음을 확 풀어주어 강의 효율이 배가되기를 소망해 본다. 날마다 학교 공부에서 수없이 많이 마주치는 한자어를 그냥 지나치지 않고, 밤마다 소가 '되새김질'(rumination)을 하듯이 그날그날 저녁마다 꼬박꼬박 정리해 두다 보니, 속이 시원해지고 모든 과목의 공부에 재미와 자신감이 생겼다는 학생들의 이야기가 전국 방방곡곡에서 들려온다면, 그보다 더 큰 기쁨이 어디 있으랴!

※ 위 글은 2007년 8월 31일에 쓴 《우리말 한자어 속뜻사전》의 머리말입니다. "이해하지 못하는 것을 배울 수는 없다."는 서양의 한 교육자의 말에 정신이 번쩍 들었습니다. 전국의 모든 학생이 이해하지 못하는 단어들 때문에 매일 매시간 고민하고 있는 사실을 알고 이 문제를 해결하고자 15년 가까이 불철주야 동분서주한 결과로 탄생한 것이 바로 속뜻사전입니다. 사전의 뜻풀이 방식을 확 바꿈으로써 '이해'를 통한 공부혁명과 공부 재미를 느끼게 해 주고자 하는 깊은 뜻을 담아 보았습니다. "사전을 활용한 자기주도 학습으로 자녀들이 과외를 하지 않고도 전 과목 성적이 쑥쑥 올라감으로써 학부모님들의 사교육비 부담이 줄어들게 되기를 빌어 본다."는 구절은 《국어사전 활용교육》의 총론에 해당되는 것이기에 원문 그대로 실었습니다. 독자 여러분의 질정을 빕니다. -편집자-

---

5. 똑똑한 자녀를 더 똑똑하게 해주는 사전을 만들다

전 광 진
성균관대 중문과 교수 / 前 문과대 학장

귀엽고 장한 자녀들이 공부를 잘 했으면 하는 것은 이 세상 모든 학부모의 공통된 소망이다. 필자도 예외는 아니었다. 12년 전의 일이다. 초등학교에 다니는 아이가 학교에서 돌아와 다짜고짜 "아빠! 등호가 뭐야?"라는 질문을 하였다. 이에 답하는 것을 계기로, 한자어가 모든 과목 공부의 가장 큰 '걸림돌'인 동시에 '받침돌'이 되고 있다는 사실을 여실히 알게 되었다. 그래서 이 문제를 화두로 삼아 씨름한 지 10여 년만에 《우리말 한자어 속뜻사전》을 세상에 선보였다. 이어서 초등학교의 각종 교재에 등장되는 한자어를 엄선하여 《어린이 속뜻사전》이라 이름하였다. 이 작업을 하는 동안 필자는 내내 이 사전이 다음 두 가지 의미를 가졌으면 하는 생각에 사로잡혀 있었다.

똑똑한 자녀를 더 똑똑하게 해주는 사전!!

총명한 자녀를 둔 부모에게 주고픈 선물!!

한글을 막 깨친 어린이가 어머니와 함께 차를 타고 가다가 창 밖을 내다 보고는 "엄마 저기 좀 봐! '여관'이라 써 있는 거 맞지, 그러면 '남관'은 어디에 있어?"라는 질문을 받고 크게 당황한 적이 있다는 한 어머니의 이야기를 직접 전해들은 적이 있다. 그 아이는 '여탕' 옆에 '남탕'이 있듯이 '여관' 옆에 '남관'이 있어야 할 터인데, 왜 없는지가 궁금했던 것 같다. 이렇게 한글을 깨침과 더불어 곧바로 이런 분석적 사고를 할 정도로 아이들은 매우 똑똑하다. 그런데 '여탕'의 {여} 와 '여관'의 {여} 가 각각 다른 뜻임은 한글로는 설명이 불가능하다. 그리고 국어사전을 봐도 그 두 가지가 각기 다른 이유(속뜻)를 알 수 없다. 한자옥편을 찾아 봐야 하는데, 그러려면 많은 번거로움이 따른다(女 '여자 녀', 旅 '나그네 려'). 그래서 단번에 속시원히 설명하기 위해 이 《어린이 속뜻사전》을 엮었다. 똑똑한 학생을 더 똑똑하게 해주기 위하여 이렇듯 여러 가지 배려를 해 놓았다.

사실, 이 사전은 우리집 아이들을 위해서 작업을 시작한 것이다. 그런데 이제 큰애는 대학원을 졸업하고 회사원이 되었고, 둘째도 곧 대학원 2학년이 된다. 그래서 '닭 쫓던 개가 지붕을 쳐다보는 격'이 되고 말았다. 그렇지만 남의 집 아이들이라고 외면한다면 어찌 교육자라고 할 수 있겠느냐는 생각이 들어서 이 작업을 방치하지 않고 계속하였다. 즉, 이 땅의 모든 학부모님을 대신하여 총명한 자녀들에게 선물을 안겨 주려는 심정으로 어렵고 힘든 일들을 무사히 해 낼 수 있었다. 마음은 쓰기에 따라서 이토록 큰 용기를 북돋아 주기도 하는가 보다.

일찍이 교육부장관을 역임하고 지금은 민족사관고등학교 교장으로 계신 이돈희 선생님께서 이 책의 추천사에서 말씀하신 바와 같이, 초등학교 때의 기초 학력은 매우 중요하다. 평생 두고두고 영향을 미치기 때문이다. 초등학교 때 공부를 잘 했다고 끝까지 잘하는 것은 아니다. 그러나 공부로 크게 성공한 사람들은 대부분 초등학교 때부터 이미 우수한 학력 기초를 가지고 있었다. 그렇다면 초등학교 때의 실력이 줄어들지 않고 계속 높아지도록 하는 것이 최선책일 것이다. 이러한 목적에 잘 부합하도록 한 것이 바로 이 《어린이 속뜻사전》 이다. 어려운 단어(한자어)를 접하였을 때 그 뜻을 이해하고, 이유를 생각해 봄으로써 기억력을 높여주고, 머리가 좋아지도록 하는 특징이 있기 때문이다.

끝으로, 이 땅의 모든 초등학교 학부모님들이 이 사전의 구입자로 그치지 않고, 똑똑한 자녀가 더욱 똑똑해지는 확실한 수혜자가 되기를 기원해 본다.

※ 위의 글은 2008년 1월 16일에 쓴《어린이 속뜻사전(우리말 한자어》의 머리말입니다. 이 사전은 후에 내용이 대폭 증보되어《초중교과 속뜻학습 국어사전》이라는 이름으로 출간되면서 절판되었습니다. 그러나 이 머리말에 있는 사연은 '국어사전 활용학습'이 어느 시기부터 시작되어야 하는지를 말해 주는 중요한 대목입니다. 한글을 깨치자마자 무수한 낱말을 마주치게 되며 그때마다 어머니와 함께 사전을 찾아보는 습관을 기르는 사전 찾기 습관이 공부 성공의 지름길이라는 사실입니다. 이것은 국어사전 활용교육의 머리말이기도 하다는 판단에서 그대로 옮겼습니다. 독자 여러분의 첫걸음에 동반자가 되기를 빕니다. -편집자-

6. 암기에서 이해로 대한민국 교육혁명을 꿈꾸다

전 광 진
성균관대 중문과 교수 / 前 문과대 학장

학부모라면 누구나 귀여운 자녀의 공부 문제가 가장 큰 걱정일 것이다. 나도 그랬다. 연년생인 아들딸이 초등학교에 재학 중이던 1995년 어느 날이었다. "아빠! '='를 왜 '등호'라고 해?"라는 질문을 받고 어안이 벙벙하였다. 그 후로도 질문 공세가 하루도 빠짐없이 연이어졌다. '형광등'(螢光燈) '예각'(銳角) '용수철'(龍鬚鐵) '용매'(溶媒) 등에 대한……. 그래서 알게 되었다. 교과서에 석류알처럼 송송 박혀 있는 한자어를 읽을 줄은 알지만 무슨 뜻인지, 왜 그런 뜻인지, 그 영문을 모르는 아이들이 그저 애만 태우고 있다는 사실을! 그리고 한자어 어휘력이 전 과목 성적을 좌우한다는 사실을!

그것이 발단이 되어 중국 한자와 한자어에 관한 그동안의 연구를 바탕으로, 우리나라 한자어 어휘력과 학력의 상관성 문제를 연구하기 시작하였다. 겉으로 보기에는 공부의 걸림돌이 되는것 같은 한자어. 그러나 그 속을 파헤쳐 보면 공부의 받침돌이 될 수 있음을 발견하여 새로운 학습법을 개발하고 교육현장에 활용하려는 노력, 그 첫 열매가 2007년 10월 3일에 발간한 《우리말 한자어 속뜻사전》이었다. 이로써 중 · 고등학교 학생들의 전 과목 공부를 혁명적으로 개선할 수 있게 되었다. 곧이어, 초등학생들에게도 그 학습법의 혜택을 베풀어 주기 위하여 초등교과서에 등장하는 한자어만을 수록한 《어린이 속뜻사전(우리말 한자어)》을 편찬하여 2008년 2월 22일 세상에 선을 보였다.

두 권의 사전은 우리나라 최초의 한자어 전문사전이라는 성격을 지닌다. 한자어에 쓰인 낱글자(형태소)에 담긴 의미 정보(속뜻)를 힌트로 삼아 공부를 쉽고 재미있게 할 수 있는 '속뜻학습'(LBH, Learning by hint)은 교육현장에 응용하기에 안성맞춤이어서 사전이 발간되자마자 많은 사람들의 호응이 있었다. 학원생 전원에게 속뜻학습을 시키는 예는 말할 나위도 없고, 초등학교 고학년 전원에게 속뜻사전 활용학습을 실시하는 학교도 속속 생겨나는 것을 보면서 감격의 눈물을 삼키기도 하였다. 그러나 전국에 걸쳐 오직 두 명에게만은 미안하기 짝이 없다. 바로 우리집 아들딸이다. 그 아이들의 공부를 걱정하다가 개발하게 된 사전이 세상에 나왔을 때에는 이미 대학 공부까지 다 마쳤기 때문이다. 결과적으로 너무나 무심하고 게으른 아빠가 되고 말았다. 안타깝게도!

그런데 우리집 아들딸이 귀하다면 남의 집 자녀도 귀하기는 마찬가지라는 생각이 들었다. 그러다 보니 자연스럽게 이 땅의 모든 초등학생의 공부 문제에 대하여도 자녀사랑 만큼이나 깊은 애정과 관심을 갖게 되었다. 그래서 시중에 나와 있는 초등학생용 국어사전들을 샅샅이 훑어보게 되었다. 종류도 많을 뿐만 아니라 내용도 예전에 비하여 크게 좋아진 것은 사실이었다. 굳이 문제점을 꼽으라면 '사전을 위한 사전'이라는 점이 아쉬웠다. '사전을 위한 사전'이라는 점에서는 손색이 없을지 모르지만 '학생을 위한 사전'이 못되는 점이 너무나 안타까웠다. 특히 사전의 생명인 '의미 풀이'가 그러하였다. 무슨 뜻인지는 알 수 있지만, 왜 그런 뜻이 되는지를 알 수 없으니 활용 가치가 50% 밖에 안 되는 사실을 알게 되었다. 학생들이 국어사전을 늘 옆에 두지 않고, 책장에 꽂아 두기만 하는 이유를 알 것만 같았다. 그래서 '사전을 위한 사전'이 아니라 '학생을 위한 사전'을 만들고 싶었다. 그리고 책꽂이에 늘 꽂아 놓기만 하는 그런 '책꽂이용 사전'이 아니라 책상 위에 늘 펼쳐져 있는 그런 '책상용 사전', 즉 '공부의 단짝'을 만들어 주고 싶었다.

그러한 배경과 취지에서 만든 사전을 이름하여 《초중교과 속뜻학습 국어사전》(약칭 《속뜻 국어사전》)이라고 하였다. 교과서의 내용을 속속들이 이해시키는 '속뜻학습'에 필수적인 국어사전이기 때문이다. '속뜻학습'은 교과서에 나오는 단어에 대하여 그 의미를 '알게'(know) 하는 데 그치지 않고, 왜 그런 뜻이 되는지 그 이유를 '이해'(understand)하게 하는 것이 주목적이다. 이것은 'understand'라는 영어 단어와 일맥상통한 점이 있다. '겉'만 훑는 것이 아니라 '속'을 파헤쳐 보아야 하는 것은, 곧 '위'(upper)가 아니라 '아래'(under)에 서서(stand) 봐야 이해가 잘 된다는 것과 같은 맥락이기 때문이다. 그런 취지로 기존의 국어사전에서 뺄 것은 과감하게 빼고 넣어야 할 것은 대폭 추가함으로써, 다(多)기능-다(多)효과의 이른바 '종합국어사전'이 되도록 하였다. 국어와 영어를 동시에 익힐 수 있는 등, 다양한 어문 기초를 튼튼히 하는 데 필요한 여러 가지 기능을 확충함으로써 초등학생 때만 쓰고 버릴 것이 아니라 중학교 때까지 쓰더라도 충분할 정도로 옹골차게 엮었다.(중략)

끝으로 '귀한 자녀를 위한 귀한 사전'이 되도록 심혈을 기울인 결과가, 학생들에게는 '공부하는 재미', 학부모님들에게는 '사교육비 절감', 선생님들에게는 '맹자의 제3락'이라는 세 가지 기쁨을 안겨 주기를 빌어 본다. 아울러 속뜻학습을 통하여 암기가 아니라 이해를 바탕으로 기초 학력을 굳게 다짐으로써 우리나라에서도 노벨학술상 수상자가 줄줄이 배출되는 받침돌이 되기를 기원해 본다.

※ 이 글은《초중교과 속뜻학습 국어사전》(초판)의 머리말로 2010년 10월 24일에 쓴 것을 조금 수정한 것입니다. "암기가 아니라 이해를 바탕으로 기초 학력을 굳게 다짐으로써 우리나라에서도 노벨학술상 수상자가 줄줄이 배출되는 받침돌이 되기를" 비는 뜻을 담은 사전입니다. 이로써 '암기'에서 '이해'로 대한민국 교육혁명을 이룩하기 위한 기반을 다질 수 있게 되었습니다. 이 책의 제2장에 실려 있는, 2006년 노벨화학상 수상자 로저 콘버그 교수(美 스텐퍼드대)의 인터뷰 기사에도 우리나라 교육이 나아가야 할 길이 제시되어 있습니다. '암기'에서 '이해'가 그것입니다. 그쪽으로 건너가는 육교 역할을 하는 것이 바로 '국어사전 활용교육'입니다. 독자 여러분! 학생 여러분! 위험하게 무단 횡단[暗記]을 하지 말고 조금은 힘들더라도 안전한 육교[理解]를 이용하기를 빌어 마지않습니다. -편집자-

---

7. 전교생이 매 시간마다 사전 펴놓고 수업하는 학교가 속속!

전 광 진
성균관대 중문과 교수 / 前 문과대 학장

책꽂이에 꽂아 둔 사전은 아무런 소용이 없다. 책상 위에 늘 펼쳐져 있는 책상용 사전, 즉 '공부의 단짝'이 되도록 하기 위하여 이 사전을 편찬한 지 벌써 2년이 되었다. 많은 학부모님들이 사용 후기를 써 주었다. 리뷰에는 으레 자기 자녀가 사전을 펴 보며 공부하는 모습의 사진이 곁들여 있었다. 포털과 인터넷서점 웹사이트에 올라온 서평을 다 합하면 수십 미터나 될 정도로 많다. 참으로 진한 행복감에 젖곤 한다. 그 글들을 볼 때마다!

국어사전은 어휘 학습을 위한 것이다. 각종 교과서에 쓰인 핵심 어휘는 거의 모두 한자어이다. 초등학교 학생이라면 약 1만 5천 개의 한자어를 알고 있어야 한다. 중등 교육과 고등 교육단계에서는 약 6만 개의 한자어를 알아야 한다. 이토록 많은 한자어를 모두 다 머릿속에 넣기는 불가능에 가깝다. 하지만 약 2,000개의 한자를 미리 익혀 두면 그 일이 매우 수월해진다. 그래서 천자(千字)의 한자를 풀이한 《초등한자 창인교육》, 2,355자를 상세히 풀이한 《선생님 한자책》을 집필하였다. 한자의 의존 형태소(bound morpheme) 의미를 최초로 정리하고, 전순(前順)·역순(逆順) 어휘를 한 곳에 모아놓고 검토하는 과정에서 새로운 사실을 많이 알게 되었다.

그러한 성과를 국어사전에도 반영하고자 《초중교과 속뜻학습 국어사전》 증보판을 엮었다. 한자어에 쓰인 한자의 속뜻을 제시함에 있어 통일성과 투명성이 이로써 크게 개선되었다. 아울러 초등학생의 고품격(高品格) 어휘력 증진을 위하여 사자성어 179개를 이해하기 쉽도록 속뜻을 풀이하여 부록에 추가하였다. 그리고 표지를 가죽에 가까운 재질로 바꿈으로써 위편삼절(韋編三絶)에 잘 대비할 수 있게 하였다.

이 국어사전이 세상에 선을 뵌 후 '교육혁명'에 가까운 미증유(未曾有)의 일들이 우리나라 교육현장에 새로 생겨나기 시작했다. 초등학교 3학년 이상 전교생이 매일 매시간 사전을 옆에 펴 놓고 수업하는 학교가 경향 각지에서 속속 생겨났다. 한 교육지원청은 산하 모든 초등학교의 학생들에게 국어사전을 무상으로 보급하여 모든 과목 수업에 활용하는 한국식 'Dictionary Project'를 최초로 실시하였는데, 그 프로젝트에 우리 사전이 채택되는 쾌거도 있었다. 미국에서는 해마다 초등학교 3학년생에게 영어사전을 선사하는 'Dictionary Project'가 1992년에 시작되었다. 2010년에는 전국 416만 명 가운데 250만 명의 초등학교 3학년생들이 그 해택을 받을 정도로 큰 발전을 이룩하였다고 한다(참고 www.dictionaryproject.org). 모든 과목 공부를 잘 하려면 미국 학생은 좋은 '영어사전'이 있어야 하고, 우리나라 학생은 좋은 '국어사전'이 있어야 한다. 우리나라에서도 그런 21세기 선진대국형 기부 운동과 장학 활동이 큰 꽃을 피울 날이 머지않은 것 같다.

다(多)기능-다(多)효과의 멀티 국어사전을 출간한 후에도 나의 고민은 끝나지 않았다. 어떻게 하면 학생들로 하여금 공부에 더욱 재미를 느끼게 할 수 있을지, 노심초사(勞心焦思)하였다. 그러던 중, 2011년 6월 나의 학부모 특강을 들은 박미진 작곡가(당시 4학년생 학부모)의 자원 협조로 '속뜻학습송'(song)이 그해 연말에 탄생하였다. 기부 강의에 대하여 기부 작곡으로 화답한 열정 그리고 따사로운 자녀 사랑이 이 곡에 진하게 배어 있다. 2012년 12월에는 더욱 쉽고 친숙한 멜로디의 '국어사전송'을 지을 수 있는 아이디어를 나에게 제공해 주기도 하였다. '유튜브'에서 이 두 노래의 여러 버전을 누구나 쉽게 감상할 수 있다. 이 두 곡의 동요가 우리나라 초등학생들의 마음속에 자리 잡고 있는 거문고[心琴]의 줄을 당김으로써 모든 과목 공부를 알차고 재미있게 하게 되는 계기가 될 것을 소망해 본다.

이처럼 우리 사전을 사랑해주고 성원해준 분들이 수없이 많다. 지면 관계로 일일이 기명할 수 없음이 안타까울 뿐이다. 하지만 나의 가슴 속에는 고이고이 깊이깊이 아로새겨 있다. 우리 사전이 우리나라 모든 초등학생들의 공부 단짝이 되는 날까지 나의 정성과 노력은 계속될 것이다.

※ 이 글은《초중교과 속뜻학습 국어사전》증보판의 머리말을 약간 수정한 것입니다. 이 글에는 수많은 기쁨이 담겨져 있습니다. '전교생이 매일 매시간 이 사전을 펴놓고 공부한다'. 다시 생각해 봐도 기쁘기 그지없습니다. '속뜻학습송'과 '국어사전송'은 뜻을 알고 공부하는 즐거움을 노래하는 것입니다. 뜻을 몰라, 아니 왜 그런 뜻인지 그 영문을 몰라 아리송하고 답답하기만 하던 학생들의 궁금증을 확 뚫어 주고자 노력에 노력을 거듭한 결실입니다. 그동안 겪은 수많은 우여곡절과 어려움들이 학생들이 기뻐하는 모습을 상상하면 일거에 사라집니다. 국어사전 활용교육 열풍이 전국 방방곡곡으로 확산되어 학생들이 공부하는 기쁨과 재미를 느끼게 되기를 비는 뜻으로 몇 글자 덧붙였습니다. -편집자-

8. 새 학기엔 국어사전과 함께!

김 승 호
전남 목상고 교장 / 前 함평교육청 교육장

교사들은 학습과제를 설명한 후 수업 내용을 확인하거나 시험을 치른 후 결과 분석을 하면서 기본적인 어휘를 이해하지 못하여 목적한 수준의 수업 효과가 나타나지 않는다는 점을 발견하고 당황하는 경우가 많다. 즉, 기본적인 용어를 이해하고 문맥을 파악하기만 하면 쉽게 이해할 수 있고, 쉽게 풀 수 있는 문제들인데도 학습 내용의 숙지 정도나 성적 결과는 교사가 예상한 수준보다 훨씬 낮게 나타나는 경우가 많은 것이다.

고등학생일지라도 중학교 수준, 심한 경우 초등학교 수준의 기본적인 어휘력을 확보하지 못하고 고등학교의 교육과정을 이수하고 있는 학생들이 상당수가 된다는 것도 사실이다. 이를 해결하기 위해서는 우선 교사들이 수업 용어 사용에 대해 주의해야 할 것이다. 아울러 어휘력을 높일 수 있는 방안을 학생과 학부모들도 함께 고민해야 할 것이다.

교과서에서 사용되고 있는 학습 용어 가운데는 그 형성 과정부터 학생들의 실제 언어생활과 관련이 적은 한자어, 외래어나 전문용어 등으로 구성되어 있는 것이 많다. 우리말 어휘의 70% 정도가 한자로 구성되어 있다는 것도 잘 알려진 사실이다. 이 때문에 한글세대의 학생들이 한자조어가 대부분인 교과서의 용어에 익숙하지 않고 학습 내용을 제대로 파악하지 못하게 되는 것은 당연한 결론이다.

그렇다면 이를 해결하기 위해서 어떻게 해야 할 것인가. 먼저 교사들은 본인이 일상적으로 사용하는 수업 용어의 상당 부분을 대부분 학생들이 이해하지 못할 가능성이 높다는 점을 인식하고, 수업 용어 사용에 주의를 기울여야 할 것이다. 실제로 교사들은 다년간의 사회 경험과 전공 분야의 공부를 통해서 의식 수준이나 언어 수준이 학생들에 비하여 아주 높지만 이와 같은 차이를 수업 중에 무의식적으로 망각하기 쉽다.

학생들은 무엇보다도 국어사전을 잘 활용할 필요가 있다. 우리 글은 배우기 쉽고 읽기 쉬운 우수한 언어이다. 이 때문에 많은 학생이 우리글을 잘 안다고 생각하여 사전의 필요성을 실감하지 못하는 경우가 많다. 그러나 글을 읽을 수 있다는 것은 단지 소리 내어 읽는 것을 넘어 독해의 수준까지를 포함하며, 의사소통의 도구인 글쓰기는 단지 소리를 글로 바꾸는 것만이 아니라 적절한 어휘를 선정하고 문장 규칙을 지키는 수준까지를 포함한다. 여기에는 국어사전 활용이 필수적이다.

국어사전은 국어시간에만 필요한 것이 아니다. 다른 모든 교과의 학습에서도 유용하게 활용될 수 있다. 사회과와 과학과는 물론 수학과나 외국어과 등에서도 학습용어는 대부분 한자조어로 되어 있어 사전을 활용하지 않고서는 제대로 이해하기 어렵다. 어휘력에서 기본적인 수준에 이르지 못하면 모든 교과에서 우수한 성취를 기대하기 어렵다는 점은 당연하다.

전남교육청에서는 올해 장학시책의 하나로 국어사전 상시 활용하기를 선정했다. 이것은 학생들의 기초·기본 학력 수준이 매우 낮은 편이라는 평가분석 결과에서 나온 학력 향상 대책 중의 하나이다. 곧 시작되는 새학기에는 좋은 국어사전이 구비된 교실에서 언제든지 모르는 어휘를 스스로 찾아가며 이해하려는 학생들의 모습을 기대해 본다. 아울러 학부모들도 국어사전의 유용성을 이해하여 자녀에게 새 학기 기념으로 좋은 국어사전 하나를 꼭 선물해 주기를 기대해 본다.

※ 이 글은 2003년 8월 21일 자 <전남매일>에 실린 김승호 교장의 글입니다. 국어사전 활용교육을 선구적으로 제창한 것입니다. 10년이 넘은 지금 다시 봐도 조금도 하자가 없는 일자천금의 주장입니다. 편집 회의 결과, 제목은 물론 내용을 한 글자도 고치지 아니하고 그대로 전재하기로 만장일치 합의하였습니다. 전국 모든 교육청이 이러한 장학시책을 펼침으로써 사교육비 절감은 물론 학업성취도 향상에 있어서 가장 확실한 실효를 거두기를 소망합니다. -편집자-

---

9. 공부를 잘하고 싶다면 국어사전을 제대로 활용해야!

김 승 호
전남 목상고 교장 / 前 함평교육청 교육장

학년이 올라갈수록 학습의 분량이 많아지기 때문에 학생들이 능동적으로 학습을 전개하지 않으면 누적적으로 실패감을 맛보게 된다. 따라서 학생들은 스스로 학습할 수 있는 능력을 배양시키기 위해 학습하는 방법을 알아야 한다. 학습하는 방법 습득의 구체적인 방안으로 국어사전과 영어사전을 활용하는 방법, 교과별 학습방법 등에 대한 꾸준한 노력이 있어야 한다. 특히, 기초 · 기본 학력이 부진한 학생들 대부분은 스스로 학습하는 방법을 터득하지 못한 경우가 많은 만큼 자주적 학습능력 배양에 보다 관심을 가져야 할 것이다.

다음은 화순고 근무 당시 1학년이었던 한 학생이 서울대 불어교육과에 합격했는데, 자기소개서 초안 검토를 요청하면서 메일로 보내온 내용이다. 고등학교에서 우수한 학생에게도 적용될 수 있는 국어사전의 필요성과 효과에 대한 실제 사례로 보아도 좋을 것이다.

> …… (중략) 1학년 때부터 선생님께서 항상 강조하시던 사전을 통한 공부……. 저는 2학년 2학기가 되서야 선생님께서 왜 그렇게 사전을 강조하셨는지 알았답니다. 그리고 그 뒤로 성적이 정말 많이 올라서 모의고사에서 국사를 제외하고 모든 과목이 1등급을 받은 적도 있어요. 지금은 사전 보는 것이 습관이 되어 모르는 것을 바로 찾아보지 않으면 안 될 정도가 됐어요. (후략) ……

모든 교과의 교실 수업에서 교사와 학생들은 주로 언어를 통해 상호작용을 한다. 이렇게 볼 때 국어 사용 능력을 제대로 습득하지 못하면 수학이나 사회, 과학, 심지어 외국어 수업도 성공적으로 이뤄질 수 없다.

글을 읽고 내용을 이해하는 데에는 여러 단계가 있지만, 가장 기초적인 단계는 어휘에 대한 이해이다. 풍부하고 다양한 어휘력을 지니고 있는 학생은 그만큼 학습에서 유리하다고 할 수 있다. 따라서 이러한 어휘 능력을 갖도록 어휘 학습 방법을 아는 것이 독해 능력을 향상시키는 데 매우 중요하다.

어휘 학습을 위해 가장 우선되어야 하는 것은 폭넓은 독서와 독서 과정에서 부닥치는, 모르는 단어의 의미를 사전을 통해 확인하는 것이다. 여기서 사전 활용은 어휘학습, 읽기 능력, 언어능력, 국어 능력, 모든 교과학습 능력으로 확대 연계될 수 있다. 사전을 제대로 활용할 수 없다면 지적 측면의 교육이 어렵게 된다는 뜻으로 해석될 수 있다.

교육과정상 사전 찾는 법을 익히고 단어의 다양한 의미를 이해하도록 함으로써 학생들의 어휘력을 향상시키는 교육활동은 주로 초등학교 3학년 수준에서 배우게 된다. 사전 찾기는 초 · 중 · 고 12년을 통틀어 초등학교 교과서에 유일하게 나온다. 사전에는 낱말의 어원, 발음, 그 단어와 관련된 숙어, 속담, 반의어, 유의어 등 무수한 지식이 담겨 있어 스스로 어휘 학습을 할 수 있는 좋은 자료라는 것은 누구나 알고 있다.

만약 중학교 3학년 학생으로서 사전 보는 것이 습관화되어 있지 않다면, 초등학교 단계에서 국어교육을 제대로 받지 못한 것으로 인식하여 대책을 세워야 한다. 우리나라에서는 국어학습을 너무 경시하는 경향이 있다. 초등학교에서조차 국어보다 수학이나 외국어가 더 중시될 정도라는 점에서 쉽게 알 수 있다. 또한, 중학생이면서도 우리말을 제대로 이해하지 못하는 것이 사실이라면 그 이유는 무엇인가? 우선 국어사전을 잘 찾아보지 않기 때문이라고 말할 수 있다. 아울러, 우리 국어의 특수한 구조에서 원인을 찾을 수 있다. 우리 국어는 70% 이상이 한자어이므로 한자를 모르면 우리말의 30%만 배울 뿐이며, 더욱이 학술용어는 95% 이상이 한자어이므로 한자를 배우지 않은 국어 교육은 우리말의 30%만 가지고 언어생활을 하는 결과가 된다. 대학 수준의 학문에 있어서는 5%의 언어능력으로 학문을 하고자 하는 것과 같다.

요약하자면, 국어사전 활용이 효과적인 학습방법의 기본이다. 공부를 잘하고 싶다면 국어사전을 제대로 활용해야 한다는 점을 다시 한 번 강조하고 싶다.

※ 이 글은 김승호 교장이 2011년 11월 7일 구례교육청에서 중3학생들과 학부모를 대상으로 강의한 원고의 일부입니다. 초 · 중 · 고 모든 학생과 학부모들에게 크게 도움이 되는 소중한 글입니다. 국어사전 활용교육과 국어사전 활용학습의 필요성을 역설한 명문의 글이므로 이에 전재하였습니다. -편집자-

---

제2장

국어사전 활용교육 가이드

1. 국어사전 활용교육과 자기주도 학습

전 광 진
성균관대 중문과 교수 / 前 문과대 학장

국어사전 활용교육은 교사 중심 교육이 아니라 학습자가 주도적으로 학습하는 것이 핵심(核心)인 만큼 '자기주도 학습'(自己主導學習, Self-directed Learning)과 밀접한 관련이 있다. 따라서 자기주도 학습이 무엇을 말하며, 우리나라에서 언제부터 어떻게 도입되어 어떤 기여를 하였는지 등에 대하여 자세히 살펴볼 필요가 있겠다.

독학(獨學)이라는 말은 일찍부터 존재하였다. 자생적이고 일반적인 의미의 이 단어가 '자기주도 학습'이라는 교육학 용어로 탈바꿈한 것은 1990년대이다. 1960년대 이후 미국, 캐나다, 영국 등에서 교육학자들이 '자기주도 학습' '자기 계획적 학습' '조기 조절 학습' '자기 교수' '조기 조정학습' '자기 규제 학습' 등 다양한 표현으로 연구한 학습법이다. 서구에서 발달한 이 학습법이 우리나라에 도입된 것은 1990년대 초반이었다. '자기주도 학습의 최고 권위자'인 송인섭 교수(숙명여대 교육심리학과)는 그의 대표 저작에서 다음과 같이 개괄하고 있다.

> "우리나라에서는 1990년대 초반부터 검증되기 시작하여 후반기에 이르러 많은 연구가 진행되었으며, 적용 영역도 초기에는 교육학에서 주로 학업성취와의 관련성을 검증하였으나 교육공학, 상담학으로까지 확대되고 있다. 특히 학교교육 개혁 선언에서 학생의 '자기주도 학습력 향상'이 강조되었고, 현재 시행하고 있는 제7차 교육과정에서도 '자기주도적 학습 능력을 갖춘 인간 양성'이 학교교육의 핵심과제로 등장할 정도로 학교교육영역으로서의 관심이 본격화되었다. 이와 함께 학교에서 자기주도 학습을 촉진할 수 있는 다양한 전략이 쏟아져 나오지만, 실제 학교에서의 적용과 이렇다 할 성공적 보고를 찾아보기는 어렵다"
>
> 《현장 적용을 위한 자기주도 학습》(학지사, 2010, p.34)

비록 짧은 글이지만, 이 속에 자기주도 학습의 역사와 그 성패가 잘 담겨 있다. 특히 "다양한 전략이 쏟아져 나오지만 실제 학교에서의 적용과 이렇다 할 성공적 보고를 찾아보기는 어렵다"는 마지막 구절이 긴 여운을 남긴다. 서구의 교육현장에서 태어난 학습법이기 때문에 우리나라 학생들의 교육 환경과 현실에 내재된 깊은 문제점을 제대로 인식하지 못한 결과가 아닐까 생각한다. 이것은 속단일 수도 있으니, 먼저 자기주도 학습법의 실상을 좀 더 파악해 보기로 하자.

2006년에 초판본이 나온 송인섭 교수의 저작에는 다양한 학습전략과 프로그램이 소개되어 있지만, 국어사전 활용에 대해서는 아무런 언급이 없다. 국어 어휘력이 자기주도 학습의 관건(關鍵)이 되고 있음을 제대로 인식하지 못하였던 것 같다. 그런데 2010년에 출간된 저작에서는 국어사전 활용에 관한 언급이 있어 괄목(刮目)하고 다시 훑어보았다. 제 4장 '인지능력을 키워주는 맞춤지도법' 가운데 '글을 읽고 이해하는 연습부터 시작하자'와 '국어사전을 끼고 살면서 어휘력을 키워라'라는 대목이었다. 먼저 하나하나 원문을 옮겨 보면 다음과 같다.

글을 읽고 이해하는 연습부터 시작하자.

모든 공부의 시작은 '글을 읽고 이해하는 것'이다. 그래서 공부를 잘하기 위해 제일 신경 써야 할 과목으로 '국어'를 꼽는다. 부모와 아이들이 영어와 수학만 잘하면 된다고 생각하는 경우가 많은데, 최종 승부는 '국어'에서 결정되는 경우가 많다. 그럴 수밖에 없는 것이 이해력이 떨어지면 공부 자체가 어렵다. 흔히 사회와 같은 암기 과목은 암기만 하면 된다고 생각하는데, 무조건 달달 외워서는 공부가 안 된다. 전후 상관관계를 이해하지 않으면 암기도 잘 안 되고, 어렵게 외워도 금방 잊어버린다. 또한 이해력이 떨어지면 문제 자체가 무엇을 요구하는지를 이해하지 못해 알고 있어도 문제를 풀지 못하는 경우도 생긴다. 그렇다면 어떻게 이해력을 키워야 할까? 무조건 책을 많이 읽는다고 이해력이 향상되지 않는다. 이해력을 키우는데도 전략이 필요하다.

국어사전을 끼고 살면서 어휘력을 키워라!

영어 공부를 할 때는 모르는 단어가 나오면 당연히 영어사전을 찾아본다. 영어 문장을 읽을 때가 아니더라도 따로 시간을 내 영어 단어를 외운다. 하지만 국어로 된 책을 읽을 때 국어사전을 찾아보는 경우는 극히 드물다. 대충 어렴풋이 짐작하고 넘어가거나 어른들에게 물어보는 것이 고작이다.

이해력은 어휘력을 먹고 자란다. 어휘력이 떨어지는데 무조건 책만 읽는다고 이해력이 커지지 않는다. 따라서 영어사전을 찾아보듯 국어사전을 찾아보는 것도 생활화해야 한다. 물론 다짜고짜 국어사전부터 펼쳐 보기 전에 먼저 문장 속에서 그 단어가 어떤 의미로 쓰였는지를 유추해 보는 것이 좋다. 그런 다음 국어사전을 보고 확인하는 방법을 사용하면 아이의 이해력이 쑥쑥 자랄 것이다.

《내 아이가 스스로 공부한다》(21세기북스, p.218~219).

2006년에 제시한 자기주도 학습법에 비하여 가장 크게 달라진 것이 바로 위의 두 항목이다. 국어 과목과 국어사전의 중요성을 지적하고 나름대로 해법을 제시한 것에 감사와 찬탄을 보내고 싶다. 다만 이토록 대단한 발견을 한 이 글을 본 독자들은 국어사전이 국어 과목의 공부에만 활용될 수 있는 것으로 오인하기 쉽다.

사실은 영어와 수학을 포함한 모든 과목의 공부는 국어사전의 활용에 달려 있다. 우리나라 학생들의 영어 공부는 미국이나 영국 학생들과 완전히 다른 개념이다. 영어를 영어로 풀이해야 하는 그들에게는 영어가 모국어(Native language)이지만, 영어를 우리말로, 우리말을 영어로 왔다갔다 풀이해야 하는 우리나라 학생에게는 영어가 외국어(Foreign language)이므로 우리말, 즉 국어를 잘해야 영어를 잘 할 수 있다. '예각'(銳角) '둔각'(鈍角) '등식'(等式) 같은 수학 용어는 기본적으로 국어사전을 봐야 그 뜻을 잘 알 수 있다. 따라서 모든 과목의 자기주도 학습에 반드시 필요한 것이 바로 국어사전이다.

위에 제시된 자기주도 학습법이 어휘력의 중요성은 인식하고 있지만, 또 하나 크게 간과(看過)하고 있는 것은 한자어(漢字語) 문제이다. '국립'이라는 단어를 주어진 문맥을 보고 무슨 뜻인지를 미리 유추해 본 다음 국어사전을 보고 확인해 보기만 하면 된다는 발상에는 참으로 큰 문제점이 있다. 이에 대해서는 〈국어사전 활용교육 가이드(1) : 학부모 상담록〉에 자세히 분석하였으니 여기에서는 더 이상 언급하지 않겠다.

2006년과 2010년에 나온 송인섭 교수의 두 저작은 우리나라 학생들이 한글만 알아도 자기주도 학습을 하면 공부를 잘 할 수 있다는 전제를 깔고 있다. 그래서 학생들에게 한자 지식이 필요하다는 것은 일언반구(一言半句)의 언급도 없다. 이 문제는 한층 원론적인 문제이니 이 자리에서 더 심도 있게 언급하는 것은 적절하지 못하여 생략하기로 한다.

아무튼, 서구 중심의 자기주도 학습이 우리나라에 도입되어 "다양한 전략이 쏟아져 나왔지만 실제 학교에서의 적용과 이렇다 할 성공적 보고를 찾아보기는 어렵다"는 지적이 어쩌면 우리의 현실을 올바로 직시하지 못하였기 때문이 아닌지 심히 안타까울 따름이다.

종합하면, 국어사전 활용교육이 학교현장의 교사들에 의하여 전면적으로 시행되고, 그것을 바탕으로 학습자들이 '국어사전 활용학습'을 자기주도적으로 매일매일 숨 쉬듯이 한다면 그토록 바라던 대단한 "성공적 보고"와 성공담이 전국 방방곡곡에서 나올 것이다. 특히 교육 여건이 좋지 못한 벽지(僻地)에서 더 많이 나올 가능성이 높다. 이 교육은 경제적 부담이 거의 없기 때문이다. 역대 정부의 교육정책에 단골 메뉴로 목 놓아 부르짖었지만 아무런 결실이 없었던 '사교육비 절감' 정책이 확실한 결실을 볼 것이다. 🔚

2. 국어사전 활용교육 Q & A

전 광 진
성균관대 중문과 교수 / 前 문과대 학장

- 초등 교육의 성패, 국어사전 활용에 달려 있다.
- 평생을 즐겁게 하는 초등학교 성적, 국어사전에 좌우된다.
- 전과목 성적 향상, 국어사전 활용에 달려 있다.
- 자기주도 학습의 성패, 국어사전 활용에 좌우된다.
- 최소 비용으로 최대 효과 - 사교육비 절감에 으뜸이다.
- 인성교육의 첫걸음, 국어사전 활용에서 시작된다.
- 창인교육(창의 · 인성 교육)의 받침돌이다.
- 독서는 서적이 좋아야 하고, 독해는 사전이 좋아야 한다.
- 단어는 속뜻(이유)을 알아야 머리에 쏙쏙 박힌다.
- 좋은 국어사전은 찾기의 즐거움은 물론 읽기의 즐거움도 준다.
- 초등학교 선생님의 필독서 - 선생님의 역량과 위신을 높여 준다.
- 초등학교 학부형의 필독서이다 - 자녀 교육 성공의 지름길이다.

Q1 초등 교육의 성패가 국어사전 활용에 달려 있다니, 그 이유가 무엇입니까?

A1 "어린아이들은 하루에도 몇 글자씩 익혀 가는데, 어른들은 알아가는 게 얼마나 되는고!"(小兒一日猶新知幾箇字, 長者所知幾何. 소아일일유신지기개자, 장자소지기하.) 이 말은 조선 중기 때의 선비 임영(林泳, 1649~1696)이 쓴 〈일록〉(日錄)이라는 제목의 글에 나오는 구절로 그의 문집 《창계집》(滄溪集)에 실려 있습니다. 이 말에는 희망과 한탄이 동시에 담겨 있습니다. 어린이들이 매일 매일 글자나 낱말을 열심히 익혀가는 것은 희망적인데, 어른들은 일을 핑계로 공부를 게을리하는 것이 한탄스럽다는 말입니다. 그렇습니다. 예나 지금이나 아이들은 날마다 새로운 말을 익히며 그것을 큰 즐거움으로 여기고 있습니다. 그것이 바로 성장의 상징입니다. 어른이 되어서 새로 배우는 것이 없다는 것은 곧 성장을 멈춘 것을 의미하며 종말을 뜻합니다.

한 평생 가운데 어휘량이 가장 급속히 증가하는 시기는 초등학생 때입니다. 바꾸어 말하면 매일 매일 학교 수업을 통하여 새롭게 알게 되는 단어의 수가 가장 많이 증가하는 단계입니다. 그래서 국어사전이 가장 필요한 시기가 바로 초등학교 때입니다. 사전 활용교육이 매 과목, 매 시간 집중적으로 이루어져야 어휘력 향상이라는 성장을 지속적으로 해 나갈 수 있습니다. 담을 높이 쌓자면 벽돌이 많아야 하고, 총격전에서 적을 이기자면 총알이 많아야 합니다. 새로 알게 된 단어는 바로 벽돌이나 총알과 같아서 많을수록 좋습니다. 새로운 낱말들을 국어사전에서 찾아내어 매일매일 차곡차곡 쌓아가는 어린이가 큰 성공을 보장받을 수 있습니다. 국어사전의 단어를 자기의 것으로 만들지 않는 것은 벽돌 없이 담을 쌓으려하거나 총알 없이 전쟁터에 나가는 것만큼 무모하고 어리석은 일입니다. 그래서 초등 교육의 성패는 국어사전 활용에 달려 있다고 해도 결코 지나친 말이 아닙니다.

Q2 국어사전 활용교육은 초등학교 몇 학년 때 하는 것이 효과적입니까?

A2 한글로 쓰인 교과서를 읽을 줄 알게 되면 곧바로 국어사전 찾기를 배워서 생활화하는 것이 좋습니다. 한글은 초등학교 입학과 동시에 배우는 것이 정상입니다. 그런데 많은 학생이 유지원 때인 6세 때 다 깨우치기도 합니다. 그렇다고 유치원생에게 국어사전 찾는 방법을 가르쳐 주는 것은 다소 무리한 일인 것 같습니다. 초성의 배열순서(ㄱ, ㄴ, ㄷ…), 중성의 배열순서(ㅏ, ㅑ, ㅓ, ㅕ…) 등을 가르치기가 어려울 것 같습니다. 이것은 초등학교 3학년 때 정식으로 배우게 됩니다. 그 이전에는 하루에 20~30분씩 사전을 아무데나 뒤져가며 읽어 보고, 재미있는 단어에 밑줄을 긋기만 해도 좋습니다. 아이들은 어떤 단어가 왜 그런 뜻이 되는지 그 이유를 알게 될 때 재미를 느낍니다. 《초중교과 속뜻학습 국어사전》은 그러한 점에 착안하여 이유(속뜻)를 알 수 있도록 특별히 신경을 쓴 유일무이(唯一無二)한 사전입니다.

Q3 특히 초등학교 3학년 때 '국어사전 찾기' 수업을 하는 이유가 있습니까?

A3 미국 사람들은 평생 공부를 두 단계로 구분하였습니다. '읽을 줄 아는 것을 배우는 단계'(Learning to read)와 '공부를 위하여 많은 책을 읽는 단계'(Reading to learn)가 그것입니다. 두 단계의 분수령(分水嶺)이 바로 초등학교 3학년 때라고 여겼기 때문에 이 때 '국어사전 찾기' 수업을 하는 것으로 알고 있습니다. 초등학교 학생들에

게 사전을 무상으로 공급하는 자선단체들의, 이른바 '딕셔너리 프로젝트'가 초등학교 3학년 학생을 대상으로 전국적으로 집중적으로 이루어지고 있는 배경도 바로 2단계 학습 이론에 뿌리를 두고 있는 것입니다. 종합하면, 초등학교 3학년 이전에는 '국어사전 읽기'를, 그 이후부터는 '국어사전 찾기와 읽기'를 습관화하는 것이 대단히 중요하다는 것입니다.

Q4 전자사전 시대에 반드시 종이사전을 봐야 하는 이유가 있습니까?

A4 여러 종류의 사전을 하나의 단말기에 탑재해 놓은 순수 전자사전도 요즘은 퇴물이 되고 말았습니다. 대신 스마트폰사전, 인터넷 포털사전이 널리 이용되고 있습니다. 그래서 요즘 전자사전이라고 함은 그런 것들을 통칭하는 말입니다. 스마트폰이나 인터넷에 있는 국어사전은 Q.I.Q.O.라는 특성이 있습니다. Q.I.(Quick In), '빨리 들어오는' 장점이 있는가 하면, Q.O.(Quick Out) '빨리 나가는' 단점이 있습니다. 쉽게 벌어들인 돈은 쉽게 나가는 것과 같은 이치이지요. 고생고생 번 돈은 쉽게 나가지 않습니다. 오래도록 주머니에 남아 있고, 나간다 하더라도 그냥 나가는 것이 아니라 새끼를 쳐서 다시 돌아오는 법이지요.

종이사전으로 단어를 공부하는 것이 바로 이와 같은 장점이 있습니다. 어렵게 찾은 단어들인 만큼 머리에, 기억 속에 오래오래 남기 마련이고 아무리 쓰더라도 없어지지 않습니다. 무슨 뜻인지를 분명하게 잘 알기 때문에 그것으로 문장도 잘 지을 수 있습니다. 이러한 어휘력을 학자들은 '생산 어휘력'(Productive Vocabulary)라고 합니다. 그리고 종이사전으로 공부하면 여러 가지 덤을 얻을 수 있습니다. 찾아가는 길목에서 만난 단어들, 찾으려고 한 목표 단어의 이웃어휘들을 덩달아 알게 되는 덤이나 부가 효과가 짭짤하다는 미국에서의 연구 결과가 눈길을 끌고 있습니다(제 3장 〈미국의 성공 사례: Dictionary Projuect〉 편에 일부 소개되어 있음). 휴대폰 보급률이 높고, 인터넷 자제력이 있는 중고등학생들은 전자사전도 좋겠지만, 그렇지 못한 초등학생들에게는 종이사전이 훨씬 더 교육적입니다. 물론 초등학생들도 전자사전과 종이사전을 번갈아가며 병용하는 것은 무방할 것입니다. 급할 때는 전자사전을 쓰고, 시간이 있을 때는 차분하게 종이사전으로 차곡차곡 잘 정리하 면 좋을 것입니다.

Q5 초등학교 성적이 평생을 좌우하는 것은 무슨 이유에서 입니까?

A5 이 책 제 1장에 실려 있는 이돈희(李敦熙) 전 교육부장관의 글 가운데 참고할 내용이 참으로 많습니다. 민족사관고등학교 학생들을 대상으로 조사한 결과가 그 가운데 하나입니다. 조사 결과, 민족사관고등학교 학생들 100%가 초등학교 때 우등생이었다는 사실입니다. 물론 초등학교 우등생이면 누구나 중 · 고등학교 때 공부를 잘 한다는 것은 아닙니다. 그러나 초등학교 때 열등생이 중고등학교 때 발군의 기량을 선보일 가능성은 매우 희박하다는 것입니다. 이런 점에서 초등학교 때의 공부가 이후 어떤 시기보다도 훨씬 더 중요함을 알 수 있습니다. 그 기초에 국어사전 활용교육이 자리하고 있습니다. '세 살 버릇 여든 간다'는 속담이 있듯이 초등학교 때 사전 활용 습관을 잘 길러 두면 그 이후의 공부는 '땅 짚고 헤엄치기'입니다.

Q6 초등학교 전과목 성적이 국어사전에 달려 있다니, 말이 됩니까?

A6 초등학교 학부모님들을 대상으로 특강을 한 적이 있습니다. '국어사전을 잘 만들어 주셔서 고맙습니다. 다른 과목 사전도 좀 만들어 주시면 고맙겠습니다.'라는 제의를 받은 적이 있습니다. 과목별 사전을 따로따로 만들면 좋겠다는 아이디어를 제공해 준 학부모님이 처음에는 고맙게만 여겨졌습니다. 그런데 집에 돌아와 곰곰이 생각해 보니, 그 분이 국어사전은 국어 과목에만 필요한 것으로 착각하는 것이 아닌가 싶었습니다. 그래서 몇몇 학부모를 대상으로 설문 조사를 해 보니 실제로 그런 분이 예상외로 많았습니다. 국어사전은 국어 과목에만 필요한 것으로 생각하다니!!! 수학, 사회, 과학, 심지어 영어 교재에 나오는 단어도 국어사전을 찾아 봐야 합니다. 예를 들어 'think over'는 '숙고하다'는 뜻임을 영한사전으로 알게 되었어도 '숙고'라는 단어의 뜻을 모르면 헛일입니다. 《속뜻학습 국어사전》을 찾아서 '익을 숙'(熟) '생각할 고'(考)를 쓰는 낱말로 '곰곰이[熟] 생각함[考]'이라는 뜻임을 알게 되면 국어와 더불어 영어 실력도 높아질 것입니다.

말이 난 김에 한 말씀 더 드리면, 우리나라 학생들의 영어 공부는 미국이나 영국 학생들의 영어 공부와 질적으로 다른 것입니다. 미국 학생들의 영어 공부는 모국어(Native language) 공부이니 영어를 영어로 늘였다 줄였다하며 말하는 것이 중요하지만, 우리나라 학생들의 영어 공부는 영어를 한국어로, 한국어를 영어로 왔다 갔다하는 것이 중요한 외국어(Foreign language) 공부입니다. 그래서 국어 실력이 뛰어나야 영어도 잘 하게 됩니다. 종합하면, 국어 실력이 모든 과목 성적을 높여 주고, 국어사전은 모든 과목 공부에 반드시 필요한 공구서(工具書)입니다.

Q7 스스로 공부하는 자기주도 학습의 성패가 국어사전 활용에 달려 있다고요? 그 이유가 무엇입니까?

A7 자기주도 학습은 교사주도 학습의 반대 개념으로 스스로 공부하는 것을 말합니다. 예전에 선생님 없이 혼자 공부하던 독학(獨學)을 좀 더 발전시킨 학습법입니다. 혼자서 공부할 때 가장 처음 부닥치는 문제점이 바로 '모르는 단어를 만났을 때 그것을 어떻게 처리하느냐?'라는 것입니다. 그럴 때 중요한 길잡이 역할을 하는 것이 바로 국어사전입니다. 국어사전을 보지 않고 자기주도 학습을 하는 것은 영어사전을 보지 않고 영어를 독학하는 것과 더도 덜도 없이 똑같은 일입니다. 무모하기 이를 데 없는 일입니다. 이 문제에 대한 자세한 설명은 〈국어사전 활용교육과 자기주도 학습〉을 참고해 주시기 바랍니다.

Q8 국어사전 활용교육은 가장 간단하고 가장 경제적인 것이 확실합니까? 혹 과장된 점은 없습니까?

A8 조금도 과장된 점이 없습니다. 모든 학습은 남이 쓴 글을 보고 뜻을 이해하는 어문 교육에서 시작됩니다. 내가 쓴 글이 아니라 남이 쓴 글이기 때문에 낯선 단어나 뜻 모를 낱말을 접하기 마련입니다. 그때마다 국어사전을 찾아보고 그 가운데 중요한 것은 표기하도록 지도하는 방법을 일러 '국어사전 활용교육'이라고 하니 얼마나 간단합니까? 더구나 사전 한 권만 있어도 되니 비용도 전혀 문제가 되지 않습니다. 국어사전 한 권으로 6년을 쓸 수 있으니 돈이 없어 못하는 학생은 아무도 없을 것입니다. 경제적으로 우리보다 열악한 이웃 중국의 경우, 일단 초등학교에 입학하면 모든 학생에게 《신화자전》이라는 사전을 한 권씩 무상으로 나누어 준다는 보고

를 읽은 적이 있습니다.

사교육비 절감을 위하여 정부와 학교당국 그리고 학부모가 백방으로 노력을 해 왔습니다. 그런데도 뾰족한 대책을 찾아내지 못하고 있습니다. 안타깝습니다. 가까운 곳에 해법을 두고 먼 곳에서 찾는 우(愚)를 범해온 셈입니다. 이런 경우를 사자성어로 사근구원(捨近求遠)이라고 합니다. 모든 초등학생에게 사전을 한 권씩 무상으로 공급하여 국어사전 활용학습을 습관화하면 사교육에 의존하지 않고도 학생들의 지적 수준을 배가(倍加)시킬 수 있을 것입니다. 무상급식 정책에 비하여 예산은 백분의 일도 안 들고, 효과는 그보다 백 배 이상이 될 것입니다. 가까운 곳에 해법을 두고 아이디어가 없어 못하는 우리나라 초등 교육계가 안타깝기 그지없습니다.

Q9 그렇다면, 왜 여태까지 그것을 교육당국이나 학부모들이 잘 모르고 있었을까요?

A9 글쎄 말입니다. 국어사전의 내용이 너무 어려워 사전을 찾아봐도 별로 도움이 안 된다고 여겼기 때문일 것 같습니다. 어렵다는 것은 정의식 풀이에만 급급한 것이 가장 큰 원인입니다. 예를 들어 설명드리면 다음과 같습니다. '낡은 전등을 바꾸어 조도를 높여야 한다'는 문장에서 '조도'라는 단어가 어려워 일반 국어사전을 찾아보면 '단위 면적이 단위 시간에 받는 빛의 양'이라고 물리학적 정의만 되어 있습니다. 이 정의식 풀이가 틀렸다는 것이 아니라 초등학생들이 이해하기에는 너무 어렵고, 또 그러한 정의를 하필이면 왜 '조도'라고 하였는지 도무지 알쏭달쏭하여 국어사전을 멀리하고 있다고 합니다. 옆에 '照度'라고 한자가 부기되어 있지만 받침돌은커녕 걸림돌만 될 따름입니다. 요즘은 한자의 뜻을 힌트로 삼아 속뜻

을 풀이해 놓은 국어사전이 있어 그런 걱정은 하지 않아도 됩니다. 즉, '비칠 도' '정도 도'라는 자훈과 자음을 동시에 제시하여 한자 지식이 약한 학생이라도 자의(字義) 정보를 활용하기 쉽도록 하였고, 정의에 앞서 '밝게 비치는[照] 정도[度]'라고 속뜻을 풀이해 놓음으로써 이해력 · 사고력 · 기억력을 높여주는 신통방통한 국어사전이 있기 때문에 앞으로는 국어사전 활용교육이 교육당국은 물론 가가호호에서 널리 이루어질 것으로 전망됩니다.

Q10 지식교육의 첫걸음이 국어사전 활용에서 시작된다는 것은 쉽게 이해가 되는데, 인성교육도 그렇다는 것은 언뜻 이해가 되지 않습니다. 국어사전을 활용해야 인성교육도 된다는 것에 대하여 좀 더 자세히 설명해 주시기 바랍니다.

A10 요즘 교육계가 인성교육을 강조하는 것은 매우 바람직한 일입니다. 인성(人性)교육은 인간(人間)이라면 누구나 반드시 지녀야 할 품성(品性), 즉 사람으로서 지켜야 할 도리와 예절, 나아가 사람과 사람이 더불어 살자면 가져야 할 모든 인품을 가르치는 일을 말합니다. 그렇다면 인성교육도 표본이 되는 사례를 기록한 글을 보는 것에서 시작될 수밖에 없으며, 정직(正直), 용서(容恕), 책임(責任), 배려(配慮) 등 기본 자질을 뜻하는 낱말들의 의미를 하나하나 익혀 가는 것이 매우 중요합니다. 그런 말들의 의미를 잘 알려면 국어사전 활용이 대단히 중요합니다. '배려'라는 단어에 대하여 일반 국어사전은 '도와주거나 보살펴 주려고 마음을 씀'이라고 풀이되어 있습니다. 틀린 말은 아닙니다. 문제는 그러한 뜻을 하필이면 왜 '배려'라고 하였는지 그 이유(속뜻)을 알 수 없다는 것입니다. 물론 {배}와 {려}가 각각 무슨 뜻인지 몰라 갑갑한 것은 차치하고라도

……. 《속뜻학습 국어사전》에서는 '나눌 배, 생각 려'라고 자훈을 풀이한 다음, '마음을 나누어[配] 남도 생각[慮]해 줌'이라고 풀이하고 있습니다. 이러한 인성교육에 필요한 용어의 뜻을 속속들이 속시원히 깊이 아는 것이 인성교육의 첫걸음이 될 수 있습니다.

Q11 '전인교육'은 많이 들어 봤는데, '창인교육'이라니 '창인'은 무슨 뜻입니까?

A11 자주 들은 말은 익숙하고, 처음 듣는 말은 생경하기 마련입니다. '전인교육'의 '전인'(全人)은 '모든[全] 자질을 두루 갖춘 사람[人]'을 말합니다. 좋은 말이지만 실현하기는 어려운 말이지요. '각자무치'(角者無齒)라는 사자성어가 있습니다. '뿔[角]이 센 놈(者, 짐승)은 이빨[齒]이 없는[無] 것처럼 약하다'는 뜻입니다. 반대도 마찬가지입니다. 이빨이 강한 짐승은 뿔이 없습니다. 사자와 황소를 연상해 보면 금방 알 수 있습니다. 그래서 '타고난 저마다의 소질을 계발'하는 교육이 필요합니다.

그래서인지 언제부터인가 '창의 · 인성교육'을 부르짖고 있습니다. 이 교육이 중요하다는 것은 누구나 동감할 것입니다. 그런데 글자 수가 많은 것이 문제입니다. 그래서 여섯 글자를 네 글자로 줄이는 것이 좋을 것 같다는 생각을 하였습니다. 2012년에 초등학생용 한자 학습서를 편찬할 준비를 할 때였습니다. 2013년 1월 14일자로 출간한 《초등한자 창인교육》이라는 책에서 '창인교육'이라는 말을 우리나라에서 최초로 사용하였습니다. 창인교육은 '창의적인[創] 인재[人] 육성을 위한 교육'이란 뜻도 되고, '창의[創] 인성[人] 교육'의 준말로 볼 수도 있으니 일거양득(一擧兩得)의 효과가 있는 좋은 교육 용어인 셈입니다. 앞으로 우리나라 교육당국이 '창인교육'을 표방한다면 우리나라의 미래가 더욱 밝아질 것입니다.

Q12 창인교육의 받침돌이 국어사전 활용교육이라니 금방 이해가 되지 않습니다. 자세한 풀이가 필요합니다.

A12 창의적인 인재 양성을 위한 교육에서 국어사전이 무슨 소용이 있을까? 금방 이해되지 않을 수도 있을 것 같습니다. 먼저 창의력에 대한 오해를 씻어내야 합니다. 창의력은 '무(無)에서 유(有)를 생각해내는 힘'이라고 잘못 생각하는 예를 참으로 많이 봅니다. 무(無)에서는 유(有)가 나올 수 없습니다. 유(有)에서 또 다른 유(有)가 나올 따름입니다. 창의력은 '유(有)에서 또 다른 유(有)를 생각해내는 힘'입니다. '하늘 아래 새 것은 없다'는 말도 그런 뜻에서 나온 것입니다. 그래서 창의는 기존의 것을 아는, 즉 이해하는 것에서 시작되어야 마땅합니다. 서구의 한 철학자는 "생각의 한계는 언어의 한계다"라고 하였습니다. 이 말을 쉽게 풀이하면 '사람은 아는 단어의 수만큼 생각할 수 있다'고 할 수 있습니다. 단어의 수를 늘리려면 즉 어휘력을 높이려면 국어사전 없이는 불가능합니다. 따라서 창인교육의 첫걸음도 국어사전을 벗해야 즐겁게, 그리고 멀리 갈 수 있습니다.

Q13 "독서는 서적이 좋아야 하고, 독해는 사전이 좋아야 한다"는 말씀은 좋은 서적, 즉 양서를 많이 읽는 것이 중요하고, 국어사전도 사전 나름이라는 뜻인 것 같습니다. 그렇다면 좋은 국어사전을 어떻게 알 수 있습니까?

A13 답하기가 가장 어려운 질문인 것 같습니다. 국어사전을 엮은 장본인이기 때문에 자칫 자화자찬(自畵自讚)이라는 지탄을 받을 수도

있기 때문입니다. 인터넷 교보문고, 인터파크, 예스24, 알라딘 등 인터넷 서점 사이트에 있는 학부모님들의 리뷰에 여러 사전들을 비교 분석한 글들이 많이 있습니다. 그런 글들을 참고 바랍니다. 한 가지 팁을 드리면, 학생들은 무슨 뜻인지를 아는 것에 그치지 않는다는 사실입니다. 왜 그런 뜻이 되는지, 그 이유(속뜻)을 알 때 기쁨을 느낀다는 사실을 명심하는 것이 이 문제를 푸는 열쇠입니다.

Q14 "단어는 속뜻(이유)를 알아야 머리에 쏙쏙 박힌다"는 말씀도 그런 맥락에서 하신 말씀이군요?

A14 영어든 국어든 속뜻(이유)을 아는 단어는 쉽고 그렇지 않은 단어는 어렵습니다. 영어 'eleven'이 어려운 것은 그것이 왜 '십일'(11)을 뜻하는지 그 이유를 알기 힘들기 때문입니다. 반면에 '십일'(十一)이 쉬운 말임은 그것이 '11'을 뜻하는 것임을 누구나 쉽게 알기 때문입니다. 그런데 순우리말인 '나무'는 그것이 왜 'tree'를 가리키는지를 알기 어렵습니다. 그리고 {나}와 {무}가 각각 무슨 뜻인지 알기 곤란합니다. 반면 '목마를 타고 놀다'의 '목마'는 매우 쉬운 말입니다. '나무 목'(木) '말 마'(馬)라는 한자를 힌트로 활용하면 '나무[木]로 만든 말[馬] 모양의 놀이 기구'임을 금방 알 수 있기 때문이지요. 이렇듯 각 글자의 뜻이 낱말의 뜻과 연관성이 높은 단어를 투명도가 높다고 합니다. 한자어는 대체로 고유어나 외래어에 비하여 투명도가 높다는 장점이 있습니다. 그런데 기존의 국어사전들은 한자어 풀이를 그 투명도를 밝히는 데 주력하지 아니한 문제점을 갖고 있습니다. 속뜻학습을 누구나 쉽게 할 수 있도록 만든 《국어사전》은 종래의 그러한 문제점을 극복하여 학생들로 하여금 이해력 · 사고력 ·

기억력을 기를 수 있도록 심혈을 기울였습니다.

Q15. "좋은 국어사전은 찾기의 즐거움은 물론 읽기의 즐거움도 준다"는 말은 어떤 경우를 두고 한 말인지요? 국어사전 '찾기'와 '읽기'는 어떻게 다른 것입니까?

A15 교과서나 동화책을 보다 모르는 단어를 만나면 국어사전에서 찾아 단어장을 정리하는 것을 '찾기'라고 합니다. '국어사전 읽기'는 말 그대로 국어사전을 처음부터 끝까지, 또는 손닿는 대로 아무데나 펼쳐서 왼쪽 페이지에서 오른쪽 페이지까지 쭉 훑어보면서 재미있는 단어를 체크하는 것을 말합니다. '사전 읽기'를 생활화하여 크게 성공한 두 분의 사례가 있습니다. 2012년도 노벨문학상 수상자인 중국의 작가 모옌[莫言]은 공식 학력이 초등학교 5학년 중퇴입니다. 그 이후에는 집에서 혼자 사전 읽기를 생활화함으로써 세계적인 문호(文豪)가 될 수 있는 기반을 다졌다고 합니다. 또 한 분은 현대 우리나라를 대표하는 시인 고은(高銀)입니다. 그 분이 영어(囹圄)의 생활을 할 때 감옥에서 매일 국어사전을 통독하였다고 합니다. 출감 이후 〈만인보〉(萬人譜)라는 대작을 쓰게 된 것은 바로 사전 통독에서 비롯되었다고 합니다. 초등학생들은 국어사전 읽기를 그렇게 집중적으로 할 필요는 없습니다. 방과 후, 또는 저녁 때 20~30분 하는 것으로 족합니다. 다만 용어에 대한 정의(定意)적인 풀이로만 일관하고 있는 일반 국어사전은 따분하여 그렇게 하기가 어렵습니다. 정의에 앞서 속뜻이 풀이되어 있으면 왜 그런 뜻이 되는지 그 이유를 알 수 있기 때문에 무리 없이 재미있게 쭉쭉 읽어 나갈 수 있습니다.

Q16 '국어사전 활용교육'이 초등학교 선생님의 역량과 위신을 높여 준다는 것이 사실입니까? 그 이유가 뭡니까?

A16 초등학교 선생님들은 모든 과목에 대한 전반적인 지식이 있어야 합니다. 그러기 위해서는 전 과목 교과서에 쓰인 모든 단어에 대한 어휘력이 높아야 하는 부담을 안고 있습니다. 그리고 학생들의 질문은 대개 낱말이나 용어에 관한 것이 대부분입니다. 따라서 기본적으로 국어사전 활용교육을 모든 과목 수업에 실시하면 그러한 부담을 줄일 수 있고, 학생들의 질문에 능수능란하게 대응할 수 있기 때문에 선생님의 역량과 위신을 높입니다. 고기를 잡아다 먹여주는 어미새가 훌륭해 보이지만, 고기 잡는 방법을 가르쳐 주는 것만 못합니다. 마찬가지로 모든 단어를 자세히 풀이해주는 선생님이 훌륭해 보이지만, 좋은 사전을 골라 스스로 해결할 수 있는 방법을 가르쳐 주는 것이 더욱 현명한 일입니다. 따라서 국어사전 활용교육은 학생들이 수혜자이지만, 선생님들도 그 혜택을 누릴 수 있습니다. 그런데도 공교육에서 폭넓게 실시되지 아니한 것은 좋은 사전, 효과적인 사전이 없었기 때문이 아닐까 합니다.

Q17 '국어사전 활용교육'이 자녀 교육 성공의 지름길이라고요? 그것이 학부모들에게 꿈과 희망을 안겨줄 수 있는 까닭을 자세히 설명해 주십시오.

A17 국어사전 활용교육은 선생님 입장에서 말한 것이고, 학생 입장에서는 국어사전 활용학습을 말합니다. 사실 각 가정에는 국어사전 한 권 정도는 있을 것입니다. 그런데 국어사전이 책꽂이에 꽂혀만 있지, 책상 위에 늘 펼쳐져 있는 예는 매우 드문 것 같습니다. 책꽂이에 꽂혀 있는 사전은 아무런 소용이 없습니다. 손이 닿기 쉬운 곳에 펼쳐 두어서 필요할 때 언제든지 쉽게 찾아 보도록 해야 합니다.

누구나 쉽게 알 수 있는 사실임에도 그렇게 하지 않는 까닭은 무엇일까요. 아마도 사전을 찾아보는 것에 재미를 느끼지 못하였기 때문일 것입니다. 앞에서도 말하였듯이 무슨 뜻인지 안다고 재미를 느끼는 것은 아닙니다. 왜 그런 뜻이 되는지 그 이유를 알아야 비로소 재미를 느끼게 됩니다. 그런 신통방통한 사전을 구비한다면 아마도 항상 옆에 두게 될 것입니다. 자녀 교육은 교과서 학습에 자신을 갖게 하는 것이 기본입니다. 자녀가 교과서를 줄줄 읽고 지나가는 것을 방치하는 것은 금물입니다. 뜻을 모르는 단어를 만나면 반드시 밑줄을 긋게 하는 습관을 기르도록 하는 것이 매우 중요합니다. 소가 되새김을 하듯이 그렇게 밑줄 친 단어에 대하여 국어사전을 찾아 단어장에 정리해 두어야 비로소 자기의 단어가 됩니다. 대충 문맥에 따라 짐작만 하고 그냥 지나친 단어는 자기의 것이 될 수 없습니다. 어떤 단어에 대하여 왜 그런 뜻이 되는지를 확실하게 알아서 그것으로 문장을 지을 수 있을 때 비로소 그 단어의 주인이 됩니다. 이렇게 자녀가 초등학교 때 국어사전 활용학습을 습관화 해두면 그 이후 중 · 고등학교, 대학교 때의 공부는 '식은 죽 먹기'나 마찬가지입니다. 학부모님들의 꿈과 희망이 국어사전 활용교육에 달려 있다고 해도 결코 과언이 아닙니다. 🔲

3. 국어사전 활용교육 가이드(1) : 학부모 상담록

전 광 진
성균관대 중문과 교수 / 前 문과대 학장

어머니: 안녕하십니까? 귀한 시간을 흔쾌히 할애해 주셔서 감사합니다. 큰애가 초등학교 3학년에 다니는 학부모입니다. 2학년 때까지만 해도 공부하기를 무척 좋아했는데, 3학년이 되어서는 공부에 흥미를 잃은 것 같아서 걱정입니다. 어떻게 하면 좋을까요?

전교수: 먼저 저를 찾아 주신 것에 대해 감사드립니다. 더욱 고마운 것은 적절한 시기에 찾아 주신 것입니다.

어머니: 적절한 시기란 말씀은 무슨 뜻인가요. 언뜻 이해가 가지 않습니다.

전교수: 초등학교 3학년 때가 올바른 공부 습관을 들이는 데 있어서 매우 중요하다는 말입니다.

어머니: 어떤 점에서 그렇습니까?

전교수: 초등학교 3학년 때부터 교과목 수가 부쩍 늘어나고, 교과서 문장이 길어짐에 따라 학습해야 할 단어의 수가 급격히 증가합니다. '세

살 버릇이 여든 간다.'는 속담이 있듯이 초등학교 3~4학년 때의 공부 습관이 인생의 성공과 실패를 좌우합니다. 1~2학년 때만 해도 공부는 그저 놀이와 별 차이가 없습니다. 학습량도 매우 적기 때문에 누구나 공부를 싫어할 리가 없지요. 그러나 3학년이 되면 상황이 달라집니다. 급증하는 어휘를 제대로 소화하지 못하면 소화 불량증에 걸리게 됩니다. 3학년 들어와서 공부를 싫어하는 경향이 있다는 것은 바로 그러한 '어휘 소화 불량증' 때문이라고 할 수 있습니다.

어머니 : '고삼'보다 '초삼'이 중요하겠군요.

전교수 : 바로 그렇습니다. 미국의 교육학자들의 견해를 소개해 보겠습니다. 그들은 초등학교에서 대학까지 16년간의 학업 과정을 2+14의 2단계로 나눕니다. '읽을 줄 알기 위해서 학습하는'(Learning to read) 단계에서 '학습을 위하여 읽기를 하는'(Reading to learn) 단계로 전환되는 때가 바로 초등학교 3학년 때라는 것입니다. 이 단계에서 가장 강력한 학습 도구가 바로 사전이라고 합니다. 이에 대해서는 미국의 '딕셔너리 프로젝트'(www.dictionaryproject.org)를 방문해 보면 상세한 자료를 많이 얻을 수 있습니다.

어머니 : 그렇군요. 사전으로 단어 공부를 잘 시켜야겠군요.

전교수 : 맞습니다. 그런데 단어 공부를 철저히 시키기 이전에 먼저 꼭 알아두어야 할 것이 있습니다.

어머니 : 무엇입니까?

전교수 : 잘 아시다시피 '국어 읽기' 과목의 '읽기'라는 단어를 오해하기 쉽습니다.

어머니 : 읽기 같이 쉬운 말을 오해한다고요? 왜 그렇습니까?

전교수 : 읽기라고 하니까 책 내용을 줄줄 '읽을' 줄만 알면 되는 것으로 착각하기 쉽다는 말이지요. 다음은 4학년 1학기 '국어 읽기' 교과서 36쪽에 나오는 한 구절입니다.

> 화석은 동물이나 식물이 땅속에 오랫동안 파묻혀 굳어진 것이다. 석탄, 석유, 천연가스는 이처럼 동식물이 땅속에 파묻혀 형성된 것이기 때문에 화석 연료라고 한다. 화석 연료는 수백만 년에 걸쳐 매우 느리게 형성되었고, '재생'이 불가능하다.

위 문장에 대해서 읽을 줄 안다고 뜻을 아는 것으로 착각하고 그냥 지나친다면 얼마나 어리석은 일일까요. 그런데 실제로 그런 일이 너무나 많습니다. 읽기를 잘 한다고 우등생이 되는 것이 아니라, 읽고 나서 그 내용을 잘 아는 학생이 우등생인 것입니다. 내용을 알려면 먼저 밑줄 친 단어들의 뜻을 알기 위한 노력이 선행되어야 하는데 '읽기'만 하고 더 이상의 노력을 하지 않는 것, 그것이 가장 큰 문제점입니다.

어머니 : 듣고 보니 그렇군요. 그렇다면 '읽기'의 뜻부터 바로 알아야겠군요.

전교수 : 그렇습니다. '읽기'는 사실상 '읽고 뜻을 알기'라는 말이지요. 다시 말씀드리면, '국어 읽기'가 아니라 '국어 독해'(讀解: 읽을 독, 풀 해)라고 생각해야 옳습니다. 영어로 말씀드리자면 'reading'이 아니라 'reading comprehension'이라는 뜻입니다.

어머니 : 읽을 줄만 안다고 다가 아니라 '읽고 이해하기'가 중요하다는 말씀이군요.

전교수: 그렇습니다. 이해를 잘 하십니다. '읽고 이해하기' 위해서 단어 공부가 중요함을 인식한다면 자녀 공부 문제의 반 이상은 해결한 셈입니다. 읽고 이해하기에 필요한 정보의 습득과 활용에 대해 교과 과정이 마련되어 있습니다.

어머니: 어떤 과목의 무슨 단원이 그렇습니까?

전교수: 3학년 2학기부터 4학년 1, 2학기까지 총 3학기에 걸쳐 국어시간에 '국어사전 찾기'를 가르치도록 되어 있습니다.

어머니: 그래서 우리 아이가 국어사진을 사달라고 하였군요. 학교에 가져가야 한다고.

전교수: 그런데 교과서에서는 낱말에 대해 50%만 가르치고 있는 것이 안타깝습니다.

어머니: '50%'가 뭔 말입니까? 알기 쉽게 설명해 주시면 고맙겠습니다.

전교수: 3학년 2학기 국어 읽기 책의 29쪽을 보면 '국립'이라는 낱말을 어떻게 찾는지를 자세히 소개해 놓았습니다. 그 책을 보면 낱말 찾는 방법은 잘 알 수 있습니다. 그런데 '국립'이라는 낱말의 뜻에 대해서는 다음과 같이 소개만 해 놓았을 뿐, 더 이상의 설명은 없습니다. 그래서 학생들은 '읽기'(50%)만 할 뿐 '이해'(50%)는 못한다는 말이지요. 그래서 50%만 가르치고 있다는 것입니다.

> 국립(國立) [궁닙] 〔국립만[궁님-]〕
> [명사] 공공의 이익을 위하여 나라의 예산으로 세우고 관리함.

어머니: 사전을 찾으면 누구나 무슨 뜻인지 읽어 보기만 하고 그냥 넘어가는 것 같아요. 이해를 하려면 어떻게 해야 하나요?

전교수: '공공의 이익을 위하여 나라의 예산으로 세우고 관리함'을 일러 하필이면 왜 '국립'이라고 하는지 그 이유를 알아야 완전히 '이해'하였다고 할 수 있는데, 그렇게 할 수 있는 장치가 마련되어 있지 않

습니다.

어머니 : 어떤 장치가 필요한가요?

전교수 : '國立'이라는 한자가 괄호 안에 쓰여 있지만, 그 한자가 무슨 뜻인지 모르는 학생들은 그것에서 힌트를 찾아내지 못합니다. '나라 국'(國), '설 립'(立)이라고 풀이해 준다면 학생들이 얼마나 쉽겠습니까? 더욱 자세하게는 그 두 글자가 왜 쓰였는지를 밝혀 주면 더욱 좋을 텐데 그렇지 못한 것이 못내 안타깝습니다. 그래서 제가 만든 사전에서는 다음과 같이 풀이하였습니다.

> **국립** 國立 | 나라 국, 설 립 [national; state]
> ❶ 속뜻 나라[國]에서 세움[立]. ❷ 국가(國家)의 돈으로 설립(設立)하여 운영함. ¶국립 도서관. ㊟ 공립(公立). 사립(私立).

어머니 : 그렇군요. 참! 그렇다면 그것은 교과서 문제가 아니라 국어사전 문제가 아닐까요?

전교수 : 판단력이 대단하십니다. 정확하게 보셨습니다. 1차적으로는 국어사전 문제입니다.

어머니 : 그래서인지 우리 집 아이뿐만 아니라 옆집 아이들도 국어사전 찾기를 싫어하는 것 같아요.

전교수 : 목이 마르면 물을 찾듯이, 모르는 단어가 나오면 사전을 찾아 봐야 할 텐데……. 우리나라 학생들의 가장 좋지 않은 공부 습관 가운데 하나가 국어사전 찾기를 싫어하는 것입니다.

어머니 : 그 이유가 뭘까요?

전교수 : 참으로 좋은 질문입니다. 무슨 문제든지 결과에는 '이유'가 있기 마련입니다. 그것을 알아내려고 하는 노력이 참으로 중요하지요. 제가 보기에 국어사전 찾기를 싫어하는 이유를 학생들의 공부 습관

탓으로 돌리는 것은 부당하다고 생각합니다. 원천적으로 국어사전 그 자체에 큰 결함이 있는 것 같습니다. 각급 학교 선생님들의 지적에 따르면, 국어사전에 풀이된 내용이 너무 어려워 찾아봐도 별로 도움이 되지 않는다고 합니다. 제 생각에도 그분들의 지적이 옳은 것 같아서 몇 년 전부터 초등학생용 국어사전을 개선하려는 노력을 계속해 왔습니다. 《초중교과 속뜻학습 국어사전》(이하 약칭 《속뜻사전》)이 바로 그러한 작업의 결실입니다.

어머니: 기존 국어사전을 보면 '뵈다[뵈:다/붸다], 뵈는[뵈:는], 뵈어[뵈어/붸여](봬[봬:]), 뵙니다[뵘:니다]'같은 설명이 나오는데, 이런 것을 보면 어른인 저도 머리가 벙벙할 정도로 어지럽기만 합니다.

전교수: 그렇습니다. 사전을 위한 사전에서는 그런 발음 정보도 필요합니다. 하지만 사실 이러한 것은 글을 많이 읽거나 말을 많이 하다 보면 저절로 익혀지기 마련입니다. 문제는 정작 학력의 밑바탕이 되는 이해력 · 사고력 · 기억력을 올리는 방안이 마련되어 있지 않다는 것입니다. 즉, '사전을 위한 사전'이 아니라 '학생을 위한 사전'이 되어야 한다는 것이지요. 《속뜻사전》은 그런 목적에서 특별히 제작된 것입니다.

어머니: '초중교과'는 '초등학교와 중학교 전 과목 교과서'의 학습에 꼭 필요하다는 뜻을 줄여서 한 말임을 금방 알겠는데요, '속뜻학습'은 처음 들어 보는 말인지라 잘 모르겠습니다. 그 학습법을 알기 쉽게 설명해 주시겠습니까?

전교수: 알겠습니다. 차근차근 단계별로 말씀 드리지요. 앞에서도 잠시 언급하였듯이 '읽기'에만 치중하는 학습은 수박 겉핥기에 불과합니다. 한글로 써 놓은 한자어는 '빙산의 일각'(氷山 얼음 빙, 메 산; 一角 한 일, 뿔 각)이라고 할 수 있습니다. 그 속에 담긴 깊은 뜻을 알

아내는 것이 매우 중요합니다.

어머니 : 예를 들어 설명해 주시면 이해가 잘 될 것 같습니다.

전교수 : 이를테면 '국어 공부를 열심히 하다'의 '열심'이 무슨 뜻입니까?

어머니 : 정말 자주 쓰는 말이지만, 정작 뜻을 물어보니 설명하기 쉽지 않습니다.

전교수 : 그럴 경우 기존 국어사전을 찾아보면 '어떤 일에 온 정성을 다하여 골똘하게 힘씀. 또는 그런 마음'이라고 되어 있을 뿐입니다. 그러한 뜻을 왜 하필이면 '열심'이라 하였는지, {열}은 무슨 뜻이고, {심}이 무슨 뜻이기에 그 둘을 합쳐서 그런 단어가 되었는지 등에 대해서는 아무런 정보도 찾아낼 수 없습니다.

어머니 : 아! 듣고 보니 그렇군요. 그런 깊은 문제들이 있었네요!

전교수 : '더울 열'(熱) '마음 심'(心)을 쓰는 것임을 알면, 그 둘을 합쳐서 '뜨거운[熱] 마음[心]'이 속뜻임을 누구나 금방 알 것입니다. 그래서 '어떤 일에 온 정성을 다하여 골똘하게 힘쓰는 마음'을 일러 '열심'이라 하게 되었던 것이지요.

어머니 : 정말 그렇군요. 그렇다면 '속뜻'이 무엇을 말하는 것인지요?

전교수 : '속뜻'은 2음절 이상 한자어에 있어서 그 낱말 의미의 기본[속]이 되는 낱낱 글자(형태소, morpheme)의 의미를 말합니다. 예를 들면 '열심'이라는 낱말에 있어서 {열}의 의미, 즉 '더울 열'(熱)과 {심}의 의미, 즉 '마음 심'(心)을 말

합니다. 2차적으로는 두 글자의 의미를 조합하여 만든 '뜨거운 마음'도 속뜻이라고 할 수 있습니다.

어머니 : 그러한 속뜻을 알게 되면 이해가 잘 되고 속까지 시원하겠는데요.

전교수 : 그렇습니다. 왜 그런 뜻이 되는지 그 이유, 즉 속뜻을 알아야 하는데 우리는 그동안 그렇게 단어의 속을 파 보려는 노력을 하지 않았습니다. 그런 수박 겉핥기식으로 공부하다 보니 어휘력이 늘지 않고, 고학년이 될수록 공부가 더욱 어려워지고, 급기야 공부를 싫어하고 멀리하게 되는 것입니다.

어머니 : 그렇군요. 속뜻을 알면 공부가 쉬워지고 재미있어지겠군요. 이유를 아니까요.

전교수 : 물론입니다. '속뜻'이라는 말이 나온 김에 하나 더 물어 볼까요? 열심히 하지 않으면 어떤 사람이 될까요? '열심'의 속뜻과 반대되는 것에서 찾아보시기 바랍니다.

어머니 : '냉심' 그런 말은 없지. '냉가슴'!!!??? 모르겠습니다. 답이 뭡니까?

전교수 : '찰 냉'(冷)자만 생각하신 것 같은데, '찰 한'(寒)자도 있습니다.

어머니: 잠깐만요! 그렇다면 '한심한 사람'이겠네요.

전교수: 맞습니다. 이렇게 속뜻학습을 하게 되면 이해력(理解力)과 사고력(思考力)이 한꺼번에 생기고, 그렇게 생각해본 말은 쉽게 잊어버리지 않으니 기억력(記憶力)도 저절로 향상됩니다. 이를 토대로 '가슴이 뜨거워야 성공할 수 있다'는 말을 지어낸다면 창의력(創意力)을 함양하는 데에도 큰 도움이 됩니다.

어머니: 그렇군요. '빙산의 일각'만 보고 '수박 겉핥기식'으로 공부할 것이 아니라, 왜 그런 뜻이 되는지를 알아내는 것을 습관화해야겠군요. 이 학습법이 그렇게 큰 효과가 있을 줄 미처 몰랐습니다.

전교수: 왜 그런 뜻이 되는지 그 이유를 저는 '속뜻'이라는 말로 표현하였습니다. 속뜻은 그 단어의 뜻을 알게 해주는 '힌트'(hint) 역할을 합니다. '열심'과 '한심'에 대해서 '더울 열'(熱), '마음 심'(心), '찰 한'(寒) 같은 속뜻이 힌트가 된다는 말이지요. 그래서 속뜻학습을 영어로는 LBH(Learning by hint)라 약칭하기도 합니다.

어머니: '속뜻학습'이란 곧 주어진 힌트를 활용하자는 뜻이군요.

전교수: 바로 그렇습니다. 이해가 빠르시군요. LBH가 '기억하다'는 뜻인 'Learning by Heart'의 약자로 쓰기도 합니다. 아시다시피 'heart'는

'심장' '가슴' '마음'을 뜻하는 말이지 않습니까. 왜 '머리'로 공부하지 않고, '가슴'으로 공부해야 기억이 잘 된다고 하였을까요. 이런 영어 숙어에 담긴 깊은 뜻도 바로 속뜻학습과 관련이 있습니다. '머리'가 아니라 '가슴'으로 느끼면서 생각하는 학습 습관이 중요하다는 뜻에서 일맥상통한 점이 있습니다.

어머니: 재미있군요. 속을 파 볼수록….

전교수: '속뜻학습'은 무작정 '암기'가 아니라 '이해'하려고 노력하는 공부 습관을 중요하게 여기고 있습니다. 그런 점에서 보사면 '이해'를 뜻하는 영어 단어 'understanding'과 비슷한 점이 있습니다.

어머니: 아! 그렇군요. '아래[under] 쪽으로 들어가서 서다[standing]' 그래야 이해가 잘 된다는 뜻인 셈이네요.

전교수: 금방 이해를 하시니 이야기할 맛이 더 나는군요.

어머니: 過讚(지날 과, 칭찬할 찬)이십니다.

전교수: 위[upper]가 아니라 아래[under]에 서서 봐야 한다는 것은 곧 속을 봐야 한다는 뜻입니다. 그래서 '알다'(knowing)와 '이해하다'

(understanding)는 이렇듯 큰 차이가 있습니다. 겉만 보고 알았다고 할 것이 아니라, 속을 파헤쳐 그 이유를 아는 '속뜻학습'이 우리나라 교육을 되살리는 최상의 방책이 될 것입니다. 여기서 한 가지 질문을 드려 볼까요. 공부 방식 가운데 가장 해롭고, 가장 좋지 않은 것은 무엇일까요? 힌트를 드리자면 두 글자입니다.

어머니: 글쎄요. 힌트를 하나만 더 주세요.

전교수: 앞에서 설명하는 가운데 이미 나온 말입니다.

어머니: 아! 알았습니다. '암기'요.

전교수: 맞습니다. '어두울 암'(暗)과 '기억할 기'(記), 즉 어두운 상태에서 똑똑하게 보지도 못한 채 무턱대고 외우는 '암기'는 한마디로 백해무익한 것입니다. '암기'가 아니라 理解(이유 이, 풀 해), 즉 왜 그러한지 그 이유를 찾아내는 공부 습관이 대단히 중요합니다. 암기가 아니라 이해를 통하여 공부한 결과 노벨학술상을 타게 된 이야기를 들려 드릴까요.

어머니: 노벨상 수상자의 증언이라고요. 궁금합니다. 빨리 들려주세요.

東亞日報
DongA.com 2009년 4월 11일 토요일
노벨상 수상자에게 창의력을 묻다
美 로저 콘버그 교수
"단순 설명이나 암기가 아닌 완벽한 이해를 위한 수업이 지금의 나를 만들었다."

전교수 : 2009년 4월 11일자 동아일보 A8면의 기사에서 읽은 글입니다. 무작정 "암기가 아니라 완벽한 이해를 위한 수업이 지금의 나를 만들었다"는 증언을 한 사람은 바로 2006년도 노벨화학상 수상자인 로저 콘버그 교수(미국 스탠퍼드대)입니다. 그가 우리나라의 한 대학의 초청으로 방한하였을 때 동아일보와의 인터뷰에서 한 말입니다. 그 기사를 보고 저는 너무나 놀라워 기절할 정도였습니다.

어머니 : 왜 그렇게 놀랐습니까?

전교수 : 2005년도의 논문에서 '암기'가 아니라 '이해'를 위한 학습법을 개발하였고, 그 학습법의 활용을 위하여 편찬한 《속뜻사전》에 대한 보도(2007년 10월 30일자 조선일보)에서 "학생들이 뜻도 모른 채 개념을 받아들이는 우리 교육 현실에서 무기력한 '암기식 학습'을 탈피하고, 근본적인 '이해식 학습'으로 바꾸게 할 수 있는 사전"이 나왔다고 하였기 때문입니다.

朝鮮日報

chosun.com 2007년 10월 30일 화요일

'우리말 한자어' 속풀렸네

"학생들이 뜻도 모른 채 개념을
받아들이는 우리교육 현실에서,
무기력한 '암기식 학습'을 탈피하고,
근본적인 '이해식 학습'으로
바꾸게 할 수 있는 사전!"

어머니 : 그렇다면 '암기'가 아니라 '이해'를 자기 공부에 실천한 사람은 콘버그 교수가 먼저이고, 그것을 글로 먼저 발표한 사람은 전 교수님인 셈이네요.

전교수 : 따지자면 그런 셈입니다만, 제가 기뻤던 것은 '암기'가 아니라 '이해'를 위한 공부 습관을 초등학교 때부터 들인다면, 우리나라에서도 노벨학술상 수상자가 속출할 수 있겠다는 확신을 하게 되었기 때문입니다.

어머니 : 아! 그렇군요. 역시 교수님은 참 생각이 깊으시군요. 속뜻학습법이 이토록 중요하고 좋은 것임을 예전에 미처 몰랐습니다. 오늘 교수님을 직접 찾아뵙고 설명을 들으니 머리에 쏙쏙 잘 들어옵니다.

전교수 : 한 초등학교 4학년 담임선생님이 속뜻학습법을 매일 수업에 활용한 결과, 한 학기만에 반 평균 성적이 78.5점에서 87.1로 8.6점 상승하고, 표준편차는 13.7에서 8.84로 4.86으로 감소된 성과를 우리 교육연구소에 알려온 적이 있습니다. 자기 반 학생들의 성적 향상을 통하여 선생님의 위신을 높이는 데에도 속뜻학습이 가장 효과적임을 알 수 있습니다.

어머니 : 그렇게 큰 효과가 있다니 너무 반가운 소식입니다. 우리 아이 반 담

임선생님과 교장선생님께 이 학습법을 알려 드려서 우리 동네 초등학교를 명문으로 만들 수 있도록 하고 싶네요.

전교수 : 한 책에서 읽은 실화 한 가지를 더 알려드릴까요. 한 의사 선생님이 그 책의 저자에게 이렇게 말하였다고 합니다. "나는 4학년 때 '부모'라는 단어가 어머니와 아버지의 뜻을 합쳐서 만들어진 단어임을 처음 알았어요. 어떤 단어를 나누어 이해하는 것을 생각할 수 없었을 때, 처음으로 '부모'라는 단어를 아버지 글자와 어머니 글자를 합해서 알게 된 것이지요. 그때의 깨달음은 너무나 신선하고 즐거운 것이어서 지금도 생생하게 그 순간이 기억납니다. 그때부터 공부가 이런 것이구나 하고 흥미를 느끼기 시작했습니다. 극단적으로 말하면, 내가 공부를 해서 의사가 된 시작점이었다고 생각합니다"(이은경 · 남궁은 공저 《한자력》 40~41쪽, 21세기북스). 이 의사 선생님은 초등학교 4학년 때 이미 '속뜻학습'을 자기주도적으로 한 셈입니다. 한 단어의 속을 파헤쳐 보고 깨달은 결과가 얼마나 대단한 것인지를 잘 말해 주는 대목이기도 합니다.

어머니 : 그렇군요. 저로서도 신선한 충격입니다. 우리집 아이들에게도 속뜻학습을 빨리 시켜야겠네요.

전교수 : 그 의사 선생님처럼 낱말의 속뜻을 찾아냄으로써 모든 과목 공부를 잘하게 된 것은 속뜻학습이 HQ를 올려 주었기 때문입니다. 우리나라 학생의 경우 IQ가 아니라 HQ가 높아야 공부를 잘하게 됩니다.

어머니 : HQ라고요? IQ라는 말은 들어 봤어도, HQ는 처음 듣는 말입니다. 뭔 말인지 설명 좀 해 주세요.

전교수 : 그럴 것입니다. 제가 2009년 6월 6일에 처음 생각해낸 말이니까요. HQ는 '우리말 한자어 속뜻 인지 능력 지수'를 가리키는 Hint Quotient의 약칭입니다. '목구멍이 포도청'이라는 속담의 '포도청'에 대해서 '잡을 포'(捕), '도둑 도'(盜), '관청 청'(廳)이라는 속뜻(훈음)을 다 알면 HQ가 100이라 할 수 있고, 하나만 알면 HQ가 33인 셈입니다.

어머니 : 그렇군요. 한자어의 속뜻을 잘 알고 있는지를 HQ라는 용어로 설명해 주시니, 이해가 금방 됩니다.

전교수 : 우리나라 학생들은 IQ가 아니라 HQ가 높아야 모든 과목 공부를 잘할 수 있습니다. 모든 과목의 핵심 어휘들이 모두 한자어이기 때문입니다. 속뜻학습으로 HQ를 높여야 내적으로 이해력 · 사고력 · 기억력 · 창의력을 높일 수 있습니다. 외적으로는 전과목 성적, 한자 급수, 내신 성적, 논술 실력도 이에 달려 있습니다.

어머니 : 그렇다면, 우리 아이도 HQ를 높이는 것이 급선무이겠군요. 어떻게 하면 올릴 수 있을까요?

전교수 : 속뜻학습을 매일 밥 먹듯이 반복해서 하다보면 HQ는 물론 성적이 저절로 오릅니다. 이상 말씀 드린 것을 종합 · 정리하자면 다음 네

가지로 집약됩니다.

첫째 : 3~4학년 때 공부 습관을 확실하게 잘 길러야 한다. 늦어도 초등학교 졸업 전에 속뜻학습 습관을 길러 두면 중학교 고등학교 공부는 '식은 죽 먹기'다.

둘째 : 속뜻학습을 일상 생활화하는 습관을 들여야 한다. 무슨 뜻인지에 그치지 말고, 왜 그런 뜻이 되는지 그 이유(속뜻)를 알아내는 것을 습관화해야 한다.

셋째 : 교과서를 읽기만 할 것이 아니라 내용을 100% 이해해야 한다. 그렇게 하려면 모르는 단어는 《속뜻사전》을 찾아서 〈속뜻학습장〉에 정리해 놓아야 한다.

넷째 : 〈속뜻학습장〉을 정리하면 따로 학원을 다니지 않고 학교 공부만 해도 된다.

어머니 : 잘 알겠습니다. 한마디로 이 사전을 책꽂이에 그냥 꽂아만 둘 것이 아니라, 책상에 늘 펼쳐 놓고 단짝 친구 삼아 그때그때 바로바로 찾아보면 될 것 같습니다.

전교수 : 맞습니다. 위의 네 가지를 하나로 줄이면 《속뜻사전》 찾기를 '밥 먹듯이'가 아니라 '숨 쉬듯이' 하기라 할 수 있습니다. 제가 잘 아는 한 초등학교 교장 선생님은 그 사전을 일러 '手不釋卷, 開卷有益' 이라는 특징을 지닌다고 하였습니다. 앞의 구절은 '손 수' '아니 불' '풀 석' '책 권', 즉 '손[手]에서 책[卷]을 풀어 놓지[釋] 아니한다[不]'는 뜻이고, 뒤의 것은 '열 개' '책 권' '있을 유' '이로울 익', 즉 '책[卷]을 열어[開] 보기만 해도 이로움[益]이 있다[有]'는 뜻이지요. 속뜻학습에 이 말을 대입시켜보면 '손에 늘 《속뜻사전》을 갖고 있으면서, 모르는 단어를 볼 때마다 펼쳐 보기만 해도 큰 이득이 있다'

는 뜻입니다.

어머니 : 사자성어를 속뜻사전식으로 풀이해 주시니 이해가 쏙쏙 잘 되네요. 실제로 그렇게 한 학교가 있습니까?

전교수 : 물론이지요. 실제로 서울의 한 교장 선생님은 전교생에게 '수불석권, 개권유익' 프로젝트를 실시하여 큰 업적을 쌓았습니다. 관할 교육청 관내 초등학교 가운데 성적 우수자가 가장 많은 학교로 만드는 기적을 올렸지요. 교장 선생님이라면 누구나 그 프로젝트를 해볼 만한 것입니다. 미국의 초등학교에서는 모든 학생의 책상에 늘 사전을 펼쳐 놓고 있다고 들었습니다. 매 수업시간 때, 뜻이 조금이라도 아리송한 단어를 만나면 즉시 찾아보는 것이 완전히 생활화되어 있다고 합니다.

어머니 : 우리 아이가 다니는 학교 교장 선생님께 꼭 건의하고 싶습니다. 그런데 단어장을 매일매일 꼬박꼬박 적도록 지도해야 할까요?

전교수 : 단어장을 적는 습관을 들이면 좋겠지만, 그것은 번거롭고 지겨워 오래 가지 못할 수 있습니다. 일본의 '사전 찾기 학습' 같이 해당 단

어에 밑줄을 긋고 사전 위쪽에 포스트잇을 붙여두기만 해도 됩니다. 국어사전 활용학습의 기초 이론은 중요하고 복잡하지만, 실기는 간단합니다. 모르는 단어나 중요한 용어를 만났을 때 국어사전을 찾아서 읽어 보고 밑줄을 긋고, 사전 위쪽에 쪽지를 붙여 놓는 것으로 충분하기 때문입니다.

어머니 : 그렇게 간단한 방법을 두고 멀리 돌아 온 것 같은 느낌이 듭니다. 그렇다면 과연 과목별로 과외 공부를 시키지 않아도 될까요?

전교수 : 영어 사전을 많이 보면 영어 과목 성적이 오르고, 국어사전을 많이 보면 모든 과목 성적이 오릅니다. '국어사전 활용학습'은 사교육비 절감에도 매우 효과적입니다. 단어의 뜻도 모르고 하는 과외 공부는 소화불량증만 가중시킬 뿐입니다. 낮에 학교에서 배운 밥도 소화시키지 못한 채, 저녁에 다시 여러 가지 빵을 먹인다고 되겠습니까. 국어사전 활용학습을 무시한 과외는 '공부'를 시키는 것이 아니라 '골탕'을 먹이는 것입니다.

어머니 : 잘 알겠습니다. 과외 비용을 절약할 수 있다니 '마당 쓸고 돈 줍다'는 속담이 생각납니다. 뜻밖에도 너무나 큰 수확을 얻었습니다. 더구나 우리 집 아이들에 대한 교육 성공 예감이 팍팍 듭니다. 초등학교 때 국어사전 활용학습으로 기초를 잘 다져 두면 훗날 훌륭한 학자는 물론 노벨과학상 수상자도 될 수 있다는 말씀에 귀가 솔깃해

집니다. 오늘 교수님을 찾아뵙기를 너무 잘한 것 같아요.

전교수 : 이럴 때 희출망외(喜出望外)라는 말을 쓰면 되겠군요. '기쁠 희' '날 출' '바랄 망' '밖 외' 이상 네 글자를 쓰는 것입니다. '큰 기쁨[喜]이 바라지[望] 않았는데 뜻밖[外]에 생겨남[出]'이 속뜻이지요. 다시 다듬어 보자면 '기대하지 않았던 기쁜 일이 뜻밖에 생김'이라는 말입니다. 어머님께서 귀담아 들어 주셔서 저로서도 뜻밖의 기쁨이 많았습니다. 어머님 자제가 앞으로 나라를 빛낼 큰 인물이 되기를 기원합니다. 감사합니다. 안녕히 가십시오.

어머니 : 사자성어를 속뜻학습 방식으로 설명해 주시니 이해가 쏙쏙 잘 됩니다. 감사합니다. 안녕히 계십시오.

※ '세 살 버릇이 여든 간다'는 속담이 있듯이, 초등학교 3~4학년 때의 공부 습관이 인생의 성패를 좌우한다고 합니다. 자녀 교육의 성공과 실패는 전적으로 부모님들의 생각과 판단에 달려 있습니다. 생각을 바꾸어야 앞날이 보입니다. 이 이야기는 이 땅의 모든 학부모님들의 염원인 자녀 교육 성공을 위한 것입니다. 초등학생의 국어사전 활용교육에 관한 상담을 문답 형식으로 엮은 것입니다. 잘 읽고 몸소 실천하면 자녀 교육 성공 예감을 확신할 수 있을 것이며, 사교육비 절감에도 큰 도움이 될 것입니다. 원래 《초중교과 속뜻학습 국어사전》의 부록으로 실렸던 것을 수정 보완한 것입니다. 많은 학부모님이 읽고 공감과 감동을 보내준 바 있습니다. 읽어보면, 좀 더 일찍 알았더라면 하는 만시지탄(晩時之歎)을 느낄 것입니다. 그렇다고 한탄할 필요는 없습니다. 제가 가장 부러워하는 사람이 바로 초등학생 학부모님들입니다. 자녀에 대한 꿈이 가장 클 때인 여러분이 부럽습니다. 그 꿈이 뜻한 바대로 실현되기를 기원드립니다. -전광진-

---

4. 국어사전 활용교육 가이드(2) : 초등생 강의록

전 광 진
성균관대 중문과 교수 / 前 문과대 학장

서울 성동구 행당2동에 있는 행현초등학교는, 학부모 특강과 수업 참관을 위해서 작년에도 두 차례 방문한 적이 있습니다. 일찍이 어휘력 향상이 학력 신장의 관건임을 간파한 원정환(元政還) 교장님의 남다른 교육적 열정으로 3학년 이상 전원(약 1,000명)이 매일 매시간 사전활용교육(DIE : Dictionary in Education)을 하고 있는 학교로 널리 알려져 있습니다. 10여 종에 달하는 초등학생용 국어사전을 모두 수집하여 위원회에서 면밀하게 분석한 결과 우리 《초중교과 속뜻학습 국어사전》이 가장 효과적임을 입증한 다음, 성동구청의 지원을 받아 학생마다 한 권씩 사주어서 매일 수업에 활용하고 있다고 합니다. 이 학교에 대해서 남다른 애착을 느끼고 있는 것은, 바로 나의 '꿈'이 실현되고 있는 교육현장이기 때문입니다.

행현초 선생님들 가운데 사전활용교육(DIE)을 가장 열정적으로 실천하고 있는 분이 5학년 4반 김봉우(金鳳虞) 선생님입니다. 작년에도 《속뜻국어사전》으로 학생들을 열심히 지도하고 있는 수업을 교장 선생님과 함께 참관한 적이 있습니다. 올해는 '꼬꼬어 프로그램'('속뜻으로 꼬리에 꼬리를 무는 어휘력 신장 프로그램'의 준말)을 개발하여 더욱 열성적으로 학생들을 지도하고 있다고 합니다. 어휘력 향상 방안에 관하여 전화로 협의하던 중 이번 특강에 관한 제안을 받았습니다. 학생들이 사전 케이스 뒤에 있는 저자 사진의 주인공을 직접 만나보고 싶어 한다는 것이었습니다. 그런 일이라면 만사를 제쳐두고 눈썹이 휘날리도록 달려가겠다고 대답하였습니다. 10시부터 12시까지 2시간 동안 학생들에게 강의도 하고, 노래도 하고, 현상 퀴즈도 하기로 약속하였습니다.

드디어 4월 16일이 되었습니다. 설레는 가슴을 안고 일찍 출발하였습니다. 9시 25분에 도착하여 먼저 인사차 교장실에 들렀습니다. 원정환 교장 선생님은 독서 교육을 솔선수범하고 계신 분으로도 유명합니다. '개권유익(開卷有益) 수불석권(手不釋卷) 프로젝트'를 개발할 정도로 독서교육을 강조하고 있습니다. 본인도 늘 손에 책을 들고 다닐 정도로 독서에 열광(?)하는 분이랍니다. 그렇게 다 읽은 책을 집무실 옆에 쌓아두고 있는데, 그 책들을 볼 때마다 한우충동(汗牛充棟)이라는 성어를 떠올리곤 하였습니다. 늘 그랬던 것 같이 오늘도 환한 얼굴로 맞이해 주셨습니다. 수인사를 마친 다음, 9시 50분에 교장님과 함께 5학년 4반 교실로 갔습니다. 사전 뒤쪽에 있는 내 사진과 대조해본 학생들이 "맞다! 맞아! 바로 이 분이야! 와! 이 분이 오셨다!"하며 환호성을 질렀습니다. 먼저 교장선생님이 나를 간단하게 소개해 주셨고, 이어서 강의가 시작되었습니다. 주제는 '생각이 깊은 사람이 세상을 이끌어갑니다'라는 것이었고, 미리 준비해 간 〈속뜻학습송〉 악보를 강의안으로 나누어 주었습니다. 먼저 유튜브를 검색하여 속뜻학습송을 함께 불러 보았습니다. 처음 들어보는 노래이고 노랫말도 생소할 터인데 학생들이 큰 소리로 신나게 불렀습니다. 나의 강의는 노랫말을 한 소절씩

풀이하는 식으로 이어졌습니다.

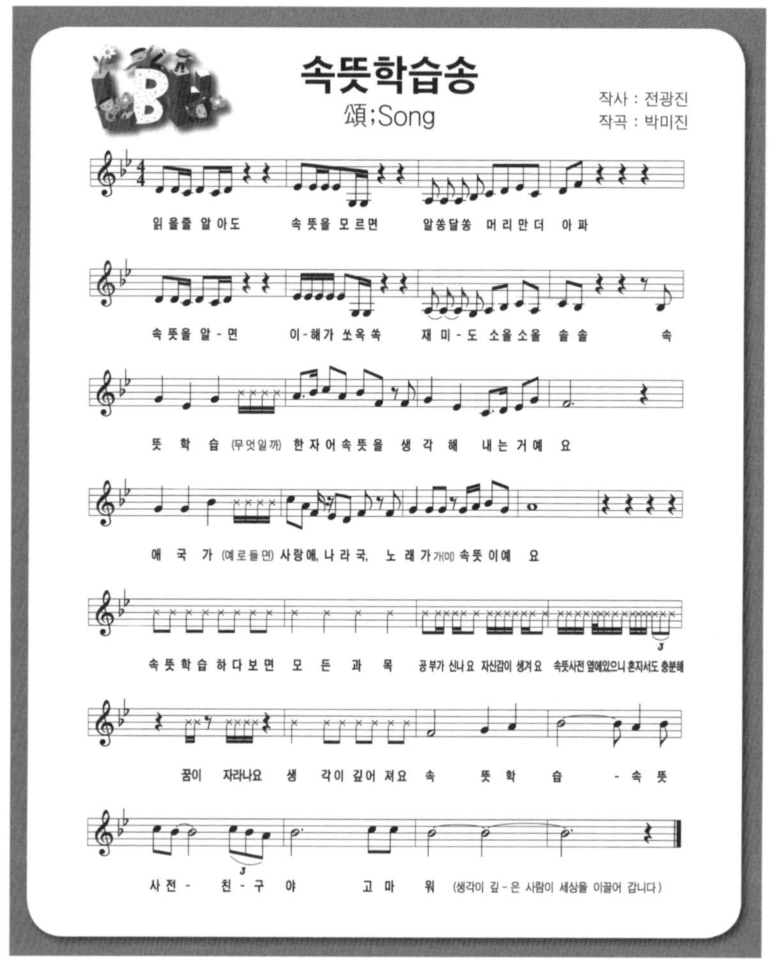

첫 소절인 **'읽을 줄 알아도 속뜻을 모르면 알쏭달쏭 머리만 더 아파'**에 대하여 설명하기에 앞서서 감사의 박수를 청하였습니다.

"여러분 가운데 책을 읽지 못하는 학생은 아무도 없지요? 이렇게 누구나 책을 쉽게 읽을 수 있게 된 것은 누구 덕분입니까?"

"………???"

“세종대왕께서 한글(訓民正音)을 만들어 주셨기 때문이지요. 세종대왕님께 박수를!”

“(다 함께 힘차게) 짝짝짝”

그렇습니다. 우리나라 학생들은 누구나 책을 ‘읽는’ 데에는 아무런 문제가 없습니다. 그런데 책을 읽을 때마다 뜻을 모르는 낱말들이 수두룩하게 나옵니다. 그런 단어를 접할 때마다 학생들은 머리를 아파합니다. 이 대목에서 문득 앵무새가 떠올랐습니다.

“여러분! 앵무새를 본적이 있나요?”

“네! 보았어요.”

“그런데 앵무새가 공부를 잘 할까요? 여러분이 잘 할까요?”

“당연히 우리가 잘 하지요?”

“그래요? 그러면 (애국가의 멜로디에 맞추어) ‘우리나라 만세’ 가운데 ‘만세’가 무슨 뜻인지 아는 사람, 손들고 말해 보세요!”

“(뭐지 뭐지) ·········???”

‘만세’라고 소리만 낼 줄 알지, 뜻을 모르면 앵무새보다 낫다고 할 수 없겠다고 하였더니, 동의하는 듯 고개를 끄덕였습니다. 앞으로는 어떤 말을 듣거나 글을 읽을 때 뜻을 모르는 낱말이 나오면 반드시 사전을 찾아서 뜻을 알고 넘어가야 비로소 앵무새보다 낫다고 할 수 있다는 것을 상세히 설명해 주었습니다.

그렇습니다. 우리나라 초중등 교육에서 가장 심층적이고 고질적인 문제점을 꼽아보라면 ‘앵무새 교육’을 들 수 있습니다. 앵무새처럼 따라 하기는 잘하는데, 뜻을 모르는 단어를 만나도 사전을 찾아보지 않고 그냥 지나치는 것입니다. 동일한 문제점을 각도를 달리하여 말하면 ‘단어 불감증’이라 할 수 있습니다. 이 문제는 졸작《우리말 한자어 속뜻사전》의 서문에서 익히 지적한 바 있습니다. 이에 대해서 말하면 할 말이 너무나 많지만, 시간

관계상 생략하였습니다.

강의가 10분 정도 진행되었을 즈음, 원정환 교장님께서 가쁜 숨을 몰아쉬며 달려 오셨습니다. 5학년 4반만 하면 너무나 아쉬우니, 3교시와 4교시는 옆 반 학생들에게도 강의를 좀 해달라는 것이었습니다. 강의 자료는 더 복사해 놓을 테니 꼭 부탁한다는 말씀을 감히 거역할 수 없었습니다. 그렇게 한다면, 같은 강의를 두 번 더 반복해야 하는 따분함이 따르겠지만, 더 많은 학생을 만날 수 있는 점을 고려하여 곧바로 응낙하였습니다. 그래서 강의의 가속 페달을 밟았습니다.

강의는 둘째 소절인 '**속뜻을 알면 이해가 쏘옥쏙 재미도 소올소올 솔솔**'로 이어졌습니다. 이 소절에서 가장 중요한 핵심어(key word)가 '이해'입니다. '이해'의 뜻을 아는 사람 손들어 보라고 했더니, 다들 쭈뼛쭈뼛 머뭇거리기만 하기에 옆에 있는 사전을 찾아보라고 하였습니다. 가장 먼저 찾은 학생이 외쳤습니다.

"'이치 리'(理) '풀 해'(解), '이유(理由)를 풀어[解] 찾아냄'이 속뜻이라고 되어 있습니다."

그렇습니다. '이유를 아는 것'이 바로 '이해'이며, 이유를 알면 재미가 생긴다는 설명을 덧붙여 주었습니다. 예를 들어 천장에 있는 등을 가리키며, 저것이 '형광등'임은 다들 잘 알고 있겠으나, 저것을 하필이면 왜 '형광등'이라고 하는지 그 이유를 물어 보았더니 아무도 대답하지 못하였습니다. 여름 방학 때 외갓집에 갔다가 밤에 본 반딧불이(일명 '개똥벌레')를 생각해 보라고 하면서, 따라 하라고 말했습니다. '반딧불 형' '빛 광' '등불 등' '반딧불이[螢]의 불빛[光] 같은 등불[燈]'이기 때문에 '형광등'이라고 한다고 하였더니 신기하고 재미있다는 듯 연신 고개를 끄덕였습니다. 그래도 약간은 미심쩍어 다시 한 번 일침을 놓았습니다.

"여러분! 앞으로는 새로운 단어를 접할 때마다 무슨 뜻인지에 아울러, 왜 그런 뜻이 되는지 그 이유를 찾아내는 습관을 길러야 합니다. 알겠지요?"

"(다함께) 예!"

여기에서 '이해 학습'의 가장 큰 적(敵)인 '암기 학습'의 '암기'(暗記)에 대하여 설명해 주려다 시간 관계상 그냥 지나쳤습니다. 왜 그런지 그 이유도 모른 채 무턱대고 그냥 외우는 '암기'가 우리나라 학생들에게 만연된 가장 고질적인 학습병(病)임을 상세히 설명해 주지 못한 아쉬움을 간직한 채, 강의는 그 다음 소절로 넘어갔습니다.

셋째 소절 '**속뜻학습 (무엇일까) 한자어 속뜻을 생각해 내는 거예요.**' 에서는 한자어가 무엇인지를 아는 것이 매우 중요합니다. 초등학교 모든 과목 모든 교과서에 석류알처럼 송송 박혀 있는 것이 바로 '한자어'이고, 이것이 모든 문장에서 핵심어(키워드)로 쓰이고 있다는 사실을 상기시켜 주었습니다. 전쟁놀이 만화에서 흔히 볼 수 있는 '우리는 반드시 고지를 사수할 것이다'라는 문장을 예로 들어 보았습니다. 이 문장에서 '우리'나 '반드시' 같은 고유어(순우리말)를 몰라서 머리가 아프다는 학생은 아무도 없을 것입니다. 그러나 '고지' '사수'가 무슨 말인지를 아는 초등생은 거의 없을 것입니다. 이러한 한자어가 한글로 쓰여 있기 때문에 그 겉은 쉽게 알 수 있지만, 즉 읽기는 쉽지만 그 속은 알기 어렵습니다. 그 속을 파헤쳐 보는 것이 바로 '속뜻학습'임을 수박 먹기에 비유하여 설명해 주었습니다.

"여러분! 수박 좋아합니까?"

"예! 너무 맛있어요."

"수박을 먹을 때 혀로 겉만 핥으면 맛이 있나요?"

"아니에요. 수박의 속을 먹어야 되요."

"네, 한자어도 수박과 같습니다. 속을 봐야 뜻을 알 수 있지요."

"예를 들어 설명해 주세요." 강의는 다음 소절로 이어졌습니다.

넷째 소절 **'애국가 (예로 들면) '사랑 애, 나라 국, 노래 가'가 속뜻이에요.'**의 '사랑'(愛), '나라'(國), '노래'(歌), 이 세 단어를 넣어서 말을 만들어 보라고 했더니,

"사랑하는 나라를 위한 노래"

"나라를 사랑하는 사람들의 노래"

"나라를 사랑하자는 뜻에서 부르는 노래"

"나라를 사랑하는 마음으로 부르는 노래" 등 기발한 문장들이 줄줄 쏟아져 나왔습니다. 이렇습니다. 우리 학생들은 발동기와 같습니다. 시동만 걸어주면 저절로 잘 돌아 갑니다. 한자의 속뜻이 힌트가 되기 때문에 속뜻을 알면 이렇게 머리가 잘 돌아 갑니다. 이 소절에 대한 더 이상의 설명이 필요 없기에, 강의안 뒷쪽에 미리 준비해 놓은 더 많은 단어를 예로 들어 다 함께 풀이해 보았습니다. 이를테면, '초인종'(招人鐘), '파충류'(爬蟲類), '포물선'(抛物線), '현미경'(顯微鏡), '망원경'(望遠鏡) 같은 단어였습니다. 어렵기만 했던 단어들이 자훈(字訓)을 속뜻으로 삼아 풀이해 보니 머리에 쏙쏙 잘 들어가고 재미있다고 야단들이었습니다. 그리고 일반 국어사전의 풀이로는 그러한 속뜻을 알 수 없음을 알고는 속뜻학습용 국어사전의 위력을 실감하는 모습들이 참으로 대견해 보였습니다.

다섯째 소절인 '**속뜻학습 하다보면 모든 과목, 공부가 신나요, 자신감이 생겨**

요, 속뜻사전 옆에 있으니 혼자서도 충분해.'에 대해서는 왜 '모든 과목'이 그러한지, '자신감', '혼자서도 충분해'와 '자기주도 학습과의 연관성을 설명해 주었는데, 상세한 내용은 편폭 관계로 생략합니다.

여섯째 소절인 '**꿈이 자라나요, 생각이 깊어져요, 속뜻학습, 속뜻사전, 친구야 고마워 (생각이 깊은 사람이 세상을 이끌어 갑니다).**'에 대해서는 '꿈과 희망이 왜 중요한지' '여러분이 꿈나무인 까닭' 등을 묻고 답하는 형식으로 강의가 이어졌습니다. '우리나라 만세!'라는 말을 목 놓아 부르짖으면서도 아무런 생각을 못하다가 '만세' ⇒ '만년' ⇒ '매우 오랜 시간' ⇒ '영원'으로 이어지고 '우리나라여! 영원하라!'라는 뜻으로 계속 생각이 깊어지는 것을 몸으로 느낄 수 있도록 하였습니다. 마지막으로 '친구'의 속뜻을 물어 보았더니 '친할 친'(親)은 아는 학생들이 많았는데, '옛 구'(舊)는 거의 모든 학생이 모르고 있었습니다.

'친할 친'(親)과 '옛 구'(舊)로 구성된 '친구'는 '친(親)하게 오래도록[舊] 사귄 사람'을 뜻합니다. 친하다는 것보다는 '오래도록'에 더 큰 의미가 있습니다. 잠시 친했다 말면 친구가 될 수 없기 때문입니다. 그렇다면 어떻게 해야 오래도록 친할 수 있을까요. 첫째는 작은 허물은 덮어주고 감싸 주어야 합니다. 둘째는 친구가 완전무결하고 완벽하기 바라면 안 됩니다. 그래야 오래도록 친하게 지내어 비로소 '친구'가 될 수 있다고 하였더니 아이들은 '친구'라는 말 속에 그토록 깊은 뜻이 있는지를 예전에 미처 몰랐던 듯 깨달음의 눈빛이 역연하였습니다. 오래도록 친하게 지낼 수 있는 조건 두 가지는 내가 지어내서 한 말이 아닙니다. 강의에서는 학생들의 눈높이를 고려하여 원전을 소개하지는 않았지만, 글로 남기는 김에 그 전고(典故)는 다음과 같습니다.

주나라를 세운 문왕의 아들이자 무왕의 동생인 주공 단(旦)이 한 말입니다. 주공은 어린 아들을 남기고 죽은 형 무왕의 자리를 차지하지 않고 어린 조카를 왕위에 오르게 하여 성왕(成王)이 되었고, 평생 성왕을 잘 보필하였기 때문에 공자가 가장 존경하는 인물로 유명합니다. 그 주공이 자기 대신에 노나라 제후로 간 노공(魯公, 이름 伯禽)에게 당부한 말이 《논어》 미자(微子) 편에 나오는 데, 원문인즉은 '故舊無大故則不棄也, 無求備於一人'(고구무대고즉불기야, 무구비어일인)입니다. 이 문장의 주어인 '故舊'는 원로공신으로 해석하는 설, 친구로 해석하는 설이 있습니다. 요즘 사전에도 '故舊'가 '친구'의 비슷한 말로 등재되어 있으니, 협의는 원로공신을 뜻한다고 볼 수 있겠으나, 광의로 '친구'로 해석하더라도 크게 틀린 것은 아닙니다. 따라서 '친구는 큰 잘못이 없는 한 버리지 말고, 그 한 몸에 모든 것을 다 갖추었기 바라지 말라'는 것입니다. 이것을 의역하여 '작은 허물은 덮어주고 감싸주어야 한다'는 조건, '완전무결하고 완벽한 사람이기 바라지 말아야 한다'는 조건, 이 두 가지가 갖추어져야 비로소 오래도록 친한 친구가 될 수 있다고 보았던 것입니다. 어떻습니까. 3천년 전이나 지금이나 친구의 도리는 변함이 없지요. 같은 반 학생끼리 진정한 친구가 되려면, 싸우거나 다투는 일이 없어야 한다는 것이 매우 중요함을 이로써 잘 알 수 있습니다.

내친 김에 학생들에게는 말하지 않았던 것 하나를 이에 남기도록 하겠습니다. 우리나라 초등학생들은 "IQ가 아니라 HQ가 높아야 모든 과목 공부를 잘 할 수 있다"는 말입니다. HQ(Hint Quotient : 우리말 한자어 속뜻 인지능력 지수)는 한자어 속에 담겨 있는 힌트(속뜻)를 생각해낼 수 있는 능력 지수를 말합니다. 앞에서도 보았듯이 '애국가'를 한자로 쓸 수 있는 능력이 아니라 '사랑 애' '나라 국' '노래 가'라는 속뜻을 생각해 낼 수 있는 능력을 말합니다. '사암과 역암 가운데 어느 것이 클까요?'라는 문제가 HQ가 낮은 학생에게는 너무 어려운 문제지만, HQ가 높은 학생이라면 '모래와 자갈 가운데 어느 것이 더 클까요?' 같은 매우 쉬운 문제로 바뀝니다[모래사(沙), 자갈 력(礫)]. 편폭 관계상 더 이상의 상세한 설명은 생략합니다.

이렇게 5학년 4반 강의를 마치자 많은 학생이 우르르 몰려와 사인을 해 달라고 야단들이었습니다. 김봉우 선생님이 다가와서 점심시간 때 다시 모실 테니 그때 사인을 해주도록 하겠다며 간신히 학생들을 말려서 진정시켰습니다. 이어 10시 40분부터 40분간은 3반, 11시 30분부터는 2반에서 동일한 내용의 강의를 세 번이나 반복하였습니다. 다소 따분한 점도 있어서 예를 든 단어를 약간 바꾸어 보거나, 묻고 답하는 내용을 달리 하는 등 변화를 주었습니다. 3반 강의를 마쳤을 때 참으로 감격적인 일이 일어났습니다. 앞 반에서 그랬던 것처럼 거의 모든 학생이 달려 나와 "교수님! 사인해 주세요!"하며 야단들인 와중에, 한 여학생이 세로로 된 A4용지 상단에다 3글자씩 무지개처럼 형형색색으로 "생각이 깊은 사람이 세상을 이끌어 갑니다."라고 써 놓고는 그 하단에 사인을 해달라는 것이었습니다. 어쩌면 그런 생각을 하였는지, 그 마음 씀씀이가 너무 예쁘고 귀여워 한동안 어안이 벙벙했습니다. 그러던 중에 또 한 남학생이 다가와 "교수님, 드세요."하면서 무언가를 손에 들려주었습니다. 엉겁결에 받아서 주머니에 넣었습니다. 그리고 다음 시간 강의가 끝나고 잠시 휴게실에서 쉴 때 주머니에 손을 넣었습니다. 무언가 손에 잡히는 것이 있어서 꺼내 보았더니 그 학생이 준 것이었습니다. 막대기 모양의 초콜릿 반 토막이었습니다. 순간 너무나 놀란 나머지 할 말을 잊었습니다. 그 반쪽을 뜯어서 입에 넣는 순간 만감이 교차하였습니다. 어쩌면 그토록 고운 마음씨를 가졌을까? 어머니가 고이고이 싸준 것을 혼자 먹지 아니하고 반을 뚝 잘라 나에게 주다니! 어떻게든 고마움을 표하고 싶었던 갸륵하고 도타운 마음씨가 내 마음 속 깊은 곳에 자리한 '거문고 줄'[心琴]을 당겨 주었습니다. 한 쪽이 아니라 반쪽이었기 때문에 나눔의 미덕이 더욱 의미심장하게 다가왔습니다. 재능 기부 형식의 무료 강의인지라 아무런 보답도 생각하지 않았는데, 세상에 그 무엇과도 비교할 수 없을 정도로 값진 선물을 받다니! 그 뜻밖의 감동은 이루 형언할 수 없었습니다.

이토록 귀엽고 장하고 대견한 우리의 꿈나무들이 있는 한, 우리나라의 미래는 무지개처럼 찬란할 것이라 여겨졌습니다. 그리고 이 학교의 학생들이 교화(校花)인 장미보다 천 배 만 배 더 아름답다는 생각이 들기도 하였습니다. 잠시 그런 감탄과 상념에 젖어 있는 동안 점심시간이 되었습니다. 김봉우 선생님이 찾아와 4반으로 가서 학생들과 함께 점심을 먹었습니다. 말로만 들었던, 이른바 '무상급식'을 직접 체험하는 계기가 되었습니다. 예상했던 것보다 훨씬 맛있었습니다. 외모도 외모지만 마음씨가 더 곱디고운 초등학생들과 함께 했기 때문에 더욱 그러했했을 것입니다.

점심을 먹는 동안 두 학생이 질문을 하였습니다. "왜 이러한 사전을 만드실 생각을 하셨어요?", "단어 공부를 하는 것과 훌륭한 사람이 되는 것과 무슨 관계가 있어요?"라는 질문이었습니다. 먼저 그 두 학생들에게 칭찬

의 박수를 보냈습니다. 그리고 우리 집 아이들이 초등학교 3~4학년 때 '등호' '예각' '둔각' '형광등' 등에 대한 질문을 받고 당시 국어사전을 찾아보았더니, 그 풀이가 너무나 어렵게 되어 있어 사전을 새로 만들어야겠다는 생각을 하였다고 답해 주었습니다. 우리 집 아이들에 대한 사랑으로 시작해서 우리나라 모든 학생에 대한 사랑으로 발전한 경과를 설명해 주었지요. 그리고 두 번째 질문에 대한 답으로, 훌륭한 사람이 되려면 단어를 많이 알고 있어야 한다는 말, 독서와 독해를 통하여 어휘력을 높이는 것이 매우 중요하다는 말을 들려주었습니다. 독서(讀書)도 좋지만 독해(讀解)가 더 중요하다는 말을 할까 하다가 어려운 말일 것 같아 요즘 '국민 언니'로 각광을 받고 있는 피겨 스케이팅 김연아 선수에 비유하여 이야기하였습니다.

"여러분, 김연아 선수 좋아하지요"

"예! 아주 좋아해요."

"김연아 선수가 스케이팅 하는 모습을 TV로 보기만 하면 누구나 피겨 선수가 될까요?"

"아니에요. 자기가 직접 타 봐야 해요."

"그렇습니다. 잘 알고 있네요. 직접 피겨를 타는 것이 훨씬 더 중요합니다. 그렇듯이 책을 읽기만 할 것이 아니라 모르는 단어가 나오면 사전을 찾아보고, 그 단어를 써서 문장을 만들어 보고 하는, 독해(讀解)와 작문(作文) 과정이 더욱 중요합니다. 그렇지요?"

"예! 잘 알겠습니다."

이어서 심리언어학적으로 심성어휘집(mental lexicon)이나 기억 어휘(lexical memory) 이론 그리고 '사용 어휘력'에 관한 어휘학적 설명을 해 주고 싶었지만 너무 어려운 것이 될 것 같아 이쯤해서 그쳤습니다.

이리하여 세 반의 강의와 점심시간을 끝으로 '생각이 깊은 사람' 특강은 마무리되었습니다. 이렇게 2012년 4월 16일은 내 인생에 새로운 이정표를 새겨준 매우 특기할 만한 날이 되었습니다. 초등학생들을 대상으로 직접 강의를 해본 것이 처음이었기 때문만은 아닙니다. 올망졸망한 학생들의 초롱초롱하고 또랑또랑한 눈빛에서 우리나라의 새로운 꿈과 희망을 보았기 때문입니다. '생각이 깊은 사람이 세상을 이끌어 갑니다.'라는 말을 형형색색으로 써 놓고 내민 사인지는 내 눈에서 멀어졌지만, 그 무지개는 내 가슴 속에 영원히 피어 있을 것입니다. 그리고 반토막 초콜릿의 달콤한 맛은 내 입에서 사라졌지만, 그 학생의 도타운 마음씨는 내 가슴 속에서 영원히 살아 숨쉴 것입니다. 속뜻학습으로 생각이 깊은 사람이 된 그들이 앞으로 우리나라를 이끌어갈 주역이 될 날을 꿈꾸어 봅니다.

"우리나라 만세!" "우리 꿈나무들 만세!" 끝

※ 이 글은 초등학교 5학년 학생들을 대상으로 특강을 한 후에 너무나 감격한 나머지 가쁜 숨을 몰아쉬며 쓴 글입니다. 원래의 제목은 〈초콜릿 반토막 그리고 무지개 사인지〉입니다. 왜 그런 제목으로 달았는지는 글을 읽어 보면 금방 아실 것입니다. 저희 연구소 홈페이지에 실어 놓은 것인데, 국어사전 활용교육의 가이드가 될 수 있는 내용이 많아 이에 옮겨 놓았습니다. 어린이들은 참으로 귀엽고 장합니다. 어른들의 잘못된 생각이나 판단 때문에 희생되는 것이 안타까울 따름입니다. 아이들이 공부를 얼마든지 쉽고 재미있게 할 수 있는데, 어른들의 과욕(過慾)과 오판(誤判)으로 그렇지 못한 현실이 애처롭기 짝이 없습니다. 이 글을 읽어 보면 어린이들이 얼마나 총명한지, 얼마나 대견한지 알 것입니다. 그리고 국어사전 활용교육이 얼마나 중요한지도 자연스레 알게 될 것입니다. 그리고 사진을 수십 장 촬영하여 보내준 5학년 4반 김봉우 담임선생님께 감사의 뜻을 이에 적어 둡니다. -전광진-

※ 이 글에 수록된 노래는 유튜브에서 직접 들을 수 있습니다. 

5. 국어사전을 통한 독해력 증강 : 독서와 독해

전 광 진
성균관대 중문과 교수 / 前 문과대 학장

"내 사전에 불가능이란 없다."는 명언을 남긴 나폴레옹은 유년시절부터 생애의 마지막 순간까지 수불석권(手不釋卷)한 독서가였다고 한다. 책을 많이 읽어야 큰 인물이 된다는 말을 부정할 사람은 없다. 독서의 중요성은 누구나 잘 알고 있다. 존 로크는 "독서는 다만 지식의 재료를 줄 뿐이다. 자기 것으로 만드는 것은 사색의 힘이다."고 했다. 독서가 사색(思索)으로 가는 길목을 지키고 있는 것이 바로 독해다. 독서를 적극 권장하면서도 정작 독해의 중요성과 효용성은 잘 모르고 있는 것이 우리나라 교육계의 큰 문제점이다. 독서(讀書)와 독해(讀解)의 차이를 비교해 보자.

독서는 시력이 좋아야 하고,
독해는 실력이 좋아야 한다.

독서를 잘 하려면 갖추어야 할 조건이 많다. 그 중에서 가장 필수적인 것이 바로 시력(視力)이다. 특수 점자(點字)책이 아닌 일반 서적은 시력에 결함이 없어야 잘 읽을 수 있다. 이것은 너무 지당한 말이기 때문에 더 이상 언급할 필요조차 없다. 그런데 독해는 시력만으로 될 수 없다. 실력(實力)이 있어야 한다. 그 실력 가운데 가장 기본적인 것이 바로 어휘력이다. 어휘력은 '이해(理解) 어휘력'과 '사용(使用) 어휘력'으로 나뉜다. 낱말의 의미를 정확하게 아는 것을 '이해 어휘력'이라 하고, 거기에 그치지 않고 그 낱말로 문장을 잘 지을 수 있는 것을 '사용 어휘력'이라 한다. 사용 어휘력이 진정한 자기 어휘력이다. 독해의 첫 단계는 독서 과정에서 흔히 마주치게 되는 '걸림돌 어휘'(일부 교육자들은 '抵抗 어휘'라 하기도 함)에 대하여 밑줄을 긋는 것이다. 그것들을 그냥 지나치면 어휘력, 즉 실력이 쌓이지 않는다. 영문으로 쓰인 책을 볼 때는 중요 단어 밑에 줄을 그어 놓으면서, 국문으로 쓰인 책을 볼 때는 중요 단어를 그냥 지나치는 학생들이 많다. 영어 어휘력은 영어 과목 공부를 잘하게 할 뿐이지만, 국어 어휘력은 모든 과목 공부를 잘하게 한다.

독서는 한글만 알아도 되고,
독해는 한자도 알아야 한다.

우리는 세종대왕의 훈민정음 창제 덕분에 누구나 한글을 쉽게 배울 수 있게 되었다. 그리고 한글 전용 덕택에 누구나 글을 쉽게 읽을 수 있게 되었다. 요즘은 거의 모든 서적이 한글 전용으로 되어 있어 책을 읽지 못하는 사람은 없을 것이다. 예전에는 아니었지만, 지금은 한글만 알아도 독서를 잘 할 수 있기 때문에 한글만 알아도 된다고 생각하는 사람들이 많다. 대단한 착각(錯覺)이자 오판(誤判)이다. 한글 전용의 서적에 무수히 많이 등장하는, 석류알처럼 송송 박혀 있는 것이 바로 한자어(漢字語)이다. 교과서 문장의 핵심어휘(keyword)는 90% 이상이 한자어이다. 어린이들이 많이 보는 만화에 쓰인 글을 보자. '우리는 반드시 고지를 사수할 것이다.'는 문장의 핵심어휘는 '고지'와 '사수'이다. 이것을 읽을 줄 모르는 사람은 아무도 없다. 그러나 이 문장의 뜻을 알자면, 즉 독해를 하려면 한자 지식에 의존해야 한다. 영어나 수학 지식을 활용하여 'Go지' '4수'로 생각해 봐야 더 꼬이기만 할 뿐이다. '고지'는 '높을 고'(高)와 '땅 지'(地), '사수'는 '죽을 사'(死)와 '지킬 수'(守)를 쓰는 한자어임을 안다면 이 문장의 뜻을 아는 것은 '식은 죽 먹기'다. 따라서 독해를 잘 하려면 한자 지식은 선택이 아니라 필수이다.

독서는 견문을 넓게 해주고,
독해는 성적을 높게 해준다.

한 사람이 자신의 직접 경험에 의하여 지식을 축적하는 것에는 한계가 있기 마련이다. 남의 경험을 거울 삼자면 독서를 해야 한다. 따라서 독서가 견문을 넓게 해준다는 말을 누구나 쉽게 수긍할 것이다. 그런데 성적을 올려 주는 것은 독서 능력이 아니라 독해 능력이다. 앞에서 보았듯이 독해 능력은 바로 한자 지식에 의하여 좌우된다. 예를 들면 '우리는 나라와 민족을 위한 일이라면 신명을 다 바치겠습니다.'라는 문장에 대한 독해 능력은 핵심 어휘의 하나인 '신명'이라는 한자어에 대한 '속뜻 인지(認知) 능력'이 얼마나 되는지에 달려 있다. '몸 신'(身)과 '목숨 명'(命)이라는 속뜻(힌트)을 알아야 '몸과 목숨까지도 바치겠다.'는 뜻임을 확실하게 알 수 있고, 이러한 인지 능력이 성적 향상의 발판이 될 수 있다. 필자는 '우리말 한자어 속뜻 인지능력 지수'를 'HQ'(Hint Quotient)라 명명한 바 있다. 우리나라 학생은 IQ가 아니라 HQ가 높아야 공부를 잘 하게 된다. 엊그제 신문에서 IQ 150이 넘어 멘사 멤버에 들어간 한 고등학생이 속칭 일류대에 합격하지 못함을 비관하여 한강에 투신했다가 구조대원들의 도움으로 간신히 목숨을 건졌다는 기사를 보았다. 추정하건대 그 학생의 HQ는 IQ만큼 높지 않았을 것이다. IQ가 아무리 높아도 한자 지식이 없으면, 즉 HQ가 낮으면 '목구멍이 포도청'이라는 속담의 깊은 뜻을 이해하기 힘들 것이다.

독서는 서적이 좋아야 하고,
독해는 사전이 좋아야 한다.

독서가 중요하다고 해서 아무 책이나 함부로 읽으면 약을 잘못 먹은 것과 같아서 오히려 큰 해를 입을 수도 있다. 이러한 사실을 모르는 사람이 없을 것이니 이에 대해서는 더 이상 말할 필요가 없다. 그런데 독해를 잘 하려면 좋은 사전이 있어야 한다는 사실은 잘 모르고 있는 사람들이 참으로 많은 것 같다. 게다가 우리는 좋은 사전을 만드는 노력이 크게 부족하였다. 과거 관행을 무작정 답습하다 보니 '사전을 위한 사전'은 있어도 '학습을 위한 사전'은 없었다. '파충류'(爬蟲類)라는 단어를 예로 들면, 국가에서 편찬한 가장 큰 사전인 《표준국어대사전》에서조차 '파충강의 동물을 일상적으로 통틀어 이르는 말. ≒ 파충'이라고 풀이하고 있는 실정이다. 이에 비하여 '기어 다닐 파, 벌레 충, 무리 류' 같은 속뜻 훈음을 제시하여 한자 지식을 쉽게 활용할 수 있도록 하고, '땅을 기어[爬] 다니는 벌레[蟲]같은 동물 종류(種類). 거북, 악어, 뱀 따위'라고 풀이함으로써 무슨 뜻인지에다 왜 그런 뜻이 되는지를 속시원히 이해할 수 있는 명실상부한 '좋은 사전'이 있으면 좋겠다는 필자의 생각을 구현하기 위하여 20년 가까이 노력해 왔다(그 결실은 포털에서 '국어사전'으로 검색하여 리뷰를 보면 알 수 있음).

나무는 뿌리가 깊어야 하고,
사람은 생각이 깊어야 한다.

한 쪽 날개로 날 수 있는 새는 없다. 두 날개가 튼튼해야 높이 난다. 사람은 한글과 함께 아울러 한자도 잘 알아야 지식을 더 쉽게, 더 많이 축적할 수 있다. 이 세상에 수많은 직종(職種)이 있지만, 크게 보면 둘로 나뉜다. 하나는 말만 할 줄 알아도 되는 직업군이고, 다른 하나는 글도 쓸 줄 알아야 하는 직업군이다. 전자에 비하여 후자가 더 높은 대우를 받기 마련이다. 남이 쓴 글에 대한 독해 능력에 스스로 훌륭한 문장을 지을 수 있는 작문 능력을 갖추려면 한자어 어휘력이 필수적이다. 고품격 어휘력은 한자 지식, 즉 HQ가 높아질수록 쉽게 쌓인다. 한글 전용은 한글만 아는 사람에게는 절대적으로 불리하다. 한자도 잘 아는 사람에게 상대적으로 더 큰 편익을 준다. 경시(輕視)했다가 천시(賤視) 받기 십상(十常)인 것이 바로 한자(漢字)이며, 중시(重視)하면 중용(重用)되기 십상인 것도 한자(漢字)이다. 나무는 뿌리가 깊어야 하고, 사람은 생각이 깊어야 한다. 생각이 깊어지자면 한자는 선택이 아니라 필수이다. 녀

<독서와 독해>

(1) 독서는 시력이 좋아야 하고,
독해는 실력이 좋아야 한다.

(2) 독서는 한글만 알아도 되고,
독해는 한자도 알아야 한다.

(3) 독서는 견문을 넓게 해주고,
독해는 성적을 높게 해준다.

(4) 독서는 서적이 좋아야 하고,
독해는 사전이 좋아야 한다.

(※) 나무는 뿌리가 깊어야 하고,
사람은 생각이 깊어야 한다.

※ 이 글은 2012년 11월 23일 〈독서와 독해〉라는 제목으로 쓴 글입니다. 독해력 증강을 위해서는 사전 활용이 필수이고 국어사전 활용교육의 기초 이론이 되므로 이에 옮겨 놓았습니다. 독서와 독해의 차이를 정확하게 인식함으로써 국어사전 활용교육의 기초를 확실하게 다지기 바랍니다. -전광진-

---

6. 국어사전 송(song) 태몽 이야기

전 광 진
성균관대 중문과 교수 / 前 문과대 학장

세 살 버릇 여든 간다는 말이 있듯이, 공부는 초등 3학년 때가 평생을 좌우합니다. 미국 교육전문가들의 견해에 따르면, 초등학교에서 대학교까지 총 16년간의 공부를 두 단계로 나눌 때 이는 '8+8'이 아니라 '2+14'라고 합니다. 앞의 2년간은 '책을 읽기 위하여 배우는', 즉 'Learning to read' 단계이고, 그 뒤 14년간(초등학교 3학년부터 대학 4학년까지)은 '배우기 위하여 책을 읽는', 즉 'Reading to learn' 단계라고 합니다. 학습에 있어 가장 큰 전환기가 바로 초등학교 3학년인 것입니다. 학습 방식이 독서(讀書)에서 독해(讀解)로 전환되는 이 시기에 필수적이며 가장 강력한 도구가 바로 사전입니다. 즉, 3학년 이후 모든 초등학교 학생들에게 가장 강력한 학습 도구가 바로 국어사전입니다.

독서는 좋은 서적이 있어야 하고, 독해는 좋은 사전이 있어야 합니다. 그래서 미국의 한 NGO 단체에서는 로타리, 라이온스 같은 자선기관들의 찬조를 받아 사전을 구입하여 해마다 모든 초등학교 3학년생에게 무상으로 보급하고 있습니다. 1992년도에 싹이 튼 이 프로젝트는 이미 20여 년의 역사를 갖게 되었습니다. 해마다 장족의 발전을 거듭한 결과, 2010년도에는 약 250만 명의 학생들에게 사전을 제공하였다고 합니다(참고로 미국의 초등학교 3학년생은 총 413만 명임). 이에 관한 자료는 미국 초등 교육 발전의 큰 기틀이 된 그 단체의 홈페이지(www.dictionaryproject.com)에 자세하게 소개되어 있습니다.

우리나라에서 자생적으로 싹튼 국어사전 전면 무상 보급은 서울 행현초등학교(교장 원정환)가 시초(始初)입니다. 2011년 3월에 3학년 이상 모든 학생(약 1천명)에게 국어사전을 보급하여 수업시간마다 활용하고 있습니다. 미국의 사전 보급 운동(The Dictionary Project)을 벤치마킹하고 핀란드와 일본의 경우를 참고하여 교육청 단위의 새로운 모델을 개척한 '국어사전 활용교육'은 전남 함평교육지원청(교육장 김승호)이 효시(嚆矢)입니다. 2012년 7월 관내 모든 초등학교와 중학교 학생들에게 국어사전을 보급하여 어휘력 증진과 학력 신장에 적극 활용하고 있다고 합니다.

저는 2012년 4월 16일 서울 행현초 5학년(3, 4, 5반) 학생들을 대상으로 〈속뜻학습송〉의 가사를 중심으로 특강을 하였습니다. 그때 느낀 소감문을 〈초콜릿 반토막 그리고 무지개 사인지〉라는 제목으로 우리 연구소 홈페이지(www.LBHedu.com 에세이란)에 실어 놓았습니다. 그리고 지난 11월 23일에는 '학부모 · 교사 연찬회'를 주최한 함평교육지원청의 초청을 받아 특강차 함평에 가는 길에 먼저 기산초등학교에 들러 3학년 학생들의 수업을 참관하였습니다. 나의 국어사전을 펼쳐 놓고 바로바로 핵심 어휘를 찾아보면서 신나게 수업하는 광경을 보고 대단히 기뻤습니다. 유튜브를 검색하여 〈속뜻학습송〉을 들려주었더니 무척 재미있어 하였습니다. 그런데 초등학교 3학년생에게는 가사가 좀 어려운 것 같아 안타까웠습니다. 그래서 초등학교 저학년 학생도 쉽게 부를 수 있는 더욱 쉬운 노래를 만들고 싶어졌습니다.

처음에는 국민 동요라고 할 수 있는 〈아기 염소〉 곡에 맞추어 개사(改詞)하는 방안을 생각하였습니다. 이것은 몇 해 전에도 한 적이 있기 때문에 그것을 바탕으로 좀 더 손을 봐서 그럴듯한 가사를 지어 보았습니다. 그런데 예전부터 작곡가의 동의를 구하지 못한 방안이기 때문에 가사가 아무리 좋아도 공개적 사용은 불가능하였습니다. 새로운 곡을 만들어 볼까 하다가, 곡이 좋아도 학생들에게 널리 알려지자면 오랜 세월이 요구될 것 같아서 걱정이었습니다.

그러던 중 11월 29일 오전 작곡가 박미진 선생님과 통화를 하면서 그런 고민을 털어 놓았다가 뜻밖에 큰 아이디어를 얻었습니다. 이미 50년의 유효기간이 지난 노래의 음원을 사용하면 저작권법에 저촉되지 아니한다는 것이었습니다. 이를테면 〈징글벨〉이나 〈창밖을 보라〉 같은 곡에 가사를 바꾸어 보는 방안이었습니다. 그 묘안을 알게 된 즉시 조교(최수안)에게 부탁하였습니다. 오후 2시쯤 가사와 악보를 구하여 검토해본 결과, 〈징글벨〉이 더 좋을 것 같았습니다. 약 30분만에 가사 초안을 썼습니다. 그날 오후 3시에 대학원 수업이 있어 자투리 시간에 학생들과 함께 불러 보니 학생들의 반응이 상상을 초월할 정도로 대단히 좋았습니다. 그 후에도 많은 사람의 의견을 청취하였습니다. 수백 번 반복해서 부르며 고치고 또 고친 결과, 비로소 12월 4일 아침에 가사가 완성되었습니다.

박미진 작곡가, 박인화 교장(서울 재동초), 권민서 연구원, 최수안 조교 그리고 집사람 등 고견을 보내 준 분들에 대한 고마움을 아로새기면서 그 가사를 아래에 옮겨 봅니다.

국어사전송

원곡 : 징글벨
작곡 : 피어폰드
작사 : 전광진 교수

사전 찾아서 속뜻을 아니,
이해가 쏙쏙 재미도 솔솔!

사전 찾아서 속뜻을 아니,
즐거워서 국어사전 노래 부른다. 헤이!

사전을 펴 보자! 사전을 펴 봐!
국어, 영어, 한자 모두 친한 친구 되죠!

사전을 펴 보자! 사전을 펴 봐!
궁금할 땐 바로바로 사전 펴 보자! 헤이!

보다시피 쉽고 흔히 쓰는 단어를 사용하고자 애를 썼습니다. 그리고 국문판 〈징글벨〉의 가사와 글자수를 완전히 같게 하였습니다. '헤이'라는 것만 두 번 더 들어가 있을 뿐 나머지는 똑같습니다(이것은 '짱!'이나 '굿!'으로 바꾸어 부를 수도 있음). 그래서 누구나 금방 따라 부를 수 있습니다. 가사가 쉬운 말로 되어 있지만, 그 가운데 깊은 뜻을 담은 곳이 몇 군데 있습니다. 이에 대하여 설명을 덧붙이면 다음과 같습니다.

첫째, 가장 깊은 의미를 담아본 구절은 바로 **'이해가 쏙쏙'의 '이해'(理解)**입니다. '이해한다'는 말을 많은 사람이 무척 자주 많이 사용하고 있지만, 정작 그 깊은 속뜻을 알고 있는 사람은 그리 많지 않은 것 같습니다. '이유 이'(理)와 '풀 해'(解)를 쓰는 것이니 '이유[理]를 풀이할 수 있다[解]', 즉 '이유를 안다'는 뜻입니다. 한 교육심리학자가 말하였듯이, 우리는 '이해하지 못하는 것을 배울 수는 없습니다'. 왜 그런 뜻인지 그 이유를 알면, 즉 내용을 이해하면 공부가 재미있어집니다. 무턱대고 암기(暗記)하는 것에서 깊이 이해(理解)하는 것으로 바꿀 수 있는 학습 터전을 닦기 위하여 지금까지 20년 가까이 노력해 왔고 앞으로도 계속 심혈을 기울이겠다는 저의 뜻이 '이해'라는 두 글자에 담겨 있습니다. '이해'가 '즐거움'으로 승화되기를 빌어 봅니다.

둘째, **'국어, 영어, 한자 모두 친한 친구 되죠!'**라는 세 번째 구절이 뭔 말인지 알기 어려울 것 같습니다. 국어사전으로 어떻게 영어와 한자도 한꺼번에 익힐 수 있다는 말이 무슨 영문인지를 이해하기 어려울 것 같습니다. '배우다'는 국어 단어를 익히면서 이에 대응되는 영어 단어 'learn / study'를 알게 되고, 나아가 '배울 학'(學)이라는 한자도 동시에 익힐 수 있는 다(多)기능-다(多)효과 국어사전으로 공부하면 일석삼조(一石三鳥)가 된다는 뜻입니다. 포털에서 '국어사전'을 검색하여 다양한 사전들을 비교 검토해 보시기 바랍니다. 내친 김에 더 말씀드리면, 영어 공부는 너무 많이 해서 탈이고, 한자 공부는 너무 안 해서 탈입니다. 한글만 아는 학생과 한자도 아는 학생은 생각의 깊이가 다릅니다. 한글과 한자는 새의 두 날개와 같습니다. 새는 두 날개가 튼튼해야 높이 날고, 사람은 한자도 알아야 높이 됩니다. 국어, 영어, 한자를 한꺼번에 친숙하게 익힐 수 있는 국어사전이 있다는 것은 "우리 모두의 복(福)"이라는 학부모님들의 사용 후기와 리뷰가 편저자인 저를 무진장 기쁘게 하였습니다.

셋째, **'궁금할 땐 바로바로 사전 펴보자!'** 이 구절을 두고 많은 고민을 하였습니다. '책 읽을 땐 언제든지' '공부할 땐 언제든지' '독서할 때 누구든지' 같은 구절과 경합을 벌인 끝에 지금의 것으로 낙착되었습니다. 책을 읽을 때는 누구나 어려운 단어, 처음 보는 단어를 많이 접하게 됩니다. 그럴 때 그냥 지나치면 고기를 먹으면서 씹지 않고 그냥 넘겨 삼키는 것과 같습니다. 무슨 뜻인지를 사전에서 찾아 알아보는 습관을 반드시 초등학교 저학년 때 길러 놓아야 평생 공부가 수월해집니다. 더 나아가 무슨 뜻인지, 다시 한 걸음 더 나아가 왜 그런 뜻이 되는지, 그 이유를 알아내는 습관이 대단히 중요합니다. 양서류에 대해 '개구리 같은 것을 말한다'는 것을 무턱대고 암기(暗記)하면 금세 잊어버립니다. 개구리 같이 물과 땅 두[兩] 곳에서 사는[棲] 동물 무리[類]이기 때문에 "'두 양'(兩), '살 서'(棲), '무리 류'(類)를 쓰는 구나!"하고 그 이유를 알게 되면 공부가 재미있고 즐거워집니다. 그런 속뜻을 알 수 있는, 이유를 속시원히 알 수 있는 국어사전을 항상 옆에 두고 바로바로 찾아보도록 지도해야 합니다. 개권유익(開卷有益), 수불석권(手不釋卷), 위편삼절(韋編三絶) 같은 사자성어를 활용하여 더 심도 있게 설명하는 것은 생략합니다.

영국이나 미국 학생들은 '영어사전'을 많이 보면 모든 과목 공부를 잘 하게 됩니다. 우리나라 학생들은 '국어사전'을 많이 봐야 모든 과목 공부를 잘

하게 됩니다. 이 노래를 알고 난 후에 모든 과목 공부에 재미를 느끼게 되었다는 학생들의 후일담(後日談)을 듣는다면 그보다 더 큰 기쁨이 없을 것입니다. 이 땅의 모든 초등학생들에게 꿈과 사랑을 보내면서 '〈국어사전 송〉 태몽(胎夢) 이야기'를 마칩니다. 감사합니다.

※ 이 글은 '국어사전 송'이라는 노랫말을 만들고 너무 기쁜 나머지 2012년 12월 5일 밤잠을 설치며 쓴 글입니다. 이 노래에는 어떤 사연이 있는지, 가사에 담겨 있는 깊은 의미가 무엇인지를 소상하게 밝혀 놓고 싶었습니다. 이 글의 내용은 국어사전 활용교육과 관련이 깊습니다. 노래를 하면 누구나 즐거워집니다. 공부도 즐겁게 해야 효과가 높습니다. 이 땅의 모든 학생이 이 노래를 흥얼거리면서 국어사전 활용학습을 즐겁게 했으면 좋겠습니다. -전광진-

※ 이 글에 수록된 노래는 유튜브에서 직접 들을 수 있습니다.

제3장

국어사전 활용교육 성공 사례

1. 미국의 성공 사례 : 'Dictionary Project'

(1) Reading makes a country great! *

김 승 호
전남 목상고 교장 / 前 함평교육청 교육장

call : 843-856-2706 or 843-388-8375

미국을 더욱 강대한 나라로 만드는 프로젝트!

미국 초중 교육의 성공 기반

'The Dictionary Project'를 소개합니다.

※ 原文 : 미국 Dictionary Project(사)에서 제공하는 홍보용 PPT. (번역본)

사전 프로젝트의 역사

- 1992년 조지아주 Savannah에 살고 있던 Annie Plummer가 집 근처 초등학교에 사전 50권을 기부하기 시작하였습니다.
- 후에 Annie의 갸륵한 뜻에 감동한 Bonnie Beeferman이 학생들에게 나눠줄 사전을 구매할 대금을 마련하기 위해 사우스캐롤라니아 주의 힐튼헤드에서 공예품을 판매하기 시작했습니다.
- 1995년 여러 학교로부터 지원 요청을 받은 Bonnie는 사우스캐롤라이나 주의 찰스턴신문에 칼럼을 기고하여 사전 기부 계획을 설명하고 지원을 요청하였습니다.
- 메리 프렌치가 이 칼럼을 읽은 후 자신을 위한 프로젝트라고 생각했습니다. 초등학생의 학력 신장은 사전 보급을 통하여 이루어질 수 있으며, 그렇게 하려면 기금 조성이 급선무임을 알게 된 그녀는 1995년 남편 아르노와 함께 사단법인을 결성함으로써 The Dictionary Project가 탄생하였습니다.
- 1995년 이래 수많은 후원자와 자원 봉사자들이 적극적으로 참여하여 해마다 1백 50만 권 이상의 사전을 전국 초등학교에 기부하고 있습니다.

사전 프로젝트의 운영방식

- 이 프로젝트를 후원하는 개인이나 단체는 '강력한 학습도구'인 사전을 제공하는 것이야말로 어린이들에게 줄 수 있는 선물 가운데 최상의 것이며, 사전은 특히 초등학교 3학년 학생들이 가장 필요로 한다는 사실에 인식을 같이 하고 있습니다.
- The Dictionary Project에 기부하는 개인이나 단체에는 세금 면제의 혜택이 주어집니다.

- 학교에 제공할 사전의 종류, 수량 등은 기부자가 직접 선정합니다.
- 기부자인 개인이나 단체의 자원봉사자들이 직접 사전을 들고 해당 학교 교실에 가서 어린이들에게 나누어 줍니다.
- 사전에 기부자의 이름이 적힌 라벨이나 메시지를 넣을 수 있습니다.

사전의 종류와 배송

- 이 프로젝트에서는 모두 25종의 사전을 선택할 수 있습니다. 한 권에 $1.25를 공제하여 배송비로 충당하고 있으며, 미국 전역에 배송이 가능합니다.
- 사전 프로젝트의 기부금은 세금이 공제됩니다.
- 사전은 웹사이트에서 비교, 선택하여 주문할 수 있습니다.

독해 능력에 대한 충격적인 사실

- 독해 능력은 국가의 경제적 성공과 번영에 결정적인 역할을 합니다. (참고 : Literacy in America and Economic Impact, www.caliteracy.org/economic/, 2009)
- 범죄율과 실업은 독해 능력과 깊은 관련이 있습니다.
  (참고 : National Assessment of Adult Literacy (NAAL) Report, 2003)
- 성인 미국인 21~23%는 글의 의미를 파악하지 못하고, 낮은 수준의 추론조차 하지 못하였습니다. 또한 쉬운 정보도 제대로 정리하지 못하였습니다.
  (참고 : National Center for Educational Statistics, 2002)
- The National Assessment of Educational Progress는 미국 초등학교 4학년 학생의 37%가 책은 읽을 줄 알아도 뜻을 제대로 파악하지 못한다는 사실을 조사하여 보고한 바 있습니다.
  (참고 : National Early Literacy Panel Report, 2009)

천차만별 독해 능력

"글을 읽고 뜻을 아는 독해 능력은 특권이 아니라 기본권입니다."

- 독해 능력은 선진국일수록 높습니다. 그러나 모든 사람의 독해 능력이 다 높은 것은 아니고, 개인과 지역별 편차가 대단히 심합니다.

사전 활용의 중요성

- 사전은 여러 방면에 걸쳐 매우 유용합니다. 단어의 의미, 철자, 발음, 문법, 문맥(입말과 글말)을 익히는 데 결정적인 도움을 줍니다.
- 사전을 통하여 의사소통 능력 · 학업 능력 · 취업 능력 · 자기 계발 및 자

신감 등을 얻을 수 있습니다.
- 사전은 언어를 풍요롭게 하고, 생각을 깊게 하는 필수품입니다.

후원과 자원봉사

- 후원과 자원봉사자는 The Dictionary Project의 심장이자 원천입니다. 그들이 없으면 우리는 아무것도 할 수 없습니다.
- 사전 선물의 필요성과 효과를 깊이 인식하여 어린이들의 손에 사전을 들려주는 후원자의 어진 마음씨는 The Dictionary Project의 대들보입니다.
- 어린이에게 사전을 선물하는 일에 개인, 시민단체, 지역사회가 참여하는 것은 자라는 아이들에게 매우 특별한 의미와 가치를 심어줄 것입니다. 자기 고장의 어른들이 자신들의 교육에 깊은 관심을 가지고 있다는 사실을 몸으로 느끼는 첫 경험이기 때문입니다. 또한 아이들의 손에 사전을 들려준 후원자들은 선물을 받은 어린이들이 고마워하고 감격해 하는 모습을 보면서 더없이 큰 만족과 행복을 느끼게 될 것입니다.

학교 현황과 자료

- 우리 웹사이트(http://donations.dictionaryproject.org/Mapping/)에는 사전을 선물받은 학교와 아직 받지 못한 학교에 대한 전국 현황을 일목요연하게 보여주고 있습니다. 이 자료를 통하여 귀하의 도움을 필요로 하는 학교가 어디에 있는지 한눈에 알 수 있습니다.
- 이 목록은 각 주의 도시와 학교를 기준으로 연도별로 구성되어 있습니다. 학교별 데이터를 더 자세히 보고 싶은 분에게는 Microsoft Excel로 편집하여 보내 드립니다.
- 현황과 정보는 후원자의 회신을 기초로 작성한 것이며 수시로 업데이트됩니다.
- 이 지도와 목록의 정확한 최신 정보 유지를 위하여 사전을 배포할 학교 이름을 정확하게 알려 주실 것을 후원자님들께 정중히 부탁 드립니다.

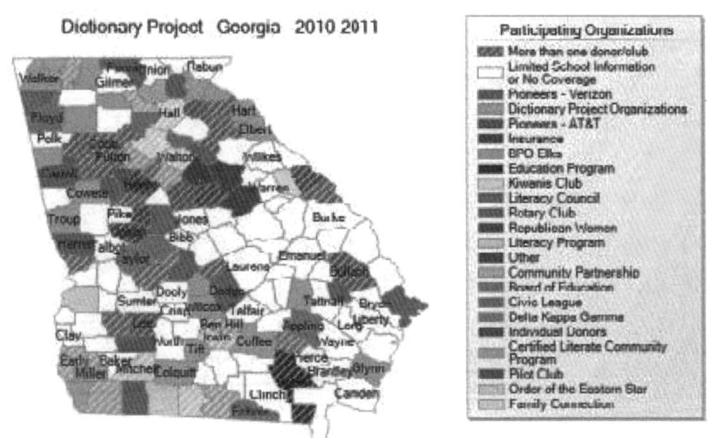

후원 경험담과 기쁨 공유

- 웹사이트의 프로젝트 섹션(http://www.dictionaryproject.org/projects)에는 국내·국제 프로젝트가 링크되어 있습니다. 이 섹션을 통하여 후원

자가 제출한 멋있는 사진과 재미있는 글을 볼 수 있습니다. 국내 프로젝트 맵은 미국 내 모든 공립 초등학교에 대한 후원 정보를 담고 있습니다. 새로운 뉴스나 사진 자료를 받으면 곧바로 업데이트합니다.

- 또한 웹사이트의 후원 섹션에는 각 후원단체의 프로필이 소개되어 있습니다. 이를 통하여 후원 활동이 어떻게 이루어졌으며, 어떤 특성을 갖고 있고, 어떤 성과를 올렸는지 등에 대한 사연과 사진을 볼 수 있습니다. 아울러 많은 후원자의 감격과 기쁨을 서로 공유하기를 바랍니다.

학생과 학부모의 감사편지

- 사전 선물을 받은 학생은 물론 학부모들이 감격과 감사의 편지를 많이 보내 왔습니다. 아이들이 고사리같은 손으로 꼬불꼬불 써서 보내준 수백 통의 편지에는 사전을 선물해준 분들에 대한 감사한 마음이 송이송이 박혀 있었습니다. 그 특별한 느낌과 고마움은 아이들이 매일 사전을 펼칠 때마다 이어질 것입니다. 사전은 이처럼 큰 진가를 발휘하는 대단히 유용한 선물입니다.

사전 정말 고마워요.
아저씬 정말 멋져요! 책에는 단어들이 많아서 정말 좋아요.
전 사실 쓰는 게 정말 힘들었어요. 단어가 복잡했거든요. 항상 사전이 있으면 좋겠다고 했는데 드디어 제 사전을 갖게 됐네요.
이제 단어가 궁금하면 언제든 이 사전을 펼쳐서 찾아볼 수 있게 되었어요. 알쏭달쏭하던 단어의 뜻을 속시원히 알게 되어 좋아요.

Dear Mr. Schilling and Elks lodge,
Thank you for the dictionary! I think you are very nice. I like the book because it has a lot of words I could not even write. Words like dice and Tennessee. I always wanted a dictionary and now I finally have one. Now, I can look up words wherever I go. It helps me pronounce words, too.
Your friend,
James

주신 사전, 감사히 잘 받았습니다. 사전은 제가 처음 본 단어를 발음하는데 도움이 될 거에요.

저희에게 이렇게 훌륭한 사전을 주셔서 정말 감사 드려요.

Guadalupe Riverside, CA Pictures

사전 감사해요.

이 편지를 쓸 때도 철자에 맞게 단어를 쓰려고 사전을 사용했어요.

아저씨가 저희에게 와서 사전을 주신 건 정말 멋졌어요.

다시 한 번 감사드립니다.

성과와 계획

- 책을 읽고 뜻을 아는 독해 능력을 기르는 것은 선진국가가 되는 결정적인 책무입니다. 우리나라 학생들의 잠재 역량을 최대한 발휘하도록 도와 주기 위하여 우리는 지금까지 많은 일을 해 왔습니다. 앞으로 우리는 더 많은 일을 해야 하고, 또 할 수 있을 것입니다.
- 2010년 한 해 동안 우리는 약 2백 46만 권의 사전을 미국 내 초등학교에 기부하였습니다. 우리나라 초등학교 3학년 학생은 약 4백 17만 명이라고 합니다. 우리의 목표는 이들 모두에게 사전을 한 권씩 선물하는 것입니다.

- 나아가 우리는 외국의 독지가들과 협력하여 이 프로젝트를 국제적으로 확장할 것입니다. 우리는 이러한 목적을 달성하기 위하여 세계 각 나라에 사전을 효율적으로 배송하는 일 등에 관하여 관련 단체나 독지가들과 협력을 확대해 나갈 것입니다.
- 세계는 글로벌화되어 가고 있습니다. 독해 능력이라는 혜택을 전 세계 모든 사람이 누리게 되기 바랍니다.

맺음말

- 우리는 여러분의 성원에 힘입어 다음과 같은 목표를 향해 매진하고 있습니다.

모든 학생에게 (Student by Student)

모든 지역에서 (State by State)

모든 나라에서 (Country by Country)

사전 프로젝트의 꽃을 활짝 피우겠습니다.

[부 록] 'Dictionary Project' FAQ

다음 내용은 미국 Dictionary Project(사)의 홈페이지에 있는 FAQ 가운데 주요 내용을 국문으로 옮긴 것입니다.

문 : 사전 제공을 왜 초등학교 3학년생으로 한정하고 있는지요?

답 : 우리가 사전을 제공하는 대상을 초등학교 3학년 학생으로 정한 것은 다음 두 가지 이유 때문입니다. 첫째, 실용적인 필요성 때문입니다. 초등학교 3학년 교과과정에 '사전 찾기' 단원이 설정되어 있어 모든 학생에게 사전이 필요합니다. 둘째, 시야를 더 넓혀 보면, 초등학교 3학년은 교육의 일대 전환기입니다. 3학년은 '독서를 잘하기 위한 공부'(learning to read) 단계에서 '공부를 잘하기 위한 독서'(reading to learn) 단계로 전환되는 중요한 시기입니다. 이때부터 대학에 이르기까지의 모든 공교육 활동은 다음과 같은 두 가지 대전제에서 이루어지고 있습니다. 첫째는 학생들이 책을 읽을 줄 안다는 것[讀書]이고, 둘째는 읽은 것을 완벽하게 이해할 수 있다는 것[讀解]입니다. 두 번째 전제인 독해를 위하여 반드시 필요한 것이 사전입니다. 만약 우리 사회의 한 구성원인 어린이들의 교육이 성공적으로 이루어지게 하려면, 교육 여건을 잘 갖추어 주어야 합니다. 즉, 초등학교 3학년 때 독서를 좋아하는 습관을 기르도록 격려하고, 독서 내용을 이해하는 데 필요한 사전류 서적을 제공해 주어야 합니다. 최근 Annie E. Casey Foundation의 연구 결과는 이러한 일이 얼마나 중요한지 그 이유를 자세히 알려주고 있습니다.

Q : Why do you recommend giving the dictionaries to third graders?

A : We chose third grade as the year to give dictionaries to students for two reasons. The first is practical: third grade is the year in which dictionary skills are taught in most schools. The second is no less practical, but broader in scope: third grade represents a critical juncture in a child's education. This is the year a student makes the transition from learning to read to reading to learn. All formal education from this point through college is premised upon the student being able to read and to understand what he or she reads. If we as a community want our children to succeed in education, we must ensure that they have the resources and encouragement to become strong readers by third grade. A recent study by the Annie E. Casey Foundation shows why this is so important. Click here [http://datacenter.kidscount.org/reports/readingmatters.aspx] to read more.

문 : 초등학교 3학년 학생에게만 사전을 주어야 합니까?

답 : 우리 프로젝트를 후원하는 분들이 이런 말씀을 전해 주었습니다. 벽지 학교는 4학년생이나 5학년생에게도 사전을 제공할 필요가 있다고 합니다. 이러한 경우에 우리는 후원자들이 벽지 학교의 요청에 부응하도록 적극 권하고 있습니다. 아울러 중·고등학교의 외국인 영어교육(ESL, English as a Second Language) 프로그램이나 문맹 성인을 위한 독해 능력 증진 프로그램을 지원하기 위하여 사전을 기부하고자 하는 후원자들도 있습니다. 이러한 종류의 교육 활동들은 모두 사전 선물을 통하여 독해 능력을 증진시키는 데 이바지할 수 있는 매우 좋은 기회입니다.

Q : Do we have to give the books to third graders only?

A : Some of our sponsors have said that their local school districts prefer that the books be given to fourth or fifth graders, and we do encourage sponsors to honor the requests of the local schools. In addition, some sponsors support ESL(English as a Second Language) programs in high schools and middle schools, as well as adult literacy programs, with donations of dictionaries. These are all good opportunities to promote literacy with the gift of dictionaries.

문 : 하필이면 종이사전입니까? 컴퓨터 사전으로 단어를 찾아보는 것이 일반화되어 있고, 심지어 핸드폰에 있는 사전 앱을 활용하는 사람들이 많지 않습니까?

답 : 2009년 현재, 3세에서 17세의 아동과 청소년 가운데 93%가 컴퓨터를 활용하고 있고, 그 가운데 77%가 인터넷에 접속할 수 있는 가정용 컴퓨터를 가지고 있다고 합니다. 그러나 아직도 집에서 컴퓨터를 쓸 수 없는 어린이가 10%나 되고, 소수민족 또는 저소득층의 어린이들은 거의 개인용 컴퓨터를 가지고 있지 않습니다. 컴퓨터가 있는 학생이라도 종이사전을 활용하면 다음과 같이 많은 장점이 있습니다. 종이사전은 휴대가 편리할 뿐만 아니라 어디에서나 쉽게 찾아볼 수 있습니다. 어린이들은 자기만의 책을 소유하게 되었다는 그 자체가 책을 찾아보고 싶은 탐구심을 자극한다고 합니다. 그리고 어떤 낱말을 찾아 뜻을 알게 되는 즐거움을 스스로 느낄 수 있고, 같은 페이지에 있는 또 다른 매혹적인 단어들을 덤으로 접할 수 있습니다. 이러한 사실들은 종이사전만이 가질 수 있는 장점입니다.

Q : Why books? Doesn't everyone have a computer to look up the meaning of a word or a dictionary app on their phone?

A : As of 2009, 93% of children ages 3~17 lived in households with at least one computer, and 77% used a home computer to access the Internet. It is still likely that almost one in ten American children do not have access to a computer at home. Children in minority ethnic groups or low-income households are much less likely to have a computer at home. (see data at http://childtrendsdatabank.org/?q=node/298 [4]). Even for children with computer access, a dictionary provides benefits a computer cannot. Dictionaries are portable and can be used anywhere. A child has a sense of ownership of a book that encourages exploration. And only a dictionary can provide that delightful experience of looking up a word and getting sidetracked by all the other fascinating words on the same page.

(2) 독해지도를 통한 전 교과 학력 향상 방안*

김 승 호
전남 목상고 교장 / 前 함평교육청 교육장

새로운 학력 향상 정책으로 대두되고 있는 중등학교 독해 중심 수업

최근 일반계 고등학교 2학년 학생 10명 중 6명은 국어시간에 수업 내용을 60% 정도도 이해하지 못하며, 수학은 물론 영어와 과학 수업에서 그 비율은 더욱 높아 '잠자는 교실' 문제가 발생하고 있다는 한국교육개발원 연구 결과가 발표되었다. 한편 교육과학기술부는 현재의 과목별 석차기준의 내신제도를 2014년부터 절대평가 방식으로 바꾸고, 낙제를 의미하는 과목별 재이수제(F단계)를 도입하여 학교측과 학생 본인의 기본 학력에 대한 책무성을 높임과 동시에 '잠자는 교실' 문제도 해결할 계획이라고 밝혔다.

초등학교 단계에서는 크게 문제되지 않는 수업 이해도 저하 현상이 중

※ 原載 : 《해외교육 동향》(전남교육신문 발행)

· 고교 단계에서 큰 문제로 대두되는 이유는 무엇이며 적절한 대책은 없을까. 어떤 사람들은 중 · 고등학교에서 교육활동이 미흡한 때문이라고 지적하기도 한다. 독서량이 부족한 학생들의 수업 이해도가 낮은만큼 초 · 중 · 고 전체 단계에서 독서활동을 강화해야 한다거나, 중 · 고교 단계에서 주입식 교육보다는 토론수업의 활성화가 필요하다고 말하기도 한다. 어떤 사람들은 고등학교 교과수업은 교육과정을 중심으로 대학입시를 대비해야 하기 때문에 수업수준을 높일 수밖에 없고, 기본 학력이 부진한 학생들까지 정규수업에서 배려하기는 사실상 불가능한 일이라고 여기기도 한다.

미국에서는 중 · 고등학생들의 낮은 수업이해도에 대한 관심과 연구가 최근 활발하게 진행되고 있다. 특히, 뉴욕에 본부를 두고 있는 카네기재단은 중 · 고등학생들의 독해능력 향상이 학교교육 개혁의 초석이라는 관점에서 2004년에 연구분과로 '청소년 문해위원회'(Council on Advancing Adolescent Literacy)를 신설하여, 이에 대한 연구지원 사업을 적극 전개하고 있다. 이 재단이 올해 초 발간한 보고서(Time to Act)는 초등학교 시기까지 학력부진 학생들의 비율이 낮게 나타나지만 중 · 고등학교 시기에 급격하게 증가하는 주된 이유로 학습용어의 난이도 증가에 따른 학생들의 독해능력 부족을 꼽았다. 즉, 초등학생 시기에는 교과서에 나오는 학습용어가 학생들이 일상생활에서 사용하는 것들이고 학습내용도 학생들의 흥미를 고려하여 설정되지만, 중 · 고교로 학년이 올라갈수록 새로운 용어, 익숙하지 않은 소재, 분석과 비판 및 종합력을 요구하는 내용으로 구성되어 있어서 이에 적응하지 못하는 학생들의 비율이 자연스럽게 증가하게 된다고 보았다. 카네기재단의 연구비 지원을 통해 중 · 고등학생들의 독해능력 향상 방안과 우수사례 관련 연구보고서들이 상당수 발간되었다. 이 결과는 미국 연방정부는 2002년부터 전국에 확대 실시해 온 초등학교 3학년까지의 독서교육 진흥(Reading First) 기금을 2007년부터 각 주의 중 · 고등학생 독해

교육 진흥 활동에 지원할 수 있도록 했다.

미국 연방정부를 비롯하여 각 주정부에 중 · 고등학생 독해능력 배양 방안의 중요성을 일깨워준 주역은 앨러바마주 메디슨카운티 교육청 관내의 버크혼(Buckhorn) 고등학교 교직원, 특히 현재 교육과정 담당 교감으로 근무하는 사라 패닝(Sarah Fanning) 선생님이다. 교육뉴스 전문잡지 〈Education Week〉(2009.11.4. A High School Takes on Literacy)는 이 학교가 독해교육 활성화를 통하여 전국적인 명문고로 발전한 과정을 자세하게 소개하였다. 패닝 선생님은 10여 년 전 신입생(9학년)의 1/3 이상이 영어독해 능력에서 7학년 수준에 못 미치며, 심지어 4학년 수준 이하인 학생들도 있다고 분석한 이후 무척 당황했다. 심지어 잠자리에 들어서도 그 학생들의 얼굴이 떠올라 잠을 잘 수가 없었다고 한다. 그녀는 전체 63명의 선생님들과 과목별로 학생들의 교과서 용어 이해수준, 즉 독해능력 실태를 분석하고 향상 대책을 협의하기 시작했다. 이 과정에서 다른 선생님들도 교과서 학습용어를 제대로 이해하지 못하는 학생들이 의외로 많다는 것을 실감하게 되었다. 한 사회과 교사는 교과서에 제시된 단어의 어원이나 문장 분석을 통해서, 그림책이나 만화 등을 이용하여 초등학교에서처럼 가르쳐 성적을 향상시켰다. 전체 교사들의 독해지도 능력향상 연수, 독해 중심 수업지도, 학력수준과 수업이해 정도 분석에 따른 개별화 지도 등에 학교가 노력한 성과는 졸업학년 때 기본 학력 부진학생이 거의 사라질 정도로 대단했다. 이 학교는 고등학교 단계일지라도 정규수업에서 기본 학력 부진학생들을 포기하지 않고 이해를 높이는 독해 중심 교육을 통해 모든 학생의 성취수준을 높일 수 있다는 교육희망을 보여 준 것으로 유명해졌다.

우리나라에서 수업 중에 잠을 자는 학생 가운데 상당수는 학습동기 부족이라기보다는 수업 수준, 특히 학습용어를 이해하지 못하여 결국 수업에 흥미를 잃은 경우에 해당한다. 우리말은 한자용어가 많기 때문에 기본적인 한자를 습득하지 못한 학생들의 수업이해도가 더욱 약화될 수밖에 없다. 글을 읽어도 뜻을 모르는 학생들에게 무조건 독서를 많이 하라고 권장하는 것은 학습 효율성 면에서 바람직하지도 않다. 학교생활의 대부분을 차지하는 정규수업에 보다 많은 학생이 참여하여 더 잘 배울 수 있도록, 우리 학교에서도 미국 버크혼의 선생님들처럼 학습용어 이해 지도, 독해능력 향상 교육에 보다 관심을 두어야 할 것이다.

(3) 딕셔너리 프로젝트*

최 영 록
한국고전번역원 대외협력실장 / 前 성균관대 홍보전문위원

미국을 세계에서 가장 강대한 나라로 꼽는 데 주저할 사람은 별로 없을 것이다. 최근 중국의 급부상으로 주요 2개국(G2)이라는 용어가 나왔지만, 미국의 강대함은 쉽게 퇴색하지 않을 것이다. 그런 미국을 더욱 강대한 나라로 만드는 프로젝트가 있다는 말을 듣고 귀가 번쩍 뜨였다. 우리나라가 주요 20개국(G20)의 반열에 든 것에 자만하지 말고, 다시 G10으로, G8로 도약하기 위한 성장동력을 얻는 데 도움이 될 것 같아 이 프로젝트를 살펴봤다.

무엇이 나라를 강대하게 할까? 경제력, 군사력, 천연자원 등을 꼽기 쉬운데, 필자는 뜻밖에도 '독서'라고 답변한 미국인들이 참 '희한하게' 생각됐다. 그들이 내건 슬로건은 '독서가 나라를 강대하게 만든다(Reading makes

---

※ 原載 : 〈동아일보〉(2013. 6. 25. A28).

a country great)'는 것이고, 그 꿈을 실현하기 위한 단체가 '딕셔너리 프로젝트'(The Dictionary Project)이다. 이들은 해마다 전국 초등학교 3학년생에게 '국어(영어)사전'을 선물하고 있다. 어휘력과 독해력을 향상시켜 공부를 하게 함으로써 나라를 더욱 강대하게 만드는 초석을 다지자는 것이다.

두 번째로 의아하게 여긴 것은 독서가 중요하다면서 '왜 책(book)이 아니라 사전(dictionary)을 주는 것일까'였다. 이는 이 단체의 연혁을 살펴보면 확실하게 알 수 있다.

1992년 조지아주에 사는 한 할머니가 집 근처 초등학교 학생들에게 사전 50권을 기부했다. 사전을 받은 학생들이 어휘력과 독해력이 향상돼 공부에 재미를 느끼게 됐다는 소문이 이웃 마을로 퍼지면서 사전 기부 운동이 널리 확산됐다. 1995년 이 이야기를 전해 들은 메리 프렌치 씨가 남편 아노 씨와 함께 '딕셔너리 프로젝트'라는 장학재단을 결성했다. 이 단체의 후원자들이 해마다 늘어나 전국으로 확산됐으며, 15개 국가에까지 보급됐다고 한다. 1995년 이후 총인원 1825만 5644명의 학생이 혜택을 받았고, 2012년 한 해에만 초등학교 3학년 학생 239만 7306명에게 사전을 선물했다고 한다(미국 초등학교 3학년생은 417만여 명이다).

사전 기부 활동의 양적 팽창과 성장은 물론이거니와 그들의 이론적 무장에 더욱 놀랐다. 초등학교에서 대학에 이르는 16년간의 학업 과정에서 초등학교 3학년이 가장 큰 분수령이 된다고 한다.

초등학교 1, 2학년은 읽을 줄 알기 위하여 공부하는 단계이고, 3학년 이후 대학 4학년까지는 지식 축적을 위하여 많은 책을 읽어야 하는 단계인데, 이때 가장 강력한 학습도구가 바로 사전이라는 것이다.

세 번째로 놀란 것은 우리가 무상급식으로 학생들의 '배'를 채우는 일에 골몰하는 사이, 미국은 사전 선물로 학생들의 '머리'를 채우는 일에 몰입한 것이다. 동물이 아니라 만물의 영장인 인간에게는 '먹여 기르는' 사육(飼

育)이 아니라 '가르쳐 기르는' 교육(教育)이 더욱 중요함을 이제라도 깨달아야겠다.

미국은 '다(多) 대 다(多)' 방식으로 사전 장학 프로젝트를 선구적으로 실시하고 있다. 우리나라 초등학교 3학년생이 45만여 명이라고 한다. 매년 120억여 원을 투입하여 '강대한 나라'를 만드는 프로젝트는 선발주자를 추월하는 지름길일 것 같다. 학비를 지급하는 재래 방식에 그치지 말고 교구(教具)를 지원하는 선진국형 장학제도를 도입할 때가 됐다.

물고기를 주는 것보다 물고기를 잡는 도구를 주는 것이 훨씬 낫기 때문이다.

2. 일본의 성공 사례 : ‘사전 찾기 학습’(辭書引き學習)

※ 1989년에 처음 실시된 '사전 찾기 학습' 방식은 아이치(愛知)현 가리야(刈谷)시에 있는 키죠우(亀城) 초등학교 후카야 케이스케(深谷圭助) 선생님(2005년 리쓰메이칸(立命館) 초등학교 교감을 거쳐 2008년 동 학교 교장 역임. 2010년 츄부(中部) 대학 현대교육학부 부교수)이 고안한 것입니다. 이 수업은 학교뿐만 아니라 집에서도 사전과 친해지는 계기가 되어 '자기주도 학습' 열풍을 일으켰고, 초등학생들의 학력을 높이는 데 크게 이바지하였습니다. 최소 비용 - 최대 효과를 특색으로 하는 이 학습법은 언론의 집중 조명을 받았으며, 국민적 주목을 받아 그 열풍이 전국으로 퍼져나갔습니다. 초등학교에서 시작된 이 수업 방식은 중 · 고등학교로 확산되었고, 전국의 수많은 학생과 교사, 학부모의 열정적인 지지를 받고 있습니다. 일본의 대표적인 교육기업인 베네세(Benesse)그룹이 적극 후원함으로써 그 확산 기세가 가속화되었습니다. 일본 공교육의 뿌리를 튼튼하게 하고 있는 이 수업 방식은 '사전 찾기 학습' 홈페이지(http://www.teacher.ne.jp/jiten/study/index.html)에 자세히 소개되어 있습니다. 이 자료를 토대로 교육청 단위, 학교 단위, 학년 단위, 학급 단위로 실시되는 사전 찾기 학습 방식과 그 성과를 소개합니다. -권민서-

---

(1) 교육청 단위 모범 사례

사가현 카라츠시
佐賀県 唐津市

- 도시 개요 : 인구 약 13만 명, 관내 초등학교 33개교
- 시행 학년 : 3학년 전체에 국어사전 보급
- 시행 연도 : 2009년 5개년 계획으로 처음 시행되어 현재까지 진행되고 있다.
- 담 당 자 : 카라츠시 교육위원회 학교교육과장 요시다 미치히코(吉田道彦), 학교교육주사 쿠리모토 우지(栗本洋二)

1. 개황

교과목 학업의 기초인 언어능력 제고와 자기주도 학습능력 배양을 위하여, '국어사전 활용수업을 통한 학력 향상 사업'을 2009년부터 실시하고 있다. 시 행정청 교육부 지원을 통해 관내 초등학교 3학년 전학생에게 〈국어사전〉을 보급하고 있으며, 각 학교에서 이 사업이 원활히 진행되도록 사전 찾기 학습 교사연수를 지속적으로 실시하고 있다.

2. 시행 단계

①1월 : 교육위원회가 〈사전 목록〉을 각 학교에 배포

②2월 : 각 학교별로 사전 선택

③3월 : 〈국어사전〉과 〈'사전 찾기 학습' 안내서〉(교사용, 학생용)을 대상학교에 배포

④7월 : '사전 찾기 학습' 교사연수 실시

⑤'활동보고회의'를 위한 설문을 실시하고(학생 · 교사 · 학부모 대상), 결과를 다음 학년도 사업 정책에 활용

3. 학습 방법과 효과

지속적이고 적극적인 교사 연수는 물론, '사전 찾기 학습의 이유'라는 제목으로 교사와 학생, 학부모가 함께 참여하는 강연회도 개최했다. 강연회에서 강사들이 '사전 찾기 학습'을 실연해 보임으로써 학교에서뿐 아니라 가정에서도 '사전 찾기 학습'이 일상화되도록 권장했다. 또 다른 현의 실행 사례를 소개하기도 했다.

①제 1회 연수 : 2009년 7월 28일

(강사) 사가 시립 와카큐스(若楠) 초등학교 쿠라사키 에미코(倉﨑恵

美子) 선생

②제 2회 연수 : 2010년 7월 30일

(강사) 카라츠 시립 하마사키(浜崎) 초등학교 키시모토 요시코(岸本佳子) 선생

③제 3회 연수 : 2011년 7월 26일

(강사) 츄부(中部) 대학 현대교육학부 부교수 후카야 케이스케(深谷圭助) 선생

④제 4회 연수 : 2012년 7월 27일

(강사) 베넷세 코포레이션 고하타 사사키

※ 학부모 의견

이 학습법을 실시하고 있는 학생들이 붙여놓은 120장의 스티커를 보았다. 자기가 배운 것에 표시하는 간단한 방법이 아이들에게 도움이 될 것이라고 전혀 상상하지 못했다. 하지만 이 방법이야말로 전에는 볼 수 없었던 새로운 시도였다. 학부모들은 사전 찾기 학습에 대한 설명을 듣고서야 "아하, 그렇구나!"하며 이 학습법의 효과를 받아들였다. 아이들 역시 처음에는 무의식적으로 따라하는 것 뿐이었지만, 스스로 동기를 부여하며 자기

唐津市小学校

マイ辞書活用研修会

資料

2010. 7. 30

唐津市立　浜崎小学校

教諭　岸本　佳子

만의 학습법으로 만들었다.

※ 수업방식 개선에 대한 토론 중 키시모토 선생과의 문답.

Q. 수업에서 사전 찾기 학습을 할 때 시간이 많이 소요된다. 좋은 방법이 있는가?

A. 시간 배분은 교사가 교실 상황에 맞게 조절하면 된다. 예를 들어 활동 시간을 5분으로 제한하면 오히려 학생들은 집중력이 생겨서 속도도 빨라진다. 수업시간이 부족할 때는 쉬는 시간을 활용하거나 숙제로 시정하여 학생들이 스스로 조사했다는 만족감만 주어도 충분하다고 생각한다.

Q. 해당 학년이 지나도 이 학습법을 계속하려면 어떻게 해야 하나?

A. 학생들에게 3학년 교과 중 '국어사전 활용법'이라는 단원을 정확히 이해하도록 하는 것이 중요하다. 또한 1년 동안 자기 소유의 사전을 찾아보고, 스티커를 붙이는 등의 활동을 계속해 나가다 보면 '사전은 내 단짝'이라는 생각이 자연스럽게 생긴다. 그러면 이후 학년에서도 사전 찾기 활동이 원활하게 이루어질 것이다.

Q. 특히 두 개 반 이상이 있는 학년에서 '사전 찾기 학습'을 할 때 어떤 주의할 점이 있는가?

A. 한마디로 수준을 맞추는 것이 중요하다. 3학년이 되면 사전 찾는 방법을 익히고, 4학년 이후로는 스스로 궁금한 단어를 사전에서 찾아 의미를 확인하는 것이 목표이다. 하지만 학급이 여러 개인 경우는 학급에 따라 수준이 나뉘기도 한다. 이 때에는 반의 수준에 따라 활용법을 공유하는 것이 중요하다. 또한 이러한 토론회에서 고민을 상담하는 가운

데 새로운 방법을 발견할지도 모른다.

4. '사전 찾기 학습' 결과

이 단체에서는 사전이 보급된 학교를 방문하여 교원과 학생, 보호자를 대상으로 '사전 찾기 학습'의 활용성과 학습태도 변화 등에 대한 설문을 실시하여 이 학습법의 효과를 조사하고 있다. 다음은 2011년도에 실시된 설문 결과이다.

※ 교사용 설문

(1) '사전 찾기 학습'에 대한 만족도 확인

- 98%가 "매우 좋았다" 혹은 "좋았다"는 평가

(2) 이 학습이 좋았던 이유는? (복수 응답 가능)

- "사전 찾기만 아니라 어휘 자체에 대한 관심도가 높아졌다." 등.

(3) 효과가 있었던 사례 혹은 효과적인 방법 제안

- 스티커 100장을 붙이면 담임이 미니상장 수여, 1000장을 붙이면 교장 선생이 상장 수여
- 일과 전에 사전 찾기 시간 지정(5분)
- 자신이 아는 단어일지라도 다시 한 번 사전을 찾아보며 확인하는 등 어휘에 대한 이해가 깊어짐
- 교사의 제안 이외에도 학생들 스스로 사전을 활용한 게임을 개발하고, 실제 수업 이외에도 사전을 갖고 노는 아이들이 많아짐.
- 실제 교과수업 시간에 수학, 사회, 과학에 대한 용어의 의미를 찾아 확인함
- 한자에 대한 거부감이 없어짐(일본의 경우 한자를 병용하고 있음)

※ 학생용 설문

(1) 사전 찾기는 즐거운가?

- 85 %가 "매우 즐겁다" 혹은 "즐겁다" 라고 높은 평가

(2) '사전 찾기 학습'은 어떤 도움이 되는가?

- 사전 찾기 학습에 대한 자세를 비롯해 어휘력이 향상된 것을 실감함

※ 학부모용 설문

(1) 학교에서 '사전 찾기 학습'이 이루어지고 있는지 알고 있는가?

- 94%가 "잘 알고 있다" 혹은 "알고 있다"고 대답

(2) 이 수업에 대해 어떻게 알게 되었는가? (복수 응답 가능)

- 아이가 집에서도 사전 찾기 학습에 대해 이야기하며, 학교에서도 학부모에게 자주 공지함

(3) '사전 찾기 학습' 활동이 내년에도 계속되길 바라는가?

- 93%의 학부모가 "꼭 계속 진행되길 바란다" 혹은 "계속 진행되길 바란다"고 응답, 이 학습에 대한 효과가 매우 높음을 확인

5. 전망

이 활동은 2009년부터 5개년 계획으로 시작하여 4년차가 되었다. '사전 찾기 학습'을 실시하고 있는 학교를 매년 방문하고, 이에 대해 실시된 설문을 통해 '사전 찾기 학습'이 학습의욕을 고취하고 있다는 점을 확실히 확인할 수 있었다.

향후 이 사업의 내실을 위해 '사전 찾기 학습'의 효과를 정밀 조사하고, 이를 위한 효과적인 활용법을 연구, 공유하고자 한다.

(2) 학교 단위 모범 사례

아다치 구립 모토키초등학교
足立区立本木小學校

- 도시 개요 : 도쿄도 아다치 구립 초등학교, 지역 인구 약 67만 명
- 시행 학년 : 3~5학년(각 학년 2~3학급, 총 학생수 452명)
- 시행 연도 : 2011~2011년
- 담당 교사 : 사와 아이코(佐原愛子) 선생님
- 학교 소개 : 2011학년도부터 어휘력 향상을 위해 '사전 찾기 학습'을 시작했다. 국어를 비롯한 전 과목 교과수업에서 진행하여 학력 향상 효과를 보이고 있다.

1. 개황

학력 조사 결과보다 언어영역에서 문제가 있음을 확인하고, 2011년부터 '사전 찾기 학습'을 도입했다. 〈국어사전〉과 〈한자자전〉을 모두 구비하여 국어교과를 비롯한 전 과목 교과에도 적극적으로 활용하고 있다. 1년간 이 수업을 시행하였으며, 학력평가 결과 언어영역에서 예년 대비 월등한 향상 결과를 보여 사전 찾기 학습의 효과를 실감하고 있다.

2. 시행 단계

2011년 4월 실시한 아다치 구 지역 학력평가에서 언어영역의 점수가 평균을 밑돌았다. 따라서 본교는 어휘력 향상이 관건임을 확신하고 이를 해결하기 위해 사전을 활용하는 것이 좋겠다고 생각했다. 여기에는 2008년 국제도서전에서 '카야 케이스케' 교수의 사전활용 수업에 대한 세미나를 들었던 주임교사의 추천도 한몫을 했다. 먼저 3, 4학년 학생들을 대상으로 진행하기로 하고, 학부모회의를 개최해 사전을 일괄 구입했으며, 스티커는 학생들이 자발적으로 가져와 사용하기 시작했다.

3. 사전활용 수업 방법과 단계

(1) 스티커 개수보다 찾아 읽는 것을 중시

사전 찾기 학습에서는 우선 찾는 방법이 익숙해지도록 했다. 처음부터 너

무 빠르게, 많이 찾는 것만 중시하다 보면 학생들에게 부담을 줄 수 있겠다고 생각했다. 그래서 무작위로 사전을 펼친 뒤 그 면에 있는 단어와 상황에 맞는 단어를 찾아보도록 하였다. 예를 들면 "선생에게 하고 싶은 말을 찾아보세요." "친구에게 하고 싶은 말을 찾아보세요"라는 말로 아이들에게 동기를 부여했다. 무작위로 사전을 펼친 면에 나온 단어를 읽도록 했다. 그러자 학생들은 "우와~ 그랬구나!"라는 탄성을 자아냈으며 모두가 기쁘게 경쟁하기 시작했다. 이렇게 단순히 스티커의 수량만 가지고 학생들을 재촉하지 않는 방식이 아이들에게 큰 도움이 되는 것 같았다.

학기 중에는 학교에서만 사전을 사용하기 때문에 학부모들이 잘 몰랐었지만 여름방학에는 집으로 사전을 가져가 사용하도록 하여 학부모들이 사전 찾기 학습의 효과를 직접 확인할 수 있게 하였다. 이후로 학부모들이 적극적으로 협력하고 있다.

(2) 사전 찾기는 학생들의 자발적인 의욕 고취에도 영향

학생들이 자발적으로 사전을 찾도록 하는 것이 중요하다. 교사가 "이 뜻을 모르면 어떻게 하지?"라고 말하여 아이들에게 힌트를 주면, 아이들은 곧장 "사전이 있잖아요!"라고 대답한다. 혹은 교사가 "선생이 이 단어의 뜻을 말해 줄까?"라고 하면 학생들은 "아니요. 잠깐만 기다리세요. 제가 사전으로 찾아볼 거예요!"라고 말해 사전 찾기 학습은 학생들의 수업태도에도 큰 영향을 미치고 있음을 알 수 있다.

(3) 사전 찾기 학습의 방향

어휘력을 기르는 데는 '스스로 추측해 보기'도 매우 중요하다. 학생이 모르는 단어를 만났을 때, 즉각 사전을 찾아보는 것이 아니라 "이 단어는 이런 뜻일것 같아."하고 ①스스로 생각하고 ②정리하여 말로 표현해 보고 ③

마지막으로 그것이 맞는지 사전을 찾아 확인하는 3단계의 과정이 필요하다고 생각한다. 그러므로 사전을 찾는 행위에 그치지 않고 그 의미를 제대로 이해하는 것에 중점을 두는 것이 바람직하다. 3단계의 과정은 비교적 많은 시간이 필요하므로 먼저 찾은 학생이 찾은 단어의 페이지 수를 모두에게 말하게 하여 시간을 절약하는 방법도 있다. 따라서 이런 경우를 대비해 전원이 같은 사전을 구비하는 것이 좋겠다. 물론 학생들이 스스로 찾는 기쁨을 누릴 수 있도록 시간이 촉박할 때만 이 방법을 사용하고 있다.

(4) 국어 이외의 다른 교과에서도 사전을 이용

학생들은 과학이나 사회 수업에서도 모르는 단어가 나오면 사전을 찾는다. 교실 이동수업에도 사전을 꼭 지참하고 있다.

(5) 5학년 1반 사회과 사와 아이코(佐原愛子) 선생의 수업 사례

① '방송국은 시청자들에게 정보 전달을 위해 노력하는 곳'이라는 주제로 학습할 때 미리 예습하도록 한다.

② 자료에 나오는 키워드인 '디지털' '아날로그' '미디어' 등의 말을 찾는다.

③ 학생들과 함께 '디지털 방송이란?' 'TV전파탑은 무슨 역할을 하는가?' 등에 대해 내용을 전개해 나간다.

④ 원활한 수업을 위해 교사는 키워드 중심의 인쇄물을 준비하고, 학생들은 국어사전을 펼쳐놓는다.

국어사전은 항상 책상에 펼쳐두도록 하고 있다. 처음에는 사물함 위쪽에 정리해 두었는데, 매번 뒤에서 가져왔다가 갖다놓는 번거로움이 있어 아예 책상이나 의자에 걸어 두도록 하였다. 학생들이 많이 사용하여 손때가 묻고, 붙어 있는 스티커 때문에 불룩해진 사전을 보면 매우 기쁘

다. 또한 단어를 찾은 뒤 스티커만 붙이는 게 아니라 내용을 정확히 읽고 이해하려고 노력하는 모습을 보면 역시 상급생의 사전활용 수업은 깊이가 있다는 생각이 든다.

(6) 3학년 2반 사회과 니시카와 마이(西川真以) 선생

'인쇄와 유통'을 주제로 인쇄소를 견학한 뒤 교실 수업에서 결과를 정리했다. 교사가 '유통이란 무슨 뜻일까?'에 대해 질문하고, 학생들은 이를 스스로 생각해 보고 대답한 뒤 사전을 찾는 3단계의 과정을 거쳐 사전활용 수업을 진행했다. 또 '인쇄물의 종류'에 대한 내용 중 '스티로폼'이라는 단어가 나와서 이를 사전에서 찾았으며, 설명 중 나와 있는 '합성수지' '단열재' 등의 관련 어휘도 함께 찾아보았다. 수업을 진행한 니시카와 선생은 "학생들은 자신의 생각을, 자신의 말로 표현하는 활동을 통해 스스로 논리성을 갖추게 되었으며, 이는 또래 3학년답지 않은 수준"이라고 말했다.

4. 사전활용 수업 결과

2012년 4월 학력평가 결과, 언어영역에서 어휘력과 읽기 등 모든 분야의 점수가 예년에 대비하여 월등히 향상했다.

5. 전망

사전 찾기 학습은 매우 좋은 결과를 보이고 있지만, 모든 학생이 이러한 결과를 보인 것은 아니다. 다만 학생들이 사전찾는 것에 대해 '재미'를 느끼고 있는 것은 분명하므로, 이를 학교와 가정에서 유지할 수 있도록 하는 것이 중요하다고 생각한다. '사전 찾기'는 고학년이나 중학교 그리고 생활 속에서도 유용하다. 사전을 통하여 알게 되는 단어만 가리키는 것이 아니다. 공부라는 것이 '재미있고' '자율적인' 것이라는 태도를 수립하는 데 큰 도움이 된다.

(3) 학년 단위 모범 사례

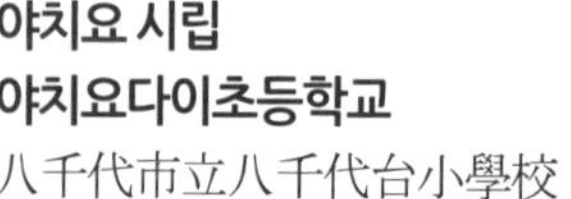

야치요 시립
야치요다이초등학교
八千代市立八千代台小學校

- 도시 개요 : 전체 17개 학급, 436명의 학생이 재학 중(지바현 야치요시, 인구 약 19만 3천 명). 국어연구학교로 지정되어 독서활동 등 다양한 교육활동을 벌이고 있으며, '전국 사전 찾기 대회'에도 참여하였다.
- 시행 학년 : 3학년 전원
- 시행 연도 : 2013년 ~
- 담당 교사 : 3학년 담임 코바야시 마사노리(小林 雅典) 선생, 오키 나오미(大木 尚美) 선생

1. 개황

베네세그룹의 권유로 이 수업을 3학년에 도입하였다. 지난해 실시한 3학년에서도 좋은 반응이 있었다.

2. 시행 단계

사전 찾기 학습이 도입된 후로 학생들은 국어시간에 항상 책상 위에 사전을 펼쳐두고 모르는 단어를 찾는다. 또 선생들은 아이들의 흥미를 지속시키기 위해 정기적으로 '사전 찾기 대회'를 개최하고 있다. 학생들 역시 대회가 큰 자극이 되어 사전을 지속적으로 사용하고 있다. 처음에는 '사전'이라는 말만 들어도 어렵다고 손사래를 치던 아이들이 '사전 찾기는 어렵지 않으며' '사전이 좋다'라고 자신 있게 말한다.

3. 사전활용 수업 방법과 단계

(1) '사전 찾기 대회'는 축제!

사전 찾기를 아이들에게 맡겨 두니 단원 초입에 키워드를 확인하는 정도로만 사용하고 더 이상 사용하지 않는 것이 안타까웠다. 3학년 정도의 나이가 되면 목표가 생겼을 때 더 집중하는 경향이 있다. 이에 착안하여 국어와 종합시간을 활용하여 매달 정기적으로 '사전 찾기 대회'를 실시하고 있다. 가끔 아이들에게 집중할 거리가 필요하다 싶으면 중간에 약식 대회도 열고

있다. '빨리찾기왕' '이해하기왕' '스티커왕'으로 나누어 상을 표창한다.

(2) 여러 분야의 '사전 찾기 왕'을 위한 노력

6월에 처음 사전 찾기 대회를 실시한 이후 지금까지 여러 번의 대회를 치르면서 많은 시행착오를 거쳤다. 현재는 사전 찾는 속도를 겨루는 '빨리찾기왕', 찾은 단어를 정확히 이해하는 것을 겨루는 '이해하기왕', 그동안 단어를 많이 찾는 것을 겨루는 '스티커왕'으로 나누어 각각 상위에 랭크된 학생에게 표창하고 있다. 처음에는 사전 찾는 속도만을 겨루었지만 그렇게 하면 한번도 상을 받지 못하는 학생이 생긴다. 그래서 속도뿐 아니라 정확한 의미를 이해하고, 이를 적어내는 '이해하기왕' 부문을 신설해 지금의 형태로 만들었다.

(3) 엄격한 예선의 문

사전 찾기 대회는 3학년 2개 반을 함께 실시한다. 본선 전날 각 반에서 예선을 실시하여 '빨리찾기왕' 분야와 '이해하기왕' 분야에서 상위 일곱 명을 선발하여 본선에 내보낸다. 본선은 예선에서 올라온 14명이 경쟁하지만 예선에서 뽑히지 못한 학생도 참여할 수는 있다(다만 입상자격에서는 제외된다). 본선 진출은 아이들에게 큰 동기가 되기 때문에 필사적으로 연습하고 경쟁한다. 본선 진출자가 결정되지 못해 예선을 일곱 번이나 진행한

적도 있었으며, 예선에서 떨어진 아이들은 분해서 울기도 한다.

(4) 나도 할 수 있어!

처음에는 사전 찾기 대회 본선을 선발학생 팀만 참가하도록 했다. 그러자 예선에서 탈락한 아이들이 "나도 참가하고 싶다" "나도 나올 수 있었는데…."라며 아쉬워했다. 그래서 새로운 규칙을 하나 더 만들어 학생 전원이 참가할 수 있는 형태로 바꾸었다. 그 방법은 바로 다음과 같다.

사실 사전 빨리찾기 분야의 예선에서 본선 진출자를 뽑기는 매우 어렵다. 시간이 거의 비슷하기 때문이다. 그래서 우리는 예선 진출자 3위의 시간을 체크한 뒤, 예선 탈락자들이라도 본선에서 그 시간 안에 들면 상을 수여하기로 한 것이다. 이 규칙 덕분에 예선을 통과했다 하더라도 본선에서 더욱 분발하게 되며, 예선에서 떨어졌다 하더라도 본선에 의욕을 가지고 참가할 수 있게 되었다. '스티커왕' 분야에서는 스티커 1천, 3천 장을 붙인 학생에게 교사가 직접 상장을 사전에 붙여주기도 했다.

(5) 더 이상 '베네세 사전'이 아니라 '나만의 사전'

학생들은 여러 권의 사전이 있지만 사용하던 것을 사용하는 경향이 있다. 매일 사용하고 있는 스티커가 붙어 있는 사전을 주로 사용하는 것이다. 한번은 사전을 집에 두고 온 아이가 있어 담임 선생이 새 사전을 빌려

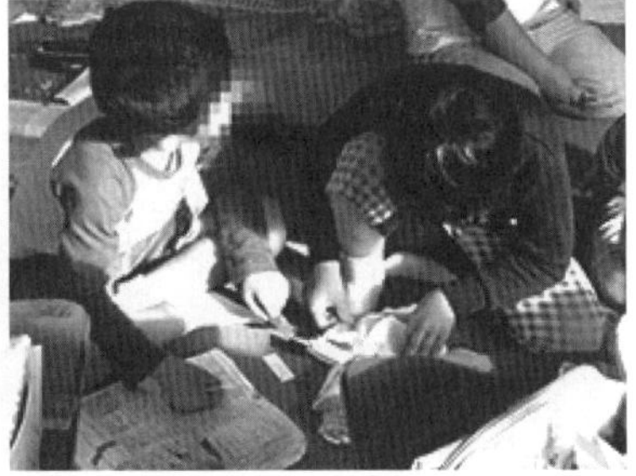

주었지만, 아이는 원래 자기의 것을 사용하고 싶어 했다. 그 이유는 간단하다. 아이에게 사전은 그냥 '베네세 사전'이 아니라 이미 '내 사전'이 되었기 때문이다.

4. 사전활용 수업 결과

아이들은 처음에는 '사전 찾기 대회'에 출전하는 것이 목표였지만 어느새 사전 찾기 자체를 즐기게 되었다. 그만큼 사전 찾기가 습관화되었고 다른 수업시간에도 사전을 찾아보고 있다. 이로 인해 아이들은 어휘력이 매우 향상되었다. 아이들이 한 작문을 보면 표현의 폭이 매우 넓어지고 깊어졌음을 느낀다.

또한 아이들의 태도가 변화한 것이 매우 큰 효과이다. 아이들에게 "예를 들면 이런 말은 어떠니?"라고 물으면 아이들은 바로 사전을 찾아 "이렇게도 말할 수 있어요." "이건 바로 ○○라는 뜻이에요"라고 대답한다. 아이들에게 던진 힌트 하나가 아이들의 주도적인 학습 태도를 일깨워 주는 것이다. 물론 '사전은 시시하다' '사전은 재미없다'고 하며 6년 동안 한번도 사용하지 않는 아이도 있고, 자기의 것이 없이 도서관에서 가끔 빌려다 사용하는 아이도 있다. 하지만 이 수업을 지속해 나가다 보면 진심으로 사전을 활용하는 아이들이 될 것이다. 이렇게 사전 찾기가 몸에 배면 뭔가 모르는 것이 나올 때마다 스스로 알아보려는 주도적인 학습 태도를 갖게 될 것이다.

5. 전망

사전 찾기 대회는 문제 출제가 매우 어렵다. 이미 나온 문제가 많기 때문이다. 그래서 우리는 정해진 시간 동안 얼마나 많은 단어를 찾는지도 겨루게 하였다. 앞으로는 국어사전 뿐 아니라 한자자전으로 '한자 찾기 대회'도 개최하려고 한다.

6. 기타 : 아이들로부터 받은 감동적인 이야기

〈사전 찾기에 대한 나의 생각〉

"나는 내 사전이 보물 같다. 내 사전이 아니면 왠지 사전 찾기가 잘 안 된다. 그래서 내 사전을 소중히 여기고 있다. 내가 사전을 처음 만났을 때 "정말 재미있게 뜻을 찾아볼 수 있네. 정말 대단해!"라고 생각했다. 어떤 풀이는 재미있고, 어떤 풀이는 그림을 곁들여 설명되어 있어 정말 대단한 것 같다.

스티커가 늘어나고, 내가 적어놓은 메모가 늘어나게 되면서 사전은 너덜너덜해졌지만, 내 사전은 나만의 보물이 되었다. 처음에는 사전 찾기를 전혀 할 수 없을 정도로 어려웠다. 하지만 한 번, 두 번 하다 보니 점점 재미가 있게 되고 사전을 찾으면서 알게 된 단어가 많아져 더 즐겁게 사전 찾기를 할 수 있게 되었다.

사전 찾기 학습을 하기 전에는 말의 정확한 뜻을 모른 채로 그냥 사용했다. 하지만 지금은 뜻을 알고 쓰게 되었다. 처음에는 콜리플라워 같은 것이 뭐가 재미있나 싶었지만, 지금 스티커가 많이 붙어 있는 내 사전은 마치 장미꽃이 활짝 핀 것 같다. 이렇게 재미있게 사전도 찾고 뜻도 정확하게 알게 되어 정말 즐겁다."

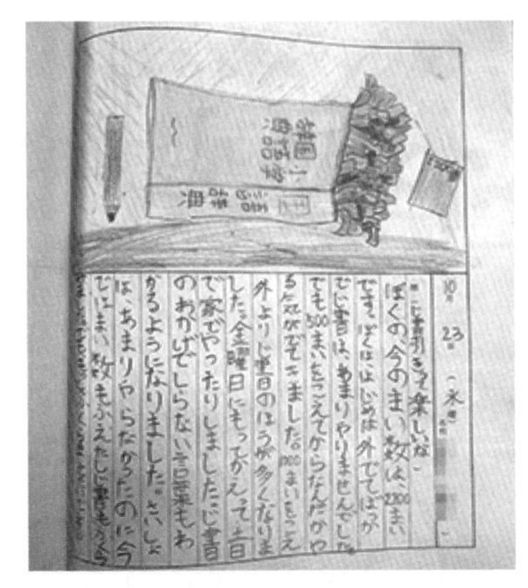
10月 23日 (水曜)
「じ書引きって楽しいな」
ぼくの今のまい数は、2200まい
です。ぼくははじめは外ではなか
なかじ書は、あまりやりませんでした。
でも500まいをこえてからなんだかや
る気がでてきました。1000まいをこえ
外よりじ書のほうが多くなりま
した。金曜日にもってかえって土日
で家でやったりしました。じ書
のおかげでしらない言葉もわ
かるようになりました。さいしょ
は、あまりやらなかったのに今
ではまい数もふえたしじ書も[illegible]

▲ 아이들이 직접 쓴 〈사전 활용 학습〉 감상문

(4) 학급 단위 모범 사례

학교 응원 이벤트 '도전! 사전 찾기 학습'에 참여한 학급의 후기입니다. 더 많은 후기는 http://www.teacher.ne.jp/jiten/study/syo/campaign.html에서 확인할 수 있습니다.

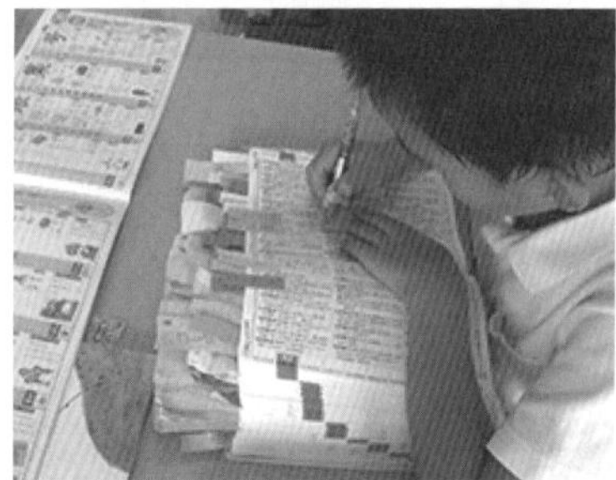

1. 후쿠시마 시립 가나야가와초등학교 福島市立金谷川小學校

담당 : 칸노 준코(菅野純子) 선생

처음에는 베네세에서 지원해준 CD를 보며 사전 찾기 학습을 진행했습니다. 횟수를 거듭하면서 반 친구들과 함께 새로운 방식을 개발해 나갔습니다. 퀴즈나 끝말잇기로 사전 찾기 혹은 '음식' '동물' '스포츠' 등의 분야를 정해 놓고 사전 찾기 등의 방식을 개발했습니다. 이외에도 수업 중에는 모르는 단어가 나오면 그 자리에서 사전을 찾아 확인했습니다. 아이들은 누가 가장 빨리 사전을 찾는지 경쟁하는 것도 매우 즐거워했습니다. 50장, 100장 단위로 칭찬 스티커를 주는데, 아이들은 놀랄만큼 빨리 스티커를 모으고 있습니다. 정말 이 학습법은 놀랍습니다.

2. 야부키 정립 젠고초등학교 矢吹町立善小學校

담당 : 오스기 아케미(大杉あけみ) 선생

베네세에서 직접 사전 찾기 학습을 도입하여 아이들이 사전 활용의 효과를 볼 수 있게 되어 매우 감사합니다. 수업 중에도 과제를 일찍 마쳤을 때나 점심 시간 등 자투리 시간을 활용하여 사전을 찾는 어린이들이 매우 많습니다. 아이들은 "선생, 사전에 ○○라는 단어가 있어요!"하며 자기가 찾아

낸 말을 매우 기뻐하며 저에게 알려줍니다. 이 활동을 통해 사전을 찾는 방법을 알게 되고, 사전 찾기의 즐거움을 알게 된 아이들이 많아진 것이 가장 큰 성과입니다. 앞으로 아이들의 흥미와 의욕을 지속시키는 것이 저에게 남은 과제라고 생각하고 그 방법을 찾기 위해 노력하고 있습니다.

3. 소마 시립 나카무라 제2초등학교 相馬市立中村第二小學校

담당 : 니시야마 야요이(西山弥生) 선생

모든 반에서 사전 찾기 학습을 도입하여 진행하고 있습니다. 아이들은 스티커를 붙이며 재미를 느끼고, 시간이 날 때마다 스스로 사전을 찾아 스티커를 붙이고 있습니다. 이런 학습 습관 덕분에 사전 찾기를 귀찮아하지 않을 뿐 아니라 국어와 전 과목 수업에서 사전을 능숙하게 사용하고 있습니다. 정말 놀라운 성과입니다.

4. 야치요 시립 요나모토초등학교 八千代市立米本小學校

담당 : 오쿠야마 케이(奥山圭) 선생

3학년의 '국어사전 찾기' 단원에서 사전의 배열이나 찾는 방법에 대해서 학습했습니다. 그 단원을 연장하여 사전 찾기 학습을 진행하고 있습니다. 사전 찾기가 익숙해진 후에는 새로운 단어가 나올 때마다 그 단어를 사전을 찾아 확인하고, 노트에 옮겨 적는 방식으로 아이들의 어휘력을 늘려나갔습니다. 아이들은 "스티커를 붙여 놓으니까 얼마나 많은 단어를 찾았는지 한번에 알 수 있어서 좋다" "친구들이 노력하고 있어서 나도 더 열심히 스티커를 붙이고 있다" "사전이 좀더 뚱뚱해졌으면 좋겠다"라고 말하고 있습니다. 더 나아가서는 독서 시간에 사전을 활용하는 아이도 있어, 이 수업이 얼마나 즐거운지 모르겠습니다.

【참고】사전 찾기 학습 시행학교

이와테현 岩手縣県
이와테대학 사범대학 부속초등학교 岩手大学教育学部附属小學校

미야기현 宮城縣
가미 정립 미야자키초등학교 加美町立宮崎小學校

후쿠시마현 福島縣県
소마 시립 나카무라 제2초등학교 相馬市立中村第二小學校
후쿠시마 시립 가나야가와초등학교 福島市立金谷川小學校
후쿠시마 시립 사사야초등학교 福島市立笹谷小學校
후쿠시마 시립 나카노초등학교 福島市立中野小學校
야부키 정립 젠고초등학교 矢吹町立善郷小學校

치바현 千葉縣県
가시와 시립 아사히초등학교 柏市立旭小學校
가시와 시립 사카이네니시초등학교 柏市立酒井根西小學校
가시와 시립 유타카초등학교 柏市立豊小學校
치바 시립 이소베다이치초등학교 千葉市立磯辺第一小學校
야치요 시립 아소초등학교 八千代市立阿蘇小學校
야치요 시립 오와다초등학교 八千代市立大和田小學校
야치요 시립 오오와다니시초등학교 八千代市立大和田西小學校
야치요 시립 카야다초등학교 八千代市立萱田小學校
야치요 시립 니키도초등학교 八千代市立新木戸小學校
야치요 시립 무츠미초등학교 八千代市立睦小學校
야치요 시립 무라카미초등학교 八千代市立村上小學校
야치요 시립 야치요다이초등학교 八千代市立八千代台小學校
야치요 시립 요나모토초등학교 八千代市立米本小學校

사이타마현 埼玉縣県
아게오 시립 히가시초등학교 上尾市立東小學校

도쿄도 東京都
아다치 구립 모토키초등학교 足立区立本木小學校
오타 구립 치세츠초등학교 大田区立池雪小學校
코토 구립 히가시스나초등학교 江東区立東砂小學校
시나가와 구립 코야마다이초등학교 品川区立小山台小學校
도시마 구립 이케부쿠로초등학교 豊島区立池袋小學校

아이치현 愛知縣県
키타나고야 시립 시카츠키타초등학교 北名古屋市立師勝北小學校
토요하시 시립 수세초등학교 豊橋市立嵩山(すせ)小學校

미에현 三重県
스즈카 시립 이이노초등학교 鈴鹿市立飯野小學校

오사카부 大阪府
타카츠키 시립 카와니시초등학교 高槻市立川西小學校

효고현 兵庫縣県
사사야마 시립 오쿠모초등학교 篠山市立大芋小學校
시가현 滋賀縣県

나가하마 시립 나나사토초등학교 長浜市立七郷小學校

돗토리현 鳥取縣県
사카이미나토 시립 사카이초등학교 境港市立境小學校
사카이미나토 시립 나카하마초등학교 境港市立中浜小學校

오카야마현 岡山縣
아카이와 시립 진비초등학교 赤磐市立仁美小學校

히로시마현 廣島縣県
미하라 시립 후나키초등학교 三原市立船木小學校

카가와현 香川縣県
아야가와 정립 쇼와초등학교 綾川町立昭和小學校
우타즈 정립 우타즈키타초등학교 宇多津町立宇多津北小學校
만노 정립 코토나미초등학교 まんのう町立琴南小學校

사가현 佐賀縣県
카시마 시립 카시마초등학교 鹿島市立鹿島小學校
카라츠 시립 이키사초등학교 唐津市立伊岐佐小學校
카라츠 시립 이리노초등학교 唐津市立入野小學校
카라츠 시립 우치아게초등학교 唐津市立打上小學校
카라츠 시립 우츠보기초등학교 唐津市立うつぼ木小學校
카라츠 시립 요치초등학교 唐津市立相知小學校
카라츠 시립 오가와초등학교 唐津市立小川小學校
카라츠 시립 오니즈카초등학교 唐津市立鬼塚小學校
카라츠 시립 카가미야마초등학교 唐津市立鏡山小學校
카라츠 시립 카카라초등학교 唐津市立加唐小學校
카라츠 시립 키타하타초등학교 唐津市立北波多小學校
카라츠 시립 큐라기초등학교唐津市立厳木小學校
카라츠 시립 키리고초등학교 唐津市立切木小學校
카라츠 시립 쿠리초등학교 唐津市立久里小學校
카라츠 시립 사시초등학교 唐津市立佐志小學校
카라츠 시립 세이와초등학교 唐津市立成和小學校
카라츠 시립 소토마치초등학교 唐津市立外町小學校
카라츠 시립 타이시초등학교 唐津市立大志小學校
카라츠 시립 다이라초등학교 唐津市立大良小學校
카라츠 시립 다카시마초등학교 唐津市立高島小學校
카라츠 시립 다케코바 초등학교 唐津市立竹木場小學校
카라츠 시립 다노초등학교 唐津市立田野小學校
카라츠 시립 타마시마초등학교 唐津市立玉島小學校
카라츠 시립 나가마츠초등학교 唐津市立長松小學校
카라츠 시립 나고야초등학교 唐津市立名護屋小學校
카라츠 시립 노사초등학교 唐津市立納所小學校
카라츠 시립 나나야마초등학교 唐津市立七山小學校
카라츠 시립 니시카라츠초등학교 唐津市立西唐津小學校
카라츠 시립 하마사키초등학교 唐津市立浜崎小學校
카라츠 시립 히가시카라츠초등학교 唐津市立東唐津小學校
카라츠 시립 히라바루초등학교 唐津市立平原小學校
카라츠 시립 마다라초등학교 唐津市立馬渡小學校
카라츠 시립 미나토초등학교 唐津市立湊小學校
카라츠 시립 요부코초등학교 唐津市立呼子小學校
카라츠 시립 오우라초등학교 太良町立大浦小學校

오이타현 大分縣県
오이타 시립 메이지초등학교 大分市立明治小學校

3. 한국의 성공 사례 : '국어사전 활용교육'(언론보도)

新東亞 2014년 9월호 특집칼럼

한국판 '딕셔너리 프로젝트'를 아십니까?

무상급식보다 무상 사전(辭典)을…

최 영 록
한국고전번역원 대외협력실장 / 前 성균관대 홍보전문위원

- 초등 3년 이상에게 국어사전 기부운동
- "학습·독해능력 향상 지름길"
- 서울·함평·원주에서 교육청·동문·독지가 동참
- 미국은 1995년 장학단체 탄생…연 240만 명 혜택

지난해 11월 8일 오전 11시 우리나라에서 두 번째로 오래된 초등학교인 서울 종로구 재동초등학교(1885년 개교)에서 작지만 뜻 깊은 행사가 열렸다. '제1회 동문·지역어른 국어사전 기증식'이 그것이다. 초등학교 3학년 59명, 4학년 56명, 5학년 43명, 6학년 38명 등 모두 196명에게 아담한 국어사전('초중교과 속뜻학습 국어사전', 전광진 편저, LBH교육출판사 발간) 한 권씩을 선물한 것. 기증에 동참한 동문 16명 중에는 53회 강지원 변호사와 예비역 소장도 있었고, 어머니 권유로 동참했다는 115회 중학생도 있었다.

이 학교 박인화 교장은 "어휘력 증강을 통한 학력 향상과 인성교육의 지름길을 국어사전에서 찾았다. 무슨 과목이든 사전을 옆에 두고 모르는 단어가 나오면 바로바로 사전을 펴 개념을 확실히 이해하도록 지도하겠다"며 "학부모운영회와 원로 동문 만남의 자리에서 이런 취지를 말씀드리니 반응이 좋았다. 특히 지역 어른들의 동참이 고마웠다. 앞으로도 쭉 이어질 수 있도록 하겠다"고 말했다.

1인 1사전

이에 앞서 지난해 10월 23일 강원도 원주 단구초등학교에서도 같은 행사가 있었다. 고향이 원주인 재미(在美)과학자 신승일 박사(74 · 서울대 국제백신연구소 대표를 지낸 생명의학 분야의 세계적 권위자. 미국 앨버트 아인슈타인대 교수로 북한 어린이들에게 뇌염백신을 무상공급하는 데 앞장섰다)가 3~6학년생 351명에게 국어사전을 기증한 것.

여기에는 지역에서 자발적으로 '한국사전프로젝트'를 펼치는 사무국장 윤재웅(52) 씨의 숨은 공로가 있다. 윤 씨는 20년여 전 화가 오지호(1905~1982)의 논문 '국어에 대한 중대한 오해'를 읽고 큰 감명을 받아 한자 교육과 사전 활용교육에 관심을 갖게 되었다고 한다. 윤 씨가 우연히 알게 된 신 박사에게 국어사전 기부운동 취지를 설명하는 편지를 보냈는데, 이에 동감한 신 박사가 기꺼이 동참한 것. 한국로타리 강원지구 최준영 총재도 올해부터 사전 기부운동 후원을 약속했다.

사전 기부운동의 역사는 이보다 몇 년 더 거슬러 올라간다. 서울 성동구 행현초등학교 원정환(59) 교장은 2008년 중랑구 신묵초교에 재직할 때 지

▲ 서울 재동초등학교의 국어사전 기증식.

역구청의 교육지원 예산을 받아 국어사전 700여 권을 구입해 3학년 이상 전 교실에 비치하고 학생들이 모든 교과과목 시간에 사전을 활용토록 했다. 학생과 학부모의 반응이 매우 좋아 3분의 1이 집에서도 같은 사전을 구입해 공부하는 습관을 갖게 됐다는 것이다.

유별난 사전 사랑

원정환 교장은 행현초등학교로 옮긴 2011년에도 성동구청의 지원을 받아 국어사전 1000권을 구입, 3학년 이상 전 학생에게 한 권씩 배부해 공부하게 하고, 학년이 올라가면 후배들에게 손때 묻은 사전을 물려주게 했다. 또한 '행현 단어장'을 만들어 3학년생 600단어, 4학년 900단어, 5학년 1200단어, 6학년은 1500단어를 적도록 하고, 이를 잘 지킨 학생에게는 '단어공부 인증서'를 주었는데 효과가 만점이었다.

국어사전 활용교육의 '원조'라고 할 수는 없겠지만, 전라남도 함평교육지원청 김승호(58) 교육장의 유별난 '사전 사랑'과 '사전 활용교육'은 함평군 내 초등학교를 넘어 인근 군 지역으로도 확산되어 '꽃'을 피우고 있다.

▲ 재미 과학자 신승일 박사 국어사전 기증식(강원도 단구초등학교).

그는 1987년 번스타인의 '언어사회이론'을 읽고 나라별 학력 격차의 이유를 알게 되면서 사전 교육을 강화하는 것만이 '강한 나라를 만드는 길'임을 깨달았다고 한다. 학생들의 학력 수준은 국어사전을 얼마나 이용하고 있고, 교과서의 용어들을 얼마나 잘 이해하느냐에 달렸다고 본 것이다. 일선 학교 교사와 교장, 도교육청 정책기획담당관 등을 역임하면서 '국어사전 상시 보기' 정책을 추진했다.

2012년 3월 함평교육지원청 교육장으로 부임한 이래 가장 정열을 쏟은 일도 자기주도 학습력 신장을 위한 초등학교 사전 보급 운동이었다. 함평군 내 손불초교 등 초등학교 11곳과 중학교 8곳 학생 2000명에게 사전 한 권씩을 배부했다. 손불초교는 동문인 건설사 대표가 3학년 이상 후배 58명과 교사 10명에게 사전을 기증했다. 김 교육장은 "올해에는 로타리클럽 광주지구(총재 김보곤)에서 적극적으로 이 운동에 동참하겠다는 뜻을 밝혀왔다"며 "3학년 때부터 사전을 끼고 사는 교육은 우리나라의 밝은 미래를 보장하는 것과 마찬가지"라고 말했다.

김 교육장은 최근 관내 중학교 학생팀이 '전국 초중교 디베이트대회'에서 38개 팀 중 우승을 차지한 것도 평소 사전을 통한 토론교육의 영향이 틀림없다고 확인했다. 김 교육장의 활약상은 어린이신문에도 게재됐다.

이러한 사전교육의 효율성을 연구한 결과도 있다. 경인교육대학 부속초교 정주희 교사는 '2010년 교육과학기술부 현장교육 연구 보고대회' 국어분과 초등부에서 '우리말 한자어 LBH교수학습 프로그램 적용을 통한 창의적 어휘력 신장'이라는 연구보고서로 1등상을 받았다. 여기에서 말하는 LBH(Learning by Hint) 교수학습법은 전광진 성균관대 교수가 주창하는 이론으로, 2음절 이상의 한자어(복합어)의 의미를 설명하는데 각각의 글자(형태소)에 담겨 있는 암시적 의미(hint) 정보, 즉 힌트를 최대한 분명하게 밝혀줌으로써 이해력 · 사고력 · 기억력 등을 높여주는 학습법을 말한다. 한

마디로, 기존의 정의에 의한 교수법은 무작정 암기를 원칙으로 하지만, 힌트에 의한 교수법은 '이해→사고→기억'을 하게 하는 것으로 단순 주입식 설명을 지양하는 것이다.

딕셔너리 프로젝트

LBH교수학습 프로그램을 적용한 후 평가결과를 분석하며 여러 가지 시사점을 얻었다는 정 교사는 "평소 학습능력이 보통 이하인 학생들이 어휘에 관심을 갖고 뜻을 정확하게 이해하고, 게임과 놀이를 즐기는 과정에서 어휘력이 많이 향상돼 스스로 만족해 했다"며 "학생들이 우리말에 무지하다는 자각과 함께 앞으로 우리말 공부를 계속 해야겠다는 생각을 하게 된 것 같다. 적절한 학습준비와 학습안내를 통해 학습훈련이 되면 3학년 학생들도 모둠별 협동학습을 훌륭히 할 수 있다는 것을 알게 됐다"고 말했다.

'사전 기부 운동'과 비슷한 일은 일찍이 미국에서 벌어졌다. 1992년 한 할머니가 국어(영어)사전 50권을 기부한 것을 시작으로 1995년 출범한 '딕셔너리 프로젝트'(www.dictionaryproject.org) 운동이 그것이다. 미국에서 지

▲ 전남 손불초등학교 국어사전 기증식.

금까지 1825만여 명의 학생이, 2012년 한 해에만 239만여 명이 사전을 선물 받았다고 한다(참고로 미국의 초등 3년생은 417만여 명이다). 사실, 사전을 받은 우리의 꿈나무들이 공부에 재미를 느끼고 어휘력, 독해력 향상을 통해 학력이 크게 신장된다는데 어느 누가, 어느 기관이 후원을 꺼려하겠는가.

그들의 이론에는 초등교육에 관심 있는 사람이라면 몇 번이고 되새겨 봐야 할 '그 무엇'이 있다. 학습은 초등학교에서 대학교까지 16년 동안의 학업 과정 중 초등학교 3학년이 분수령이 된다는 것이다. 초등학교 1, 2학년은 'Learning to read(읽을 줄 알기 위해 배우는 것)' 단계이고, 3학년 이후 대학까지 'Reading to learn(지식 축적을 위해 많은 책을 읽어야 하는)' 단계인데, 이 단계에서는 '국어(영어)사전'이 가장 강력한 학습도구라는 것이다. 이 단체의 홈페이지 첫머리에는 이렇게 쓰여 있다.

> "이 프로젝트를 후원하는 개인이나 단체는 '강력한 학습도구'인 사전을 제공하는 것이 학생들에게 줄 수 있는 최상의 선물이며, 초등학교 3학년 학생들이 가장 필요로 한다는 사실에 인식을 같이하고 있다."

▲ 광주입석로타리 국어사전 기증식.

이들은 이에 덧붙여 독해능력에 대한 네 가지 충격적인 사실을 말하고 있다. 첫째, 독해능력은 국가경제의 성공과 번영에 결정적인 구실을 한다. 둘째, 범죄율과 실업은 독해능력과 깊은 관련이 있다. 셋째, 성인의 21~23%는 글의 의미를 파악하지 못하고, 낮은 수준의 추론조차 하지 못하고 있다. 넷째, 초등학교 4학년 학생의 37%가 책을 읽을 줄 알아도 뜻을 제대로 파악하지 못한다는 것이다.

종이사전의 재미와 질감

여기에서 또 하나의 의문은 전자사전, 컴퓨터사전, 스마트폰사전 시대에 종이사전이 정말 인기를 끌 수 있을지이다. 이에 대해 이들은 이렇게 말한다.

> "컴퓨터가 있는 학생도 종이사전을 활용하면 많은 혜택을 누릴 수 있다. 종이사전은 휴대가 편리할 뿐만 아니라 어디에서나 쉽게 찾아볼 수 있다. 어린이들이 자기만의 책을 갖게 되면 뭔가 찾아보고 싶은 탐구심이 생긴다. 어떤 낱말을 찾아 뜻을 알게 되는 즐거움을 스스로 느끼고, 같은 페이지에 있는 또 다른 매혹적인 단어들을 덤으로 만날 수 있다."

한마디로 디지털사전과 종이사전의 찾는 재미와 질감(質感)이 천지 차이라는 것이다. 초등학교 3학년 때에는 무언가를 알고 싶어 하는 탐구심이 극에 달한다는 통계조사 결과도 나와 있다. 스스로 뜻을 알아가는 즐거움과 같은 페이지에 있는 또 다른 매혹적인 단어들을 덤으로 만나는 희열을 맛보지 않은 학생들은 알 리가 없지 않겠는가.

그들은 결론적으로 "글을 읽고 뜻을 아는 독해능력은 특권이 아니라 기본권"이라고 단언한다. 그래서 독해능력을 조기에 그리고 적기에 기르기 쉬운 초등학교 3학년 학생들에게 사전을 보급하는 일이 '중요하고도 시급한 일'이라고 말하는 것이다. 학생들이 사전을 손에 끼고 산다는 것은 단어의 의미, 철자, 발음, 문법, 문맥을 익히는 데 큰 도움이 될 뿐 아니라 의사소통, 학업능력, 진로 및 자기계발과 자신감을 갖게 하는 장점이 있다. 고은 시인은 교도소에서 국어사전 한 권을 통독하면서 '만인보'라는 시를 구상했다고 한다.

한편 이 프로젝트에 기부하는 개인이나 단체는 세금 면제 혜택을 받으며, 기증 사전 안에 기부자 이름이 적힌 라벨이나 메시지도 넣을 수 있고, 자원봉사자들이 해당 학교에 가서 학생들에게 직접 사전을 전달할 수도 있다. 또한 후원하고 싶은 사람들이 사전 선물을 받은 학교와 아직 받지 못한 학교 현황을 한눈에 볼 수 있도록 웹사이트에 자료를 제공한다.

현재 미국 로타리클럽은 전체 기부운동의 60%를 지원한다고 한다. 홈페이지에는 사전을 선물 받은 학생과 학부모의 감사편지가 넘쳐나는데, 한결같이 독해와 작문능력이 향상되었다는 등 장점을 나열하며 후원자들에게 고마움을 표하고 있다. 그들의 최종 목표도 명시돼 있다. 모든 학생에게(student by student), 모든 지역에서(state by state), 모든 나라에서(country

▲ 국어사전 기증운동이 전국적으로 확산되고 있다.

by country) 사전 프로젝트의 '꽃'을 활짝 피우겠다는 야심찬 계획말이다.

이해 위주 교육

2008년부터 종이사전 활용교육과 관련한 재능기부 특강을 100회가 넘게 하고 있는 전광진 교수는 "지금까지 암기 위주의 교육에서 하루빨리 벗어나 이해 위주의 교육이 되어야 우리나라 교육이 산다. 노벨상 수상자 같은 큰 학자를 키우려면 초등학교 3학년 때부터 사전을 활용한 교육법이 직효라고 생각한다. 우리말의 70% 이상이 한자어이고, 모든 학문의 핵심 어휘가 한자어인 현실에 읽을 수는 있어도 뜻을 모르니 수학능력이 떨어질 수밖에 없는 것 아니냐"며 "초등학교 한자교육의 사교육 열풍은 하루빨리 공교육으로 대체되어야 한다. 방과후 학습이라는 또 하나의 굴레보다는 수업시간에 한자어가 나올 때마다 한자의 속뜻을 가르치는 게 교육입국(教育立國)의 첩경"이라고 역설했다.

아무튼, 수년 전부터 겨자씨처럼 움트기 시작한 초등학교 3학년 이상 학생들에게 국어사전을 기부하는 운동이 이 글을 계기로 민간인의 후원이 넘쳐나기를 기대해 본다. 또한 장학기관이나 교육지원청 등 국가기관에서도 적극적으로 나서 국어사전을 비롯한 교구(教具)를 지원하는 방식으로 전국 6900여 개의 초등학교에 확산되기를 간절히 기원한다.

한편으로는, 한국로타리 등 사회봉사단체나 민간기관 등을 중심으로 사전기부운동이 요원의 불길처럼 일어나, 머지않아 전국의 초등학교 학생들이 국어사전을 학습에 활용하는 붐이 일면 좋겠다. 초등학교 시절부터 독해와 작문 능력 등 탄탄한 학습력을 기르고 이를 바탕으로 세계적으로 우수한 인재들이 속속 탄생해 대한민국과 우리말과 글을 한층 빛낼 날이 결코 이루지 못할 꿈은 아닐 것이다.

朝鮮日報 2008년 3월 19일 수요일 A21

국어사전 펼쳤더니 어휘는 물론 생각도 쑥쑥!

초등학생들 '사전으로 공부하기' 유행

김 윤 덕
조선일보 문화부 차장

이지훈 한국언어문화연구원 수석연구원은 지난해 초등 2학년 쌍둥이 아들의 질문을 받고 일순 당황했다. "아빠, 달인이 뭐예요?" "초조하다가 무슨 뜻이에요?" "어~ 그러니까…." 명색이 국문학 박사인데 아홉 살 아이 눈높이에 맞게 설명하려니 말문이 막혔던 것. 아이와 함께 국어사전 찾아보기를 습관화해야겠다고 생각한 것은 이때부터다. 뜻을 알게 된 새 어휘는 '단어장'으로 만들어 예문과 함께 기록하게 했다. 1년 지나니 공책 10권 분량이 나왔고, 이 씨는 이것을 책으로 만들어줬다. "아이가 질문하면 문맥 속에서 먼저 뜻을 유추하게 한 뒤 사전으로 확인하세요. 이것을 다시 예문과 함께 단어장에 기록하면 온전히 자기 말이 되지요."

우리말 잘해야 영어도 잘할 수 있다

초등학생들 사이에 '사전으로 공부하기'가 유행이다. 이른바 DIE(Dic-tionary In Education). 영어사전이 아니라 국어사전이다. 영어 몰입교육 열풍의 이면에 '우리말을 잘해야 영어도 잘할 수 있다'는 인식이 확산되고 있는 것. 최근 유아용, 초등학생용 사전들이 늘어나고, 이것이 다시 한자어 사전과 순우리말사전으로 세분화되고 있는 것도 이 때문이다. 학원가에서도 마찬가지. 서울 대치동 문예원 글로아이 오정옥 부원장은 "교실마다 국어사전을 비치해 놓고 아이들이 스스로 찾아보게 독려한다. 유아반은 교사가 직접 찾는 모습을 보여주어 사전과 친해지는 분위기를 만든다"고 말했다. 초등독서·논술 전문가인 최양희씨는 "우리말의 70% 이상이 한자어이고, 고학년에 올라갈수록 '외세' '고령화' 등 어려운 용어들이 많이 나와 사전을 손에 끼고 살다시피 해야 독서와 논술의 질이 향상된다"고 말했다.

우리말 70%가 한자어, 수능 위해서도 사전 끼고 살아야

'우리말을 굳이 사전까지 찾아가며 공부해야 하나?' 생각한다면 큰 착각. 이지훈 연구원은 "사전 찾기는 자기주도적 학습의 바탕이 되므로 어린 시절부터 습관화해야 한다"고 충고한다. '책만 많이 읽으면 대강 유추해서 뜻을 알 수 있지 않을까?' 싶지만 적확한 언어 구사엔 한계가 있다. 수능에 대비해서라도 사전 공부는 필수이다. 이석록 메가스터디 평가연구소장 겸 언어영역 강사는 모든 학생에게 사전을 지참하게 한다. 수능에서는 어휘와 관습적 표현 문제가 변별력이 가장 높기 때문. 논술도 마찬가지이다. "아이들 글의 수준은 풍부한 어휘와 정확한 어휘 사용 능력에서 금방 판가름나거든요. 책을 많이 읽는 것이 기본이지만 그 속의 어휘를 내 것으로 만들려면 사전으로 그 뜻을 확인할 뿐 아니라 단어의 용례를 소리를 내어 읽어가면서 살아 있는 말로 체득해야죠."

사전이 다양해졌어요

일단 아이의 눈높이에 맞는 사전을 선택해야 한다. 성인용 사전은 뜻풀이 자체에 한자어들이 섞여 있어 단어 두세 개를 더 찾아야 비로소 이해되기 때문이다. 시중에 나와 있는 사전 가운데, 일반적으로 사용하는 사전은 '연세초등국어사전'. 유아나 저학년에게는 동화작가 채인선이 엮은 '나의 첫 국어사전'이 부담 없다. 1400여 개 일상어가 300컷의 그림과 함께 실려 있어 그림책을 보는 것 같다. '나비잠' '먼산주름' '여낙낙하다' 등 순우리말 4000여 개를 10대들의 눈높이에 맞게 소개한 '순우리말사전'도 예문과 더불어 재미나게 읽을 수 있는 사전이다. '교과서 일등어휘'는 초등 논술교사들이 아이들의 어휘력을 향상시키기 위해 활용하는 교재이다. 이 밖에 우리말 속 한자어를 모은 '어린이 속뜻사전', 사회 · 과학 교과와 관련된 주제어들을 따로 모은 '어린이 사회사전' '어린이 과학사전'이 괜찮다.

끝말잇기, 빙고게임 가족 함께 해요

사전말고도 어휘력을 늘리는 방법은 여러 가지이다. 가장 좋은 방법은 가족 간의 대화. 최양희씨는 "대개 부모와 대화를 많이 하는 아이들이 어휘가 풍부하다"면서 "1학년 2학기 국어교과서부터 등장하는 '끝말잇기' 놀이를 주제별로 자주 해 보라"고 권한다. 책을 정확하게 읽었는지 줄거리와 어휘를 체크해 보는 것도 방법. 자기주도적 학습에 가장 큰 영향을 미친다는 '정독' 습관을 들일 수 있다. 쌍둥이 아들과 '어휘 빙고게임'을 즐기는 이지훈 연구원은 국어와 영어 어휘를 함께 늘리는 아이디어를 고안, 최근 '국어를 영어와 함께 잡아라'(삼성출판사)를 펴냈다. "국어보다 영어를 더 체계적으로 배우는 요즘 아이들은 영어로 그 뜻을 설명할 때 더 정확하게 이해하는 경우가 많죠. 이를테면 단어장에 '다르다'와 '틀리다'라는 말의 차이를 적으면서 그 밑에 영어 단어인 'different'와 'wrong'을 함께 써넣는 식입니다." 내

한국 교육신문 2011년 10월 5일 수요일

"사전활용으로 학력 높인다"

DIE교육 예찬…원정환 서울 행현초 교장

이 낙 진
한국교총 세종본부장 / 前 한국교육신문 편집국장

"우선 내용과 형식의 정확한 뜻을 알아야 해요. 사전을 찾아볼까요?"

"'내용'은 '안 내(內), 담을 용(容)'이고, '형식'은 '모양 형(形), 법 식(式)'입니다. '내용'은 '글이나 말 따위에 담겨져 있는 사항'이고, '형식'은 '겉으로 드러나는 모양과 격식'이라는 뜻입니다."

6일 서울 행현초 5학년 3반, 국어 2단원 '사건의 기록' 시간. 기사문의 내용과 형식에 대해 설명하던 김봉우 교사가 사전(辭典)에서 낱말의 속뜻을 찾아보라고 하자, 아이들은 각자 갖고 있는 두꺼운 사전을 능숙한 솜씨로 넘겼다. 선생님도 함께 사전을 찾아 실물화상기에 비추며 수업을 계속했다.

사전을 활용하는 수업(DIE, Dictionary In Education)이다. 서울 행현초등학교 원정환 교장(사진)은 DIE 수업 예찬론자다. 원 교장은 "사전을 활용하는 수업을 면밀히 지켜본 결과, 학생들의 질문이 눈에 띄게 늘고, 질문을 통해 공부의 재미를 느끼며, 적극적인 수업태도를 갖는 선순환이 일어나는 것을 확인했다"고 밝혔다.

"우리말은 한자어 70%, 고유어 20%, 외래어 10% 등으로 구성되어 있습니다. 또 국어 어휘의 70% 이상, 학술용어의 90% 이상이 한자어입니다. 이 한자어의 정확한 뜻을 아는 것이 학력 향상의 지름길입니다."

원 교장은 사전 활용수업을 위해 3~6학년 1000여명의 학생 모두에게 《초중교과 속뜻학습 국어사전》을 사줬다. 이 사전은 조선일보에 12년 동안 '생활한자' 칼럼을 연재한 전광진 성균관대 중문과 교수가 초·중학생들을 위해 특별히 집필한 것으로, 출판계의 불황에도 불구하고 쇄(刷)를 거듭하며 스테디셀러 반열에 올라 있다.

원 교장은 "3000만원이 넘는 구입비용은 이 사전의 필요성을 이해한 성동구청의 교육경비 지원 사업을 통해 확보할 수 있었다"며 "학생들은 모든 교과 수업시간에 사전을 활용하고 있으며 교사, 학부모, 지역사회도 사전을 활용하는 교육에 크게 만족하고 있다"고 설명했다.

원 교장은 "학생들이 교과서의 어려운 단어를 무작정 외우기보다 각각의 글자가 무슨 뜻이며 그것이 단어의 뜻에 어떤 힌트 역할을 하는지 알게 되면 재미도 있고, 기억도 쉽다는 확신을 갖고 있다"며 "일선 학교에서 사전활용교육이 활발해지기를 기대한다"고 말했다.

소년한국일보 2011년 10월 10일 월요일

국어사전보다 더 좋은 참고서 있나요?

서울 행현초등, 교과서 핵심 단어 찾아보면 머리에 '쏙'

안 용 주
소년한국일보 기자

"사전을 찾아보며 우리말의 뜻을 제대로 아는 것이 모든 공부의 기초가 되지요."

서울 행현초등학교(교장 원정환)는 국어사전을 어린이들의 기초 학력과 어휘력을 높여 주는 길잡이로 삼고, 사전 활용교육을 꾸준히 펼치고 있다. 이 학교 3~6학년 어린이 1000여 명은 저마다 책상 위에 국어사전을 한 권씩 두고 있다. 국어 · 사회 등 교과 시간에 어려운 낱말이나 용어가 나오면 그때그때 국어사전에서 그 뜻을 찾아보며 공부한다.

지난달 31일 오전 읽기 3단원 의견과 주장 수업이 한창인 5학년 5반 교실. "과장광고에 담긴 주장은 믿기 힘들어요. 그럼 '과장'은 무엇을 뜻할까요?"

이나경 담임 교사가 질문을 던지자, 어린이들이 국어사전을 얼른 집어 들고 펼쳐 '과장'을 찾기 시작했다. 교실 안은 책장을 넘기는 '퍼럭퍼럭' '쓱쓱' 소리로 가득 찼다. 재빨리 손을 높이 든 이승민 군이 "'자랑할 과(誇)'와 '펼 장(張)'으로 이뤄진 '과장'은 '사실보다 지나치게 부풀려 자랑함'을 의미해요."라고 발표했다. 심지예 양은 "비슷한 말로는 '펼 장(張)' 대신 '큰 대(大)'를 쓴 '과대'가 있어요."라고 덧붙였다.

이 학급에서 활용하는 《초중교과 속뜻학습 국어사전》은 한자어인 경우, 음(音)과 훈(訓)이 나와 있다.

수업에 앞서 어린이들은 교과서에서 '공익' '기법' '신뢰성' 등 핵심 단어를 5개씩 찾아 속뜻학습장에 한자와 뜻, 예문을 꼼꼼히 정리했다. 문제집 · 참고서가 아닌 사전으로 배울 내용을 미리 살펴본 것이다.

매일 아침 8시 45분부터 10분 동안 펼쳐지는 아침 독서 시간에도 어린이들은 이 사전을 반드시 곁에 둔다. 책을 읽다 모르는 단어가 나오면 그냥 지나치지 않고 바로 사전을 펼쳐 그 뜻을 정확히 짚고 넘어간다.

이같은 사전 활용교육을 위해 행현초등은 지난 3월 서울 성동구청으로부터 3120만 원을 지원 받아 3~6학년 전체 학급에 어린이 수만큼 이 국어사전을 갖춰 주었다. 1학기에는 이 사전을 펴낸 전광진 교수(성균관대)를 초청해 어린이와 학부모를 대상으로 사전 활용하기에 대한 강연을 듣기도 했다.

원정환 교장은 "수학이나 과학에 나오는 용어도 대부분 한자어예요. 어려운 한자어를 무턱대고 외우기보다는 정확한 뜻과 개별 한자의 의미를 알면 공부에 더욱 재미를 붙일 수 있어요."라고 말했다.

▶ 31일 오전 행현초등 5학년 5반 어린이들이 국어사전을 찾아보며 교과서에 나오는 모르는 단어의 뜻과 한자를 확인하고 있다. / 황재성 기자

소년조선일보

2013년 6월 20일 목요일

[특별 기획] 종이사전 활용교육 현장

재밌고, 이해 쉽고, … 종이사전이 좋아요

김 시 원
소년조선일보 취재팀장

전자사전과 인터넷사전에 밀려 사라질 뻔한 '종이사전'이 화려하게 돌아왔다. 조그만 스마트폰 하나만 있으면 단 몇 초만에 무엇이든 검색할 수 있는 세상, 어린이들이 크고 무거운 종이사전을 친구처럼 찾고 있다.

"스마트폰 검색보다 사전 찾는 게 더 재밌어요"

지난 18일 서울 선사초등학교 5학년 4반 교실. 1교시 사회시간을 알리는 수업종이 울리자 학생들이 교과서와 함께 '국어사전'을 꺼냈다.

"교과서에 '고려시대 최무선이 만든 신기전을 현대에 복원했다'고 나와 있죠? 여기서 '복원'은 무슨 뜻일까요?"

담임을 맡고 있는 민기식 선생님의 질문에 아이들의 손이 바빠졌다. 두꺼운 사전을 쭉쭉 넘기며 금세 단어를 찾아냈다.

"'돌아올 복(復), 으뜸 원(元)' '원래대로 되돌린다'는 뜻이에요."

선생님과 아이들은 교과서에 어려운 한자어가 나올 때마다 함께 사전을 찾으며 뜻을 확인했다. 조영래 군은 "사회시간에만 낱말 15개의 뜻을 새롭게 알게 됐다"고 말했다. 쉬는 시간에도 아이들은 사전을 손에서 놓지 않았다. 친구들과 이야기를 나누다 궁금한 게 생기면 사전을 집어 들었다.

반 아이들을 종이사전의 세계로 이끈 건 담임 선생님이다. "초등 교과서에 나오는 낱말 대부분이 한자어입니다. 한자의 뜻을 잘 모르면 수업 내용을 정확히 이해하기 어렵지요. 한자를 따로 가르쳐보기도 했는데 큰 효과가 없었어요. 그러다 《초중교과 속뜻학습 국어사전》을 알게 됐어요. 한자의 뜻을 바탕으로 낱말의 의미를 풀어 설명해주는 사전이지요."

민 선생님은 6년째 모든 교과 시간에 국어사전을 활용한다. 학생들의 반응도 뜨겁다. 임세연 양은 "변호사가 되는 게 꿈이다. 그러려면 어휘력도 좋아야 하고 한자도 많이 알아야 하는데 종이사전이 큰 도움이 되고 있다"고 말했다. 이승호 군은 "종이사전 찾는 게 습관이 됐다. 인터넷으로 검색하는 것보다 더 편하고 재밌다. 3학년 동생에게도 사전 찾기를 권한다"고 말했다.

민 선생님은 "사전과 친구가 되면 아이들의 삶이 바뀐다"고 말했다. "흐리멍텅하게 알던 단어의 뜻을 명확히 알고 나면 글쓰기와 국어에 자신감이 생깁니다. 다른 교과 공부에도 긍정적인 영향을 미치지요. 결국 국어를 바르고 깊게 사용하는 어른으로 자라게 됩니다."

▲ 서울 선사초 5학년 4반의 쉬는 시간 풍경. 이 반 어린이들은 친구와 이야기를 나누다 모르는 단어가 나오면 사전을 찾는 게 습관이 됐다. / 김종연 기자

전남 함평, '한국판 딕셔너리 프로젝트' 진행 중

학교 차원에서 종이사전을 도입해 활용하는 경우도 늘고 있다. 서울 행현초등학교는 지난 2011년 학교 예산으로 3~6학년 교실에 학생 수만큼 국어사전을 들여놨다. 원정환 행현초 교장선생님은 "어휘력이 모든 학력의 바탕이라는 믿음으로 '종이사전 공부법'을 도입했다"고 밝혔다.

학생들은 학교에서 지급한 사전을 책상 위에 올려놓고 수시로 들춰 보며 공부한다. 올해부터는 학년별로 매일 2~5개씩 낱말을 찾아 기록하는 '행현 단어장'을 쓰기 시작했다. 원 교장선생님은 "전자사전이나 스마트폰으로 검색하는 것보다 종이사전으로 낱말을 찾을 때 훨씬 기억에 오래 남는다"고 강조했다.

지난해 서울 숭덕초등학교와 연은초등학교에 이어, 올해 길음초등학교와 월촌초등학교도 학생들에게 국어사전을 대대적으로 보급했다. 이명현 LBH교육출판사 대표는 "서울지역 학교들을 중심으로 사전 주문이 꾸준히 늘고 있다"고 말했다.

전남 함평군에서는 '한국판 딕셔너리 프로젝트'가 한창이다. 딕셔너리 프로젝트는 1992년 미국에서 시작한 운동으로, 초등학생들에게 사전을 보급해 전 과목 수업에 활용하게 하는 것이다. 이 프로젝트로 2011년에만 사전 241만 권이 어린이들에게 전달됐다. 이를 거울삼아 함평군교육지원청은 지난해 9월 관내 초등학교 3학년부

▲ 어린이들이 사전을 들고 환하게 웃는 모습. / 김종연 기자

터 중학교 3학년까지 모든 학생에게 개인용 국어사전을 지급했다. 박찬주 함평교육지원청 교육지원과장은 "학생들의 기초 학력을 높이는 방법을 고민하던 중 종이사전에 주목하게 됐다. 사전을 꾸준히 활용하면 독해력과 자기주도 학습 능력이 신장된다"고 설명했다. 함평교육지원청은 앞으로도 국어사전 보급을 지속할 계획이다.

송복연(강원 원주 명륜초 2학년 최아란 양 어머니) 씨는 "가정에서도 종이사전으로 충분히 재밌게 공부할 수 있다"고 귀띔했다. 송 씨는 3년 전 국어사전 2권을 구입해 아이와 '사전 놀이'를 즐기고 있다. 뜻을 맞히는 내기도 하고, 누가 먼저 찾나 시합도 벌인다. 덕분에 최 양의 어휘력 수준은 또래보다 월등히 높다.

고명수 민중서림 편집국 편집위원은 "초등생용 사전은 삽화가 화려하고 뜻풀이가 쉽고 간결한 것이 특징이다. 전체 종이사전 시장은 예전에 비해 크게 축소했지만 초등생용 종이사전 시장은 되살아나고 있다"고 말했다. ■

목포 MBC 2013년 10월 9일 수요일

사전 보급 운동 눈길

MBC 뉴스데스크, 국어사전활용 현장 보도

김 진 선
목포MBC 기자

미국에서는 10여 년 전부터 '딕셔너리 프로젝트'라는 이름으로 초등학생들에게 사전을 보급하는 운동이 펼쳐지고 있습니다. 어휘력이 곧 학습능력으로 이어진다는 판단 때문인데요. 함평에서 '한국판 사전 보급 운동'이 시작돼 눈길을 끌고 있습니다. 김진선 기자가 취재했습니다.

함평의 한 초등학교 6학년 교실. 기체를 배우는 과학수업이 한창인데 책상마다 국어사전이 놓여있습니다. '이산화탄소'와 '지구온난화' '부피' 등 낯선 낱말이 나오면 습관처럼 사전을 펼칩니다.

"모르는 낱말이 있거나, 많이 들었는데 뜻을 잘 모르겠을 때 사전을 찾아요." (신미선/학다리중앙초)

지난해 함평에서는 초등학교 3학년부터 중학생까지 모두 2천 2백여 명의 학생에게 국어사전이 보급됐고, 거의 모든 교과에서 활용되고 있습니다. 올해부터는 매년 새로 진급하는 초등학교 3학년들에게만 지급하면 학생 모두가 사전 하나씩을 갖게 됩니다.

"한 번만 읽고 지나쳤는데 깊게 이해하려는…. 꼼꼼히 이해하다 보니 독해력도 높아졌어요" (권태우/교사)

학생 10명 중 4명이 학교를 그만두고 싶어하고 가장 큰 이유로 꼽힌 '학업성적 스트레스'.

한국판 '딕셔너리 프로젝트'를 시작한 함평교육청은 기본적인 어휘에 대한 이해가 부족한 학생들이 교과 공부를 더 어려워 한다는데 착안했습니다. 해답은 국어에 대한 기초를 쌓게 하는 것, '국어사전'을 누구나 갖게 하

는 것이었습니다.

> "학생들은 모두 공부를 잘 하고 싶어합니다. 말뜻을 이해하지 못하면 보람도 없어져…. 공부에 재미를 갖게 해야…." (김승호 교육장/함평교육지원청)

국어사전 보급운동의 취지에 공감하는 지역민들과 단체들의 후원 문의도 잇따르면서 무안 등 다른 자치단체에서도 사전보급을 논의하는 등 운동은 점차 확대될 전망입니다. MBC뉴스 김진선입니다.

동영상 다시보기

※ 유튜브에서 '국어사전 한글날'로 검색하시면 이 보도가 제일 위에 뜹니다.- 편집자-

2013년 10월 23일 수요일

원주출신 학자, 고향 초교에 국어사전 기증

재미 과학자 신승일 박사의 딕셔너리 프로젝트

김 영 인
연합뉴스 기자

강원도 원주 출신의 70대 노학자가 고향 초등학교 학생들의 문장 해석 능력 향상을 위해 국어사전을 기증해 관심을 끌고 있다. 사전 기부 사업을 추진하는 '한국사전프로젝트'는 23일 원주 단구초등학교를 찾아 신승일(74) 박사가 기증한 국어사전(속뜻사전) 351권을 전달했다. 국어사전은 이 학교 3~6학년 학생 319명 전원과 교사들에게 제공됐다.

한국사전프로젝트 윤재웅 사무국장은 "장학사업에 관심을 갖고 있는 신 박사님이 학생들이 글을 읽고 이해하는 문해능력 향상을 위한 사전 기증에

공감해 고향의 어린 후배들에게 국어사전을 보냈다"고 밝혔다.

신 박사는 1954년 원주중학교를 졸업한 후 서울서 고등학교와 서울대 3년을 수료한 후 미국에서 이학박사 학위를 받았으며 미 앨버트아인슈타인 의과대 교수와 서울대 국제백신연구소 대표 등 국내외에서 다양한 활동을 하고 있다.

신 박사는 지난 2011년 영재들을 위해 5억원을 출연, 장학재단을 서울에 설립했으며, 모교인 원주중에도 10억원의 기금으로 아버지 호를 딴 '암곡 장학재단'을 만들어 매년 학생들에게 장학금을 지급하고 있다.

소년조선일보 2013년 11월 11일 월요일

"모르는 단어, 스스로 찾아 해결할 게요!"

서울 재동초, 동문 선배가 3~6학년 전원에 국어사전 기증

김 시 원
소년조선일보 취재팀장

"국어사전 찾아보며 열심히 공부할 거예요!"

지난 8일 오전 서울 재동초등학교 3층 강당. 두꺼운 사전을 손에 쥔 어린이들이 힘찬 목소리로 합창했다. 이날 재동초에서는 학교를 졸업한 동문 선배들이 재학생들에게 사전을 선물하는 '국어사전 기증행사'가 열렸다. 행사는 이정민 서울중부교육지원청 교육장을 비롯해 동문과 학부모 등이 지켜보는 가운데 축제 분위기로 진행됐다.

박인화 재동초 교장은 "어린이들의 어휘력과 독해력을 향상시키는 가장 좋은 방법은 '사전활용 교육'이다. 미국에서는 이미 '딕셔너리 프로젝트'를 통해 전국 초등학교 3학년생들에게 국어사전을 보급하고 있다. 우리 학교는 동문과 지역사회 어른들의 도움으로 이번에 3~6학년 재학생 197명 전

원에게 사전을 지급하게 됐다"고 설명했다.

행사에 참석한 동문 선배들은 '세상을 바꿀 미래의 리더에게 드립니다'라는 스티커가 부착된 사전(초중교과 속뜻학습 국어사전)을 어린이들에게 직접 나눠줬다. 47년 전 학교를 졸업한 백병기 동문은 "오랜만에 학교에 와 보니 감회가 새롭다. 118년 역사를 자랑하는 재동초의 후배들이 사전으로 열심히 공부해 우리나라 발전에 기여하는 어른으로 자랐으면 좋겠다"고 말했다. 박 교장은 "돈으로 살 수 있는 사전이 아니다. 선배들과 지역 어른들의 사랑이 담긴 사전이라 더욱 뜻깊다"고 덧붙였다.

특별한 선물을 받게 된 어린이들도 기쁨을 감추지 못했다. 김수현(6학년) 양은 "공부를 하다 어려운 단어가 나오면 엄마에게 물어보거나 인터넷으로 검색해 보곤 했다. 이제부터는 사전을 교실 책상 위에 올려놓고 그때그때 정확한 뜻을 찾아보겠다"며 웃었다.

재동초는 모르는 낱말을 사전에서 찾아 기록하는 단어장을 학생들에게 쓰게 하는 등 앞으로 사전을 활용하는 교육을 적극적으로 시행할 예정이다.

2014년 2월 13일 목요일

광주 입석로타리 국어사전 기부 협약

관내 11개 초등학교 3학년 학생 전체에 국어사전 기증

고 정 언
아시아뉴스통신 기자

국제로타리 3710지구 광주입석로타리클럽(회장 김혁)과 전남 함평교육지원청(교육장 김승호)은 지난 11일 교육지원청에서 국어사전 기부 협약식을 가졌다. 이번 입석로타리클럽의 기부 협약으로 함평에서는 해마다 초등학교 3학년에 진급하는 전체 학생들이 국어사전을 무료로 받을 수 있게 됐다.

함평교육청은 지난 2012년 초3학년부터 중3학년까지 전체 학생 2052명에게 8000만원의 자체 예산으로 국어사전을 보급하기 시작했다(LBH교육출판사 《초중교과 속뜻학습 국어사전》).

지난해에도 자체적으로 1000만원을 들여 초등학교 3학년 전체 학생 250명에게 보급한 바 있다. 국어사전 보급 3년째인 올해부터는 로타리클럽의 기부로 계속 추진할 수 있게 된 것이다.

함평교육청은 로타리클럽의 후원으로 국어사전 보급 운동이 활발하게 펼쳐지고 있는 미국의 사례를 분석해 지난해 9월부터 입석로타리클럽과 협의를 진행했으며, 지난해 12월 사전 기부 사업을 확정해 예산을 편성했다는 통보를 받았다.

미국의 경우, 지난 1992년부터 초등학교 3학년을 대상으로 해마다 200만 권 이상의 사전을 무료로 보급하는 '딕셔너리 프로젝트'(Dictionary

Project)가 진행 중이며, 로타리클럽은 기부액의 60% 이상을 차지할 정도로 후원단체들의 중심축이 되고 있다.

그동안 함평교육청은 학생들이 낮은 어휘력 때문에 학습에 흥미가 떨어지고 모든 교과에서 성적이 오르지 않는다는 분석에 따라 한자학습까지 가능한 국어사전을 선정해 적극적으로 보급하고 있어 한국판 딕셔너리 프로젝트의 산실로 평가받고 있다.

한편 입석로타리클럽은 광주와 전남지역을 기반으로 20년 전통과 120명의 회원으로 구성된 국제로타리 3710지구에서 최대 규모의 클럽이다. 지난해 6월 취임한 김혁 회장과 회원들은 장애우 지원 사업 등 참여하는 봉사를 적극 전개하고 있다. 김 회장은 "국어사전 보급 운동의 큰 의미를 새삼 느끼게 됐으며, 농어촌 학생들의 학력 향상을 위해 새로운 유형의 봉사 활동을 할 수 있어 기쁘다"고 말했다.

▲ 지난 11일 함평교육청과 광주 입석로타리클럽은 국어사전 기부 협약식을 가졌으며, 3월 5일(수) 함평초등학교를 비롯한 11개 초등학교를 방문하여 국어사전을 전달하였다. (사진 제공=전남교육청)

한 권의 사전이 함평교육의 미래를 바꾼다

전남함평교육지원청, 초3~중3 모든 학생에 국어사전 보급 · 활용

황 자 경
교육부 《행복한 교육》 편집장

함평은 전형적인 농어촌 지역으로 유치원 · 초등학교 · 중학교 · 고등학교 · 특수학교를 통틀어 38개 학교 3,778명의 학생들(2013. 9. 30. 기준)이 공부하는 곳이다. 이 곳은 교육문제 때문에 인근의 광역시로 나가는 사례가 많아 소규모 학교의 한계를 극복하고 교육력을 높이는 것이 당면 과제이다.

"소규모 학교의 장점을 살리고 혁신적인 교육활동을 전개하면 오히려 인구 유입에 도움을 줄 수도 있습니다. 학교교육의 중심축은 학력 지도와 인성교육입니다. 학교시설, 규모, 교육 프로그램 등 교육여건이 아무리 좋더라도 학생들의 학력수준이 낮다거나 생활태도가 좋지 않다면 가장 시급히 해결해야 할 교육적 과제는 학력 향상과 인성 함양인 것이지요." 함평교육지원청 김승호 교육장의 말이다.

지난 2011년 7월 실시된 국가수준 학업 성취도 평가 결과, 함평지역 대다수 학생들의 학력 저하 실태가 큰 문제로 파악됐다. 중3 학생들은 어휘력을 기반으로 하는 과목인 사회와 과학에서 '보통학력' 이상의 비율이 45%로 과반에도 미치지 못한 것으로 나타났다. 이러한 낮은 어휘수준을 보이는 중학생들은 학습에 흥미를 느끼지 못할 뿐더러 고교교육에서도 실패할 가능성이 매우 높다고 함평교육지원청은 내다봤다. 각

초 · 중학교의 교육계획서에서도 학생들의 기본 개념에 대한 이해 부족으로 수업이 제대로 이뤄질 수 없고, 자기주도 학습력이 미흡하여 지속적인 학력 저하로 이어지고 있다고 분석하고 있었다. 함평교육지원청은 초 · 중학교 단계에서 모든 학생이 기본적인 학력을 갖추는 것이야말로 교육의 본질적 과제라고 인식하고, 어휘력 향상과 자기주도 학습력 배양을 위해 팔을 걷어붙였다.

낮은 어휘 수준이 전반적인 학력저하로 이어져…

함평교육지원청의 역점과제는 '독해능력 향상을 통한 학력 증진'이다. 그렇다면 기본 학력을 구축하기 위한 가장 효과적인 방법은 무엇일까.

김승호 교육장은 "모든 교과의 교실수업에서 교사와 학생들은 주로 언어를 통해 상호 작용한다. 이렇게 볼 때 국어 사용 능력을 제대로 습득하지 못하면 수학이나 사회, 과학, 심지어 외국어 수업도 성공적으로 이뤄질 수 없다."고 설명한다. 글을 읽고 내용을 이해하는 데에는 여러 단계가 있지만, 가장 기초적인 단계는 어휘에 대한 이해라는 것. "어휘 학습을 위해 가장 우선되어야 하는 것은 폭넓은 독서와 독서 과정에서 부닥치게 되는 모르는 단어의 의미를 사전을 통해 확인하는 것이다. 여기서 사전 활용은 어휘 학습, 읽기능력, 언어능력, 국어능력, 모든 교과학습 능력으로 확대 연계될 수 있다. 사전을 제대로 활용할 수 없다면 지적

◀ 정보의 공개 · 공유를 중시하는 김승호 교육장의 의지에 따라 함평교육지원청 홈페이지에는 각종 교육정보는 물론 업무처리과정까지 세세히 공개돼 있다

측면의 교육이 어렵게 된다는 뜻으로 해석될 수 있다."

김승호 교육장은 이러한 신념으로 함평지역 학생들을 대상으로 국어사전을 보급하는 일에 뛰어들었다. 이른바 한국판 'dictionary project'의 시작이다. 2012년 3월 공모제 교육장으로 임용된 김 교육장은 부임하자마자 '국어사전 보급과 활용 사업'을 차근차근 추진해 나갔다. 4월부터 6월까지 3개월간 교육장과 직원들은 관내 학교를 일일이 찾아다니며 해당 교직원을 대상으로 국어사전 활용의 필요성을 설명하는 한편, 단위학교 대상 시범사례로 신광중학교 1학년 17명에게 교육장 업무추진비로 사전을 구입해 우선 보급했다. 또한 손불초등학교에서는 동문사업가로부터 3~6학년 58명의 사전을 기증 받아 활용에 들어갔다. 전교생에게 국어사전을 보급한 사례는 입소문을 타면서 지역의 관심과 기대를 불러일으켰다. 함평교육지원청은 2학기 시작과 함께 관내 초3~중3 학생 · 전체 교사(총 2,052권. 학생 1,844권, 교사 208권)에게 사전 보급을 완료했다. 올해는 초등학교 3학년에 진급한 학생과 전입교사들에게 총 250권의 사전을 보급했으며, 2014년부터는 향후 10년 동안 로타리클럽으로부터 사전을 기부 받기로 협약을 체결했다.

모르는 말 만나면 국어사전 찾는 것이 일상

국어사전이 보급되면서 함평지역 초 · 중학교에서는 국어시간뿐 아니라 사회, 과학 등 전체 교과에서 학생들이 모르는 말을 접할 때마다 자연스럽게 사전을 펴드는 광경을 볼 수 있게 됐다. 교과공부를 할 때 주요 어휘와 개념어를 정확히 확인하는 습관을 갖게 되면서 학습 흥미도와 수업 이해도가 높아지고 있다고 이 지역 교사들은 분석한다.

학다리중앙초등학교의 자료에 따르면, 학생들의 글 이해 능력이 1차년도 59.3%에서 2차년도 70.18%로 향상된 것으로 나타났다. 함평중학교 최혜진 교사는 학부모연찬발표원고에서 '수준별 학습지도 활용에서 저학력 학생들의 수업 흥미도와 자신감이 높아졌으며, 한자어 습득과 동음이의어 이해를 통한 독해 능력이 향상됐다.'고 적고 있다.

가장 눈에 띄는 변화는 국가수준 학업성취도 평가 결과이다. 중3학년 기준 보통학력 이상이 2011년 63.7%이던것이 2013년 76.0%로 뛰어올랐다. 기초 학력미달 비율도 2011년 3.9%에서 2013년 1.7%로 줄어들었다. 이것은 전남 전체 22개 시 · 군에서 기초 학력미달 비율이 가장 낮음을 나타내는 수치이다.

함평교육지원청은 "지역의 교육실태를 분석하고 실현 가능한 대안을 탐색하여 개발한 '국어사전 보급 · 활용 프로그램'을 의욕적으로 실천한 사례를 다른 교육지원청에도 적극 파급시켜 학교교육의 질적 수준 제고와 교육지원청의 지원 활동 효과를 높일 수 있기를 기대한다."고 밝혔다.

국어사전 활용 인성교육 자료 개발 보급

한자도 배우고 인성도 기르고

함평교육지원청은 학생들이 감화를 받아 바른 마음 고운 품성을 기를 수 있도록 인성교육 자료를 개발해 관내에 보급했다. 이 자료의 특징은 학생들이 자료를 읽으면서 국어사전 활용의 효과를 직접 경험할 수 있도록 고안한 것이다. 즉, 국어 어휘력 배양에 필수적인 한자를 섞어 읽게 함으로써 일상적인 한자어의 의미를 익힐 수 있도록 했다.

나라사랑, 부모 공경, 삶의 지혜 등에 걸쳐 좋은 글을 엄선해 초등용 107편, 중등용 109편을 제시했으며, 매 편에서 핵심 한자 단어를 제시하고 글 속에서 한자를 읽으면서 자연스럽게 단어의 뜻을 알도록 했다. 학생들은 유익한 이야기를 읽으면서 뜻을 잘 모르던 단어의 뜻을 국어사전에서 찾아 쓰면서 국어사전 활용의 효과를 경험할 수 있다. 또한 교사들은 교과관련 토론학습 자료로 활용할 수 있으며, 조 · 종례시 훈화 자료로도 활용할 수 있어 큰 호응을 얻고 있다.

"지식-인성교육은 학교교육의 두 축… 지식 없으면 창의성도 없다"

전남함평교육지원청 김승호 교육장

황 자 경
교육부 《행복한 교육》 편집장

"모든 아이들은 공부를 잘하고 싶어 한다."

김승호 교육장의 시작점은 남들과 다르다. '아이들은 공부하기 싫어한다'는 통상적인 선입견을 깨고 새로운 시각에서 학생을 바라본다.

> "많은 학부모와 교사들은 학생들이 본래 공부하기를 싫어하는 것으로 여깁니다. 그래서 싫은 공부라도 나중에 훌륭한 사람이 되기 위해서는 어쩔 수 없이 열심히 해야 한다고 강조하지요. 그러나 본질적으로 학생들은 공부하는 일이 직업이며, 모든 사람들이 자신의 직업에서 성공하고 싶어 하듯, 모든 학생은 공부를 잘하고 싶어 합니다."

김 교육장은 학생들이 잘하고 싶은 생각에 비해 실제로 잘하기가 쉽지 않기 때문에 공부를 어려워하고 또한 싫어하는 것처럼 보일 뿐이라고 설명한다. 아이들이 공부를 하면서 알아가는 재미를 알기만 하면 공부는 어떤 오락보다도 즐거운 일이 될 수 있다는 얘기다.

공부를 통해 '알아가는 재미' 느끼게 하자

김승호 교육장은 공부를 잘하고 싶어 하는 대부분의 아이들이 '말뜻'을 몰라 어려워하고 있다는 점에 착안, 국어사전 보급·활용에서 해결의 실마리를 찾았다. 그가 국어사전에 관심을 갖게 된 것은 사실 1990년 초반부터다. 당시 지명종합고등학교에 교사로 근무하면서 중·고등학생들의 학습용어 이해 실태를 분석했다. 이는 사전 활용에 대한 거의 첫 연구사례로 꼽힌다.

교육에 대한 그의 열정이 주목 받게 된 것은 2000년 초반 전남지역에 전집형 학력평가를 추진하면서였다. 당시 전남교육발전계획을 수립하기 위해 열린 '실력전남 추진 세미나'에서 학력담당 장학사였던 그는 주제발표자로 나서 전집형 학력진단 평가를 실시하고 그 결과를 바탕으로 수준별 학력증진 대책을 추진해야 한다는 논리를 주장했다.

교직단체의 강한 반대에 부딪히기도 했지만 결국 합의를 이끌어냈다. 전남도 중학생 전체와 고1, 고2 학년을 대상으로 학교, 시·군, 도 전체의 상대적 수준 분석과 우수학력, 보통학력, 기초학력, 기초미달의 4단계의 절대적 수준을 분석한 결과는 교육청의 학력증진 대책 수립과 단위학교의 수준별 수업 실시에 큰 도움을 주었다.

그는 지식교육에만 치중하지 않느냐는 우려에 대해 지식교육과 인성교육은 제로섬이 아니라 플러스섬이 될 수 있다고 확신하면서 다음과 같이 말한다.

▶ 모든 아이들은 공부를 잘하고 싶어 한다고 믿는 김승호 교육장은 이들의 학업수행을 돕기 위해 사전 활용이 꼭 필요하다고 강조한다.

"최근 사고력, 창의력이 중시되면서 마치 지식교육은 구태라는 생각을 갖는 경향이 있습니다. 지식과 이해가 기반이 되지 않은 학습은 학습이 아닙니다. 또한 지식교육보다 인성 · 진로교육이 더 가치 있는 것처럼 비쳐지기도 하는데, 지식교육과 인성교육은 학교교육의 두 축이라는 점을 잊어서는 안 됩니다. 지식이 없으면 인성도 창의성도 없습니다."

잘 가르치기 위해 끊임없이 배우다

서 있는 자리마다 그가 시종일관 정성을 쏟은 문제는 배우고 싶어 하는 학생들에게 어떻게 하면 교육을 잘 할 수 있을까 하는 것이었다. 그렇게 고안한 것이 장학사 시절 전국 최초로 시행한 농어촌 학생들의 기초 · 기본 학력을 높이기 위한 방학 중 대학생 멘토링 사업이었다. 또한 시골학교라는 약점을 극복하고 새로운 명문고로 전국에 이름을 알린 화순고교 역시 그가 교장으로 재직하며 땀으로 빚어낸 결과물이다.

"좋은 것보다 옳은 것을 하는 것이 교육입니다. '~하더라'는 불확실한 정보에 휘둘리지 않고 정확하게 관련 교육정보를 이해하고 정책이나 수업개선에 접목하려면 교육자는 더 많이 공부하는 수밖에 없습니다."

김 교육장은 지금도 해외 교육동향을 알 수 있는 원서를 직접 찾아 읽거나 인터넷 등에서 외국 논문들을 수집해 우리 교육에 접목하기 위한 고민을 멈추지 않는다. 그러다 보니 우리 교육현장에 잘못된 해외 교육정보들이 무분별하게 들어와 오용되고 있는 현실이 안타깝다고 전한다.

'무슨 일'을 했느냐보다 '어떻게' 했느냐가 더 중요

김승호 교육장의 탁월한 교육정보력은 '나눔'으로 이어진다. 실제로 함평교육지원청 홈페이지에는 방대한 교육자료가 탑재돼 있다. 수업에 필요한 자료에서부터 인성교육 자료, 해외의 교육동향 자료 등 양질의 정보가 로그인 없이도 누구에게나 열려 있다. 특히 눈에 띄는 부분은 함평교육지원청의 행정 정보도 세세히 공개하고 있다는 점이다. 전국적으로 학교 통폐합 문제는 논란과 갈등이 많은데, 함평지역에서도 지난 1년 동안 거점고와 중학교 통합 문제가 뜨거운 이슈였다. 그러나 1년만에 소규모 중학교 3교와 고등학교 3교를 각각 1교로 통합하는 성과를 무리 없이 추진할 수 있었던 것은 통합추진위원회를 구성하고, 각종 회의자료와 결과를 홈페이지에 사실대로 공개하면서 지역사회와 소통하고 설득시킨 결과로 여겨지고 있다.

교육장 업무를 수행하면서 그는 기존 교육청이 2010년부터 교육지원청으로 명칭 변경된 것에 큰 의미를 두고 있다.

> "도교육청에서 수립한 장학활동과 정책기획은 주로 지역교육청을 거쳐 학교와 교직원들에게 전달되는 것으로, 학생들에게 나타날 정책적 효과는 지역교육청의 지역적 특성을 고려한 창의적인 지원 방식에 따라 큰 차이가 날 수 있습니다. 교육의 중심은 '학교'입니다. 학교가 교육효과를 높일 수 있는 방안을 자율적으로 찾아 책임있게 운영될 수 있도록 지원하는 것이 교육지원청의 역할이지요."

김승호 교육장은 학교 현장에 국어사전을 보급하면서도 학교별 활용 상황이나 우수사례 보고를 요구한 적이 없다고 말한다. 교육은 당장의 성과를 재촉하거나 홍보하기 위한 것이 아니라 미래에 대한 투자이고 지속적인 지원이라고 믿기 때문이다.

교육자에게는 교육 자체가 헌신과 보람의 원천이기 때문에 어느 자리에서 '무엇을' 하느냐보다 '어떻게' 하느냐가 더 중요하다는 김승호 교육장. 김 교육장이 추진하는 한국판 'Dictionary Project'가 함평교육을 어떻게 변화시킬지, 함평의 미래를 주목해볼 일이다.

▲ 학생들의 사전 활용을 돕기 위해 개발, 보급한 사전활용 노트.

제4장

국어사전 활용교육 명사 에세이

1. 인생이란 경기에서의 기초체력

김 동 연
아주대학교 총장 / 前 국무조정실장

제법 이름이 알려진 축구선수가 한 명 있었습니다. 기술이 훌륭하고 발재간이 뛰어난 선수였습니다. 게임의 판세도 잘 읽고 순발력도 뛰어났습니다. 그런데 문제는 이 선수의 체력으로는 전·후반 풀타임을 뛸 수 없다는 것이었습니다. 결국 여러 게임에서 전반을 뛰다 후반에는 다른 선수로 교체 되어야 했고 서서히 빛을 잃고 말았습니다.

제 둘째 아들 이야기를 잠깐 하렵니다. 제가 미국 워싱턴에 있는 국제기구에 근무할 때 학교를 다니다보니 자연스럽게 미국에서 대학을 진학하게 되었습니다. 학교를 결정해야 하는 마지막 순간까지 입학 허가를 받은 대학 중에서 두 학교를 놓고 고민하였습니다. 한 학교는 한국에서 잘 알려진 큰 학교였습니다. 다른 학교는 한국에서 아는 사람이 거의 없는 한 학년이 400명밖에 안 되는 작은 학교였습니다. 저는 두 번째 학교를 권했습니다. 작지만 강한 대학이었고 내실 있게 학생들 공부를 시키는 학교였기 때문입니다. 특히 글쓰기(writing)을 강조한다는 점이 더 끌렸습니다.

흔히들 글을 쓸 때 쓰는 이의 사고(思考)가 글을 지배하는 것으로 생각하지만, 저는 반대로 생각합니다. 글이 사고를 지배한다고요. 글 쓰는 이의 사고가 글의 둘레를 벗어날 수 없다는 말이지요. 그래서 저는 글쓰기가 중요하다고 생각합니다. 좋은 글은 메시지가 분명하고 글 전체의 구조가 훌륭한 글입니다. 그렇기 때문에 훌륭한 글을 쓰려면 창의력과 논리적이고 비판적인 사고 뿐 아니라 홀로 하는 깊은 사색이 필요합니다. 그런 점에서 글쓰기의 가장 좋은 왕도(王道)는 책을 많이 읽는 것이라는 것이 제 생각입니다.

고심 끝에 작은 애는 작은 학교를 택했습니다. 그 대학을 다니면서 고생을 많이 했습니다. 공부를 엄청 시키는 학교였고, 특히 매일 읽어야 할 책의 분량이 너무 많아 힘들어해 했습니다. 그 학교를 선택한 것을 후회하는 기색도 자주 보이더군요. 그러나 분명한 한 가지는 글쓰기를 아주 즐기게 됐다는 점입니다. 당연히 책 읽기도 좋아하고요. 작은 애는 작년 그 학교를 졸업했습니다. 대학원을 가겠다고 몇 학교에 원서를 내고는 하나도 안 되면 대학원에 앞서 먼저 군대에 가겠다고 하더군요. 결론은 해피엔딩이었습니다. 원서를 냈던 전 대학원으로부터 장학금 일부와 함께 입학허가를 받았습니다. 작은 애가 다닌 학교의 인문교육에 대한 믿음이 컸다는 것이 전언(傳言)으로 들은 대학원 관계자의 의견이었습니다.

세 번째 이야기는 제 이야기입니다. 무슨 연유에선가는 기억나지 않지만, 어렸을 때부터 책을 좋아했던 것이 제 인생 최고의 행운 중 하나였다고 저는 생각합니다. 시작은 초등학교 3학년 때 아버지가 사다주신 〈돌아온 래시〉 〈소공자〉로 시작하는 스무 권짜리 어린이용 세계문학전집이었습니다. 마지막 권은 〈아리비안 나이트〉이었습니다. 아마 권당 열 번도 더 읽었을 겁니다. 50년 전 그 책들의 삽화를 지금도 기억할 정도니 얼마나 제 뇌리에 그 책들이 박혀 있는지 짐작이 되시지요? 그로부터 시작된 독서편력은 6학년 때에는 삼국지와 수호지, 그리고 중학교 1학년 때에는 이광수, 김동인으로부터 시작하는 한국문학에까지 이르렀습니다.

대학을 다니면서 고시공부를 하거나 사회에 나와 일을 하면서 글 쓰는 것에 대한 두려움이 없게 됐습니다. 아니, 오히려 글쓰기를 즐기는 편이었습니다. 고시를 보면서도 객관식 문제가 나오는 1차 시험에서는 고전했습니다만, 논술형의 2차 시험을 보면서는 조금 과장하자면 긴장과 함께 스릴을 느끼기도 했습니다. 해당과목에 대한 준비가 잘 되어 있어서라기보다는 글 쓰는 것을 비교적 편하게 생각할 수 있었기 때문이었습니다. 이제 이 대목에서 고백합니다. 제 글쓰기의 모든 토대는 어렸을 때의 독서였다고요. 처음에는 그 사실을 몰랐거나 인정하지 않았습니다. 그러나 이제는 분명히 압니다. 어렸을 때 습관처럼 붙은 책읽기가 준 위력을요.

다시 축구 이야기로 돌아가렵니다. 인생을 경기로 비유해볼까요. 한 게임이 아니고 끊임없이 계속되는 인생이란 긴 경기에서 정작 가장 필요한 것은 무엇일까요. 발재간이나 기술일까요. 아니면 기초 체력이나 기본 테크닉일까요. 저는 단연코 후자라고 생각합니다. 지금의 교육현실에서 쉽지 않은 일이지요. 우선 눈앞에서 벌어지는 경쟁에서 뒤지지 말아야 하니까요. 맞습니다. 그렇지만 그런 중에도 우리 학생들의 기초 체력 보강에 늘 신경을 쓰면 좋겠습니다. 책읽기, 글쓰기 그런 것들이지요. 강요하지 말고 자연스럽게 되도록 유도해야겠지요.

아버지는 제가 11살 때 돌아가셨습니다. 아버지 생전에 제게 주신 제일 큰 선물 중 하나가 3학년 때의 세계문학전집이었다고 저는 생각합니다. 그 당시로는 제법 큰돈을 투자하셨습니다. 그때 아버지는 아마 짐작하지 못하셨을 겁니다. 그 책들이 저의 일생을 통해 준 메가톤급 위력을요. 거꾸로 자식을 키워본 경험으로는 부모가 책을 보는 모습을 보이는 것이 좋을 것 같습니다. 아이들이 따라 하더군요. 먼저 모범을 보이시기 바랍니다. 보이기 위한 책읽기가 아니라 부모 스스로가 좋아서 하는 책읽기로 말입니다.

사족(蛇足)을 하나 붙이겠습니다. 저는 우리 교육의 가장 큰 문제로 '자기가 하고 싶은 일이 무엇인지 알지 못하게 하는 교육'을 꼽곤 합니다. 한 줄로 길게 세우는 차선과 같은 입시 등의 교육제도 탓이지요. 저는 고시에 합격해 공무원 생활을 하다 간 미국유학에서 엄청난 회의에 빠진 적이 있습니다. 이제까지 내가 하고 싶어서 한 일, 온 길인 줄 알았는데 곰곰이 생각해보니 남이 하고 싶은 일, 주위에서 하고 싶은 일을 제가 하고 싶은 일로 착각하고 살았다는 것을 깨달았을 때였습니다. 부끄럽게도 그 때 저는 삼십대 초반이었습니다. 그 회의로 인해 엄청난 고통이 수반되는 제 자신의 틀을 깨는 시도를 하게 되었습니다. 제가 하고 싶은 일을 찾으려 몸부림쳤던 것입니다. 지금 생각해보니 제 인생에서 가장 큰 전기(轉機)였습니다.

자기가 하고 싶은 일을 찾는다는 것은 쉬운 일이 아닙니다. 수많은 시도와 도전, 그리고 시행착오와 실패를 경험하면서 몸으로 깨달아야 갈 수 있는 경지입니다. 그런 '가치(관)'에 속하는 일들은 간접경험이 아니라 직접경험을 통해 얻을 수 있는 법이지요. 앞에 말씀드린 기초 체력을 튼튼히 하면 그 경지에 도달하는데 도움이 된다고 저는 믿습니다. 자기가 하고 싶은 일을 해야 행복하지요. 그러므로 단순히 폭넓고 깊이 있는 실력을 키우기 위해서 뿐 아니라, 인생을 행복하기 살기 위해서 '인생의 기초 체력'을 기르는 것이 중요하다는 말씀을 드리고 싶습니다. 제 긴 이야기가 지루하지 않으셨으면 좋겠습니다.

2. 공차기와 책읽기

- 축구선수 지망생과 학부모님들에게 들려주고 싶은 이야기

최 순 호
대한축구협회 부회장 / 前 국가대표 축구선수

우리나라 축구 동호인은 약 70만 명이다. 축구계에서는 '생활축구인'이라고 분류하는 축구 애호가를 말한다. 초·중·고·대학교에서 축구 선수로 활동하는, 이른바 '엘리트 축구인'은 약 4만 명이다. 이 가운데 초등학생이 가장 많다. 공차기를 좋아하여 축구 선수가 되고 싶어 하는 초등학생들을 볼 때마다 무언가 도와주고 싶은 생각이 간절하다. 축구선수 지망생들이 공차기에 몰두하는 것은 참으로 대견하다. 그런데 그 경우 거의 모두가 책읽기는 포기한다고 하니 안타깝기 그지없다. 책읽기, 즉 공부를 포기한 축구선수 지망생과 속 타는 학부모님들에게 밝은 미래를 선물해 주고 싶은 마음에서 이 글을 쓴다.

유명한 운동선수들은 대개 어렸을 때부터 총명하고 영특했다. 다시 말하면, 둔한 학생이 뛰어난 운동선수로 성공한 예는 거의 없다. 공부를 안 해서 그렇지 학업에 충실했다면 반드시 우등생이 되었을 것이다. 자화자찬이라

쑥스럽기는 하지만, 나만해도 좋은 스승을 만나 책읽기와 글쓰기의 중요성을 듣고 운동선수로서는 많은 시간을 책읽기와 글쓰기에 할애했다. 그래서 인지 말 좀 한다는 칭찬과 표현력이 좋다는 평을 자주 듣는다.

축구선수 지망생이라고 해서 책읽기와 글쓰기를 포기해서는 절대로 안 된다. 축구는 두 팔을 제외한 몸 전체로 하는 운동이다. 그중 발을 가장 많이 활용한다. 그래서 '찰 축'(蹴), '공 구'(球) 두 한자를 써서 '축구'라고 한다. 하지만 발로 하는 축구를 잘해서는 결코 훌륭한 선수가 될 수 없다. 머리로 하는 축구가 더 중요하다고 할 수 있다. 축구에 필요한 전술(戰術)과 전략(戰略)을 제대로 이해하고 실행에 옮기기 위해서는 머리를 써야 하기 때문이다. 이런 점에서 보자면, 축구에 쓰이고 있는 수많은 용어의 뜻을 정확하게 속속들이 잘 아는 것이 훌륭한 선수가 되는 지름길이다. 먼저 아래의 축구 용어들을 보자!

로크라이크 디펜스(rocklike defence)	철벽수비(鐵壁守備)
맨투맨 디펜스(man-to-man defence)	대인방어(對人防禦)
라인즈 먼(lines man)	선심(線審)
포워드(forward)	공격진(攻擊陣)
도징(dodging)	기만동작(欺瞞動作)
스위퍼(sweeper)	최종 수비선수(最終守備選手)
타임업(time up)	경기종료(競技終了)
존 디펜스(zone defence)	지역방어(地域防禦)

축구 발상지는 영국이다. 그래서 위의 예에서 보는 바와 같이 축구 용어들은 모두 영어에서 유래된 것이다. 따라서 기본적으로 영어를 잘 알아야 한다. 그런데 영어 용어에 대한 우리말 해설에는 한자어가 많이 쓰이고 있다. 그래서 한자 지식도 필요하다. 이러한 사실을 거꾸로 말하자면, 축구 용

어를 익히다 보면 영어도 잘하게 되고 한자어 지식도 늘릴 수 있다는 것이다. 어차피 피해 갈 수 없는 길이라면, 이를 즐기면서 공부도 하고 공도 차고 하는 예지가 필요하다는 말이다.

감독시절 선수들을 지도할 때 같은 말을 해도 어떤 선수는 금방 이해하는데, 어떤 선수는 여러 차례 이야기해 주어도 이해를 잘못하여 안타까운 예가 많았다. 어떻게 하면 이해를 잘 할 수 있을까, 생각에 생각을 거듭하면서 단어 활용과 어휘력에 신경을 많이 썼던 기억이 난다. 특히 최근 2년 동안 FC서울의 유소년축구 시스템을 만들면서 유소년 지도자들을 만난 적이 많았다. 어린이들과 학부모들과 함께 할 때 어떻게 대화하고 어떤 방법으로 축구를 이해시켜야 하는지에 대하여 함께 논의하면서, 공차기와 책읽기를 병행하는 문제의 중요성을 절감하게 되었다. 공차기는 좋아하지만 책읽기는 싫어하는 아들 때문에 고민에 싸인 학부모들을 많이 보았다. 그 애타는 심정을 보듬어 주고 싶은 마음 간절하다.

종합하자면, 축구선수가 되기 위해서 초등학교 때부터 훈련에 몰두하는 것은 대단히 중요하다. 그렇다고 공만 차서는 안 된다. 수많은 축구 용어가 정확히 무엇을 의미하는지? 왜 그런 뜻이 되는지, 그 이유를 생각해 보면서 머리로 하는 축구에 익숙해질 필요가 있다. 앞에서 말한 바 있듯이, 축구 용어를 사전을 찾아가며 잘 정리해두는 습관을 들이면 영어도 잘하게 되고 한자어 지식도 늘게 된다. 그리고 틈만 나면 책을 읽어야 한다. 책을 읽을 때는 축구 용어를 정리해두는 것을 확대하여 생소한 낱말을 만날 때마다 국어사전 찾기를 습관화하면, 공부 우등생도 될 수 있다. 공차기 실력이 뛰어나다면 명석한 두뇌를 가진 것이 분명하기 때문에 조금만 노력하면 학업도 잘 할 수 있다. 공부도 잘하면서 축구도 잘하는 만능선수가 되는 것은 결코 불가능한 일이 아니다. 안 해서 그렇지 누구나 할 수 있다.

3. 어떻게 그들은 베스트셀러 저자가 되었나?

박 시 형
샘앤파커스 출판사 고문 / 前 대표이사

출판일에만 30년 넘게 종사했다. 오랜 편집자 생활을 거쳐 회사를 차렸고 10여 년 간 소위 잘나가는 출판사 대표로 이름을 날리기도 했다, 그 와중에 소위 출판계에서 '대박'이라 부르는 100만 권이 넘는 초베스트셀러도 몇 권 발간했다. 물론 책의 판매 여부가 책의 질대변하는 것은 아니지만 일단 백만 권이 넘게 팔린 책이라면 그만큼 독자들의 많은 사랑과 공감을 얻었다는 것은 누구도 부인할 수 없는 사실이다.

그런데 특이하게도 우리 회사에서 만들었던 책들, 특히 100만 권이 넘는 베스트셀러들은 글을 직업적으로 쓰는 소설가나 작가들의 책이 아니었다. 경영학 교수, 스님, 기업가 등 굳이 글을 전문적으로 쓰지 않아도 되는 분야에 종사하는 분들이었다. 그런 분들이 우연한 계기에 책을 썼고, 베스트셀러 저자가 되었으며, 그로 인해 자신의 분야에서도 더욱 명성을 떨치게 되었다.

직업도 각기 다르고 글쓰기를 전문적으로 훈련해오지 않은 분들이 어떻게 베스트셀러 저자가 되었을까? 이 분들에게는 대개 한 가지 공통점이 있었다. 어린 시절부터 엄청난 독서를 해왔다는 것, 그래서 남다른 감성과 지식, 뛰어난 표현력을 갖고 계시다는 점이다. 그분들과 대화해 보면 상황에 맞게 참 절묘하게 언어를 구사하시는 것을 느낄 수 있다.

현대는 공감과 소통의 시대다. 지도자의 리더십도 예전 같이 '나를 따르라' 식은 더 이상 통하지 않는다. 이런 시대에 자신의 마음과 의사를 탁월하게 표현해내는 능력은 리더의 가장 큰 덕목 중 하나가 아닐 수 없다. 더욱이 수많은 독자들, 대중들의 공감을 이끌어내는 책이야말로 그런 소통 능력의 결정체라 해도 과언이 아니다. 베스트셀러 저자들은 그런 면에서 탁월한 어휘력과 소통 능력의 귀재들이라 할 수 있다.

나 역시 어려서부터의 독서에서 비롯된 남다른 어휘력이 출판계에서 성공하는 데 큰 토대가 되어 주었다. 나는 출판계에서 '책 제목의 귀재'로 불리기도 했는데, 〈아프니까 청춘이다〉, 〈멈추면, 비로소 보이는 것들〉 등등 우리 회사에서 낸 수많은 베스트셀러들의 성공 요인에는 탁월한 제목이 한몫을 했다는 평가가 많다. 멋진 제목, 관심과 공감을 이끌어내는 제목을 지으려면 시대의 요구를 간파하고 그것을 함축적으로 표현해내는 능력이 필요하다. 그러려면 머릿속에서 수많은 단어와 어휘의 조합이 자유자재로 가능해야 한다.

나의 이런 어휘력 향상에는 소위 '꼬리에 꼬리를 무는 사전 찾기'가 큰 도움이 되었다. 책을 읽다가 모르는 단어나 생소한 어휘가 나오면 사전을 찾아보고, 또 거기서 설명하는 문장에 나오는 단어를 다시 이어 찾고, 나아가 그 단어의 동의어, 유의어 등등을 꼬리에 꼬리를 물고 찾아보는 방식이다. 이는 나의 오랜 습관이기도 해서 지금도 포털사이트의 사전 검색 보다는 종이 사전을 놓고 꼭 이렇게 꼬리물기로 뒤적여서 보는 습관이 있다. 이렇게 하면 단어끼리의 연결고리가 생겨서 어휘력이 폭발적으로 향상되고 단어 간의 개념과 차이를 명확히 구분할 수도 있게 된다. 나아가 얼핏 비슷해 보이는 단어라도 상황에 훨씬 적합한 단어를 선택해 사용할 수 있게 된다.

출판사의 여러 업무 중에서도 직접 책을 기획하고 만드는 일을 하는 사람을 '에디터'라고 하는데 훗날 훌륭한 에디터로 성장하는 사람을 보면 대개 지력과 뛰어난 어휘력을 갖춘 사람들이다. 이는 에디터에게 국한된 얘기만은 아니다. 마케터든 디자이너든 인문학적인 소양과 언어 능력을 갖춘 사람이 훨씬 업무 숙달도 빠르고 업무 성과도 높다.

그런데 그 언어 능력은 절대로 하루아침에 만들어지는 게 아니다. 이미 대학 졸업하고 성년이 된 사람들에게 갑자기 독서를 시키고 언어 공부를 시켜봐야 스트레스만 받을 뿐 커다란 진전이 없다. 언어능력은 아주 어릴 때부터 형성되기 때문이다. 가끔 주변 친인척의 아이들을 만나게 되는데, 그때마다 10분만 그 아이와 이야기를 해보면 대충 그 아이의 지력이나 앞으로의 학습능력을 어느 정도 판단할 수 있다. 어릴 적의 어휘력은 그 아이의 지적능력을 대변하며, 모든 학습의 기본 토대가 된다.

과목을 막론하고 모든 책은 언어로 쓰여 있고, 또 언어로 설명하고 있다. 그러니 언어능력이 떨어지면 당연히 이해 능력도 떨어질 수밖에 없다. 국어나 역사 같은 과목은 말할 것도 없고 '수학'처럼 전혀 무관할 것 같은 과목조차도 실상 언어능력이 뒷받침되어 주면 훨씬 쉽게 접근할 수 있다. '인수분해'니 '여집합'이니 하는 말들을 보아라. 한자어이긴 하지만 그 단어의 뜻을 정확히 알고 있다면 굳이 인수분해가 무엇인지 여집합이 무엇인지 설명하지 않아도 일단 그 개념을 미루어 짐작할 수 있지 않은가!

사회에 나와서도 어휘력이 뛰어나 자신의 논리를 글이나 말로 효과적으로 표현할 수 있는 사람은 남들보다 훨씬 유리한 고지에서 게임을 시작할 수 있다. 어릴 때의 독서는 인생의 보약이다. 아이들에게 어떤 공부보다도 풍부한 독서와 사전을 통한 어휘력 습득에 힘을 기울이게 해야 한다. 그것은 그 아이가 앞으로의 인생을 살아나가는 데 보검을 쥐어주는 것과 같다. 믿어도 된다. 50년이 넘게 살면서, 30년이 넘게 출판 일을 하면서, 천여 권의 책을 만들면서, 수많은 저자들을 보면서 깨달은 것이니 말이다.

4. 초등생 학부모에게 드리는 한 CEO의 고백

박 계 신
㈜다이아텍코리아 회장

2000년 1월에 창립한 다이아텍코리아(주)는 '질병을 조기 발견하여 뛰어난 치료물질과 낮은 치료비용으로 고통 없이 치료해 삶의 질을 향상시켜 인류 건강에 공헌한다'라는 이념으로 발족한 바이오메디칼 기업입니다. 그 기업을 창설한 저는 과학자도 아니고, 의학자도 아닙니다. 상고 출신으로 은행에 다니면서 야간대학을 주경야독한 만학도입니다.

못 배운 집안에서 자랐기 때문에 배움에 대한 열망이 커서 책을 소홀히 하지 않았습니다. 가난한 집안에서 자랐기에 한 푼 두 푼이 아쉬워 돈을 헛되이 쓰는 일이 없었습니다. 은행 월급으로 야간대학 학비와 생활비를 충당하고 나머지는 모두 저축을 했습니다. 이 습관 때문에 CEO가 된 요즘도 매월 적금을 넣고 있습니다.

야간대학을 졸업한 26세 때 금융계를 떠나 외국계 제약회사에 입사하여 재무관리 업무를 담당하였습니다. 40세 때 쯤이었습니다. 나만의 사업을 반드시 일구어 보겠다는 야망을 가졌습니다. 그래서 영업사원들이 관장하는 거래처들의 영업활동을 파악하기 위해 동반 방문을 자주하였습니다. 외국회사에서 필요했던 외국어 공부도 소홀히 하지 않은 결과, 한국에서 공부한 영어치고는 꽤 하는 편이 되었습니다.

내가 좋아하고 잘할 수 있는 일을 하게 되어 갈수록 흥미가 커졌고 열성도 높아졌습니다. 더구나 타인에게 도움이 되는 건강관련 사업이므로 열심히 배워 갈수록 큰 성과를 냈습니다. 41세 때 되던 어느 날, 더 늦기 전에 제대로 된 공부를 해보고 싶은 생각이 들었습니다. 그래서 네 가족이(??) 짐을 꾸러 미국 유학의 길을 떠났습니다.

43세 때 귀국하여 드디어 꿈에 그리던 창업을 했습니다. 그 때가 뉴밀레니엄 시대를 연다는 2000년 1월초였습니다. 의료기기와 진단용 시약, 의약품을 판매하는 다이아텍코리아(주)를 창립했던 것입니다. 그 후 15년 동안 불철주야, 노심초사, 각고면려한 결과, 일취월장하여 괄목할 만한 큰 발전을 이루었습니다. 2007년에는 부설 의학연구소도 설립하였습니다. 표적항암치료제 개발, 질량분석법을 이용한 새로운 진단키트 개발, 면역치료제 연구 개발, 의료포털 사이트 운영, 원격진료시스템 연구개발 등 눈부신 성과를 창출하였습니다. 우리 연구원들의 피와 땀의 결실입니다.

100세 건강 시대에 고통 없는 치료 속에 치료비 부담도 줄이고 환자의 삶의 질을 향상시키려는 우리의 노력이 반드시 빛을 보리라는 믿음, 그리고 자신감으로 각자 소임에 매진하고 있습니다. 회사 전 직원이 60여명인데, 그 가운데 40%가 연구원이며, 매출액의 30%이상을 연구개발비로 지출하고 있습니다. 최고의 연구원들이 일하고 있는 우리 회사는 '뜻이 있으므로 우리가 하는 일은 반드시 성공한다. 모든 사람을 행복하게 하는 일이므로 반드시 성공한다.' 이 두 가지 신념으로 열과 성을 다하고 있습니다. 더불어 최고의 기술을 가지고 있는 단백질 분석과 변형기술은 우리의 또 다른 목표인 우리나라 최초의 노벨화학상을 반드시 수상할 수 있으리라는 자신감을 주는 연구 분야이기도 합니다.

20명이 훨씬 넘는 우리 회사 부설 연구소 연구원들은 거의 박사학위를 보유한 우수한 학자들입니다. 머지 않는 장래에 그들 가운데 노벨화학상 수상자가 나올 것이라고 굳게 믿고 있습니다. 그들을 대상으로 조사해본 결과, 놀라운 사실을 발견하였습니다. 하나 같이 초등학교 때 반에서 1~2등을 한 우등생이었다는 사실입니다. '3살 버릇이 여든 간다'는 속담이 있듯이, 일단 초등학교 때 공부를 잘해야 어느 분야든 전문가로 대성할 수 있다는 사실을 우리 연구원들을 통하여 여실히 알게 되었습니다. 사실 저도 초등학교 때 우등생이었고, 그 실력이 전국 최고의 덕수상고를 들어갈 수 있는 받침돌이 되었습니다.

초등학생 학부모 여러분! '일을 사랑하고 반드시 할 수 있다는 자신감, 끝까지 좌절하지 않는 인내심이 있어야 성공할 수 있다'는 것이 저의 소견입니다. 그 자신감과 인내심은 초등학생 때, 많은 위인전을 보면서 나도 할 수 있다는 자신심(自信心)을 가지는 일, 뜻을 모르는 낱말을 만나면 끊임없이 사전을 찾아 정리하는 인내심(忍耐心)을 기르는 것에서 시작됩니다. 책과 사전을 늘 가까이하는 습관이 큰 인재, 큰 인물을 키웁니다.

2000년 1월에 시작한 우리 다이아텍코리아(주)는 세계적인 바이오메디칼 기업으로 성장하기 위하여 전 사원이 합심 협력하여 뜨거운 마음으로 일하고 있습니다. 자신감과 인내심으로 똘똘 뭉쳐 있는 우리 연구원 가운데 반드시 노벨화학상 수상자가 나올 것으로 기대합니다. 그리고 수불석권(手不釋卷)으로 학력 기초를 굳게 다진 우리나라 학생 가운데 세계적인 과학자가 속속 배출되기를 기원합니다.

5. '꿈'의 사전적 의미에 다시 꿈을 담다

권 점 주
신한생명 부회장 / 前 신한은행 부행장

형님에게 물려받은 국어사전이 다 닳도록 들추어 보며 공부했던 어린 시절부터 지금까지 소중하게 간직해온 단어가 하나있다. 그것은 바로 '꿈'이다.

누구나 한 번 쯤은 들어본 꿈을 가지라는 이야기! 그러나 정작 꿈을 이루는 사람은 많지 않다. 왜 그럴까? 아마도 '실현하고 싶은 희망이나 이상'이라는 '꿈'에 대한 사전적(辭典的) 의미에 머물렀기 때문일 것이다. 하지만 사전이 알려주는 꿈의 의미를 어떻게 나만의 것으로 다시 만들어 낼 것인가 고민하는 순간 막연함은 뚜렷한 목표로 바뀌게 되고 잠재된 열정은 하나 둘 깨어나기 시작했다.

어린 시절 내가 찾은 꿈의 의미는 단순히 이루고 싶은 막연한 이상이 아닌 열정과 의지가 담긴 구체적 목표였다. 즉, 일반적인 꿈의 뜻에 나만의 의미를 부여한 것이다. 그 꿈이 있었기에 중학교 진학조차 생각하지 못했던 시골소년이었던 나는 CEO가 될 수 있었고 40여년의 금융인으로 살아오며 의미 있는 성과를 거둘 수 있었다.

이러한 자신의 꿈을 이루기 위해 꼭 필요한 것이 상대의 마음을 움직여 내 꿈에 동참시킨다는 의미의 '득심'(得心)이라는 단어다. 득심(得心)은 말 그대로 '다른 사람의 마음[心]을 얻다[得].'라는 뜻으로 CEO 재직시절, 직원들의 마음을 얻고, 고객의 마음도 얻자는 의미를 담아 '득심경영(得心經營)'을 회사 경영철학으로 삼았다. 세상에서 가장 어려운 것이 사람의 마음을 얻는 것이라는 어린왕자 속 이야기처럼 득심(得心)하기란 결코 쉽지 않았다. 그래서 다음과 같은 세 단계로 세분화하고 구체화하였다.

심(心) : 상대방에게 주고자 하는 마음가짐으로,

지(知) : 상대방이 원하는 것을 명확히 알고,

행(行) : 감동에 이를 때까지 노력한다.

이 3단계 프로세스를 기본으로 한 득심 경영은 구성원들의 판단과 행동의 기준이 되었으며 고객들에게는 새로운 브랜드로 다가섬으로써 좋은 성과를 낼 수 있었고, 乘勝長驅, 成功街道를 달릴 수 있었다.

국어사전은 '세상 만물, 인생 만사'를 이해하는 가장 기본적이고 객관적인 기준을 알려 준다. 그래서 공부를 하고자 하는 사람들에게 필수품이 바로 국어사전이다. 그러나 여기에 그치면 안 된다. 한 걸음, 두 발짝, 더 멀리 더 멀리 줄곧 나아가야 한다. 즉 자기만의 사전, 자기만의 낱말들을 만들어 가야 한다. 사전적 정의에 나만의 의미와 가치를 덧칠하는 노력을 함께 기울인다면 더 값진 성취와 멋진 미래를 기대할 수 있을 것이다.

※ "마음을 얻고 세상을 얻는 금융인생 40년"의 득심 비밀과 성공담은 《꿈꾸는 사람들을 위한 득심이야기》(권점주 저, 2014, 빅머니 출판)에서 생생하게 볼 수 있습니다. -편집자-

6. 사전을 동반자 삼아 함께 가자!

김 상 문
㈜IK 회장

세상이 정보화의 시대다. 그리고 가장 중요한 정보의 매개 역할을 하는 것이 컴퓨터다. 더구나 요즘은 손 안의 스마트폰이 기존의 고정된 컴퓨터의 역할을 넘어 움직이는 정보화 기기로 사람과 떼려야 뗄 수 없는 지경에 이르렀다. 스마트폰이 없으면 불편함을 넘어서 정상적인 인간관계를 해낼 수 없는 것이 현실이고, 그러다 보니 너무 기계에 의존하여 인간이 예속되는 것이 아닌가 하는 걱정도 든다.

인류 사회가 생긴 이래로 가장 큰 변화 두 가지는 19세기 산업혁명의 분기점을 맞아 인간의 육체 노동력을 대신하는 기계를 발명하여 산업화의 시대로 접어든 것이고, 지난 20세기는 컴퓨터의 출현으로 정보화 시대를 열어 인간의 정신노동의 역할을 일정 부분 컴퓨터가 대신하도록 한 것이다.

그 결과, 요즘 세상에 누가 예전처럼 연장을 들고 온종일 땅을 팔 것이며, 주판을 들고 틀린 숫자를 찾아내느라 퇴근도 못하고 밤늦게까지 끙끙대고 일하겠는가? 그런 일들은 기계나 컴퓨터의 몫이다.

그러면 인간이 해야 할 몫은 무엇인가? 기계나 컴퓨터가 해내지 못하는 인간만이 해낼 수 있는 일, 그것은 창의성이 바탕이 된 일들이 될 것이다. 그렇다면 창의성은 어떻게 해야 함양되고 발휘할 수 있는가?

지금처럼 即問即答의 지식 전달 체계에서는 요원하다. 모르는 어휘나 용어의 의미를 자판만 누르면 즉각적으로 답해 주는 컴퓨터나 손가락 끝에서 답이 나오는 스마트폰 시대에서는 남다른 창의성을 바란다는 것이 쉽지 않다.

생각해 보라. 인류 역사상 위대한 모든 발명이나 작품 같은 것이 즉시 된 것이 있던가? 오랜 시간을 생각하고 노력하고 행동한 결과물들이 아니던가.

지금까지 책 읽기를 생활해 온 사람으로서 自問自答해 보건대, 예를 들어 전자책이 휴대하기도 간편하고 여러 가지로 유리하지만 직접 인쇄된 책 읽기의 느낌과 감정을 넘어설 수는 없다. 비유컨대, 전자책 독서는 눈에서 머리로 들어와 나가는 것 같고 인쇄책자의 독서는 그 느낌이 눈에서 머리로 그리고 가슴으로 전달된다고나 할까? 그래서 전자책 읽기를 시도하다가 포기하였다.

이렇듯 일반적인 도서의 느낌도 다른데 학문의 가장 중요한 제반 분야의 이해를 돕는 사전류, 그 중에서도 가장 중요한 국어사전의 경우는 심각하게 고려해야 할 중요한 문제다.

한창 학문의 세계에 입문하는 초중고 학생들에게 그저 편한 방법으로 스마트폰이나 컴퓨터를 이용해 의미를 이해하도록 하는 방법으로는 단편적인 지식이 순간적으로 스쳐가고 말 뿐, 그 본질적인 의미를 깊이 새기고 이해하는 교육의 궁극적인 단계로 올라서지 못한다. 따라서 처음에는 힘들고 어려워도 차근차근 사전을 끼고 공부하도록 분위기를 만들고 권장해야 한다.

사람의 행동이 습관화되는 횟수는 66회 정도 반복해야 된다는 통계가있다. 2, 3개월 정도 차분하게 사전을 찾아 이용하는 자세를 잘 이끌어주면 그 학생에게는 평생의 힘이 될 것이다. 여러 종류의 사전이 많지만 어휘의 속뜻을 제대로 설명해 주는 좋은 사전이라면 더할 나위 없다. 그렇게 사전을 늘 사용하며 모르는 어휘나 용어가 나오면 바로 찾아 그 속뜻을 제대로 알아가는 습관을 길러주면 그 학생은 그 바탕 위에서 창의성이 함양될 것은 不問可知 아니겠는가. 이른바 기초가 튼튼해야 그 바탕에서 창의성도 함양되고 남다른 생각도 나올 것이다.

나는 회사를 24년째 경영하는 기업가로서 회사의 DNA를 학습에 두고 지금껏 일해 왔다. 예를 들어 새해 들어서며 1월에는 각 부서의 경영목표 제시와 함께 각 부서원 모두가 개인별로 일 년 동안 읽을 60권의 도서 목록을 제출하고 그 내용을 서로 협의한 후 확정하여 회사의 회의실에 게시하고 읽은 결과를 본인이 직접 제출하고 확인 서명하도록 하고 있다. 이런 전통은 회사 창사 이래 지속돼 온 회사의 문화이고 관습이다. 거기에 더불어 '한국어문회'의 한자 3급시험 이상을 합격하도록 반강제적으로 권하고, 합격하지 못한 사람은 연봉과 인사상의 불이익을 주고 있다. 초기에는 이러한 계획과 추진에 반발하고 심지어 퇴사하는 사람도 적잖았다.

퇴사자는 거의 많은 이가 학습문화에 반발하고 적응하지 못한 사람들이었다. 그러나 나는 포기하지 않고 중단 없이 책읽기와 한자교육을 밀고 나갔다. 언젠가는 나의 진정성을 알아주리라는 믿음이 있었기 때문에 가능한 일이었다. 그래서 이제는 모든 임직원이 회장의 마음과 취지를 받아들이고 자발적으로 자기계발 계획을 세우고 업무 틈틈이 실행하고 있다. 심지어 퇴사한 직원들도 이제야 이해하고 우리 회사를 부러워한다.

한자시험도 신입직원을 제외한 거의 대다수 직원들이 합격하여 기쁨을 더했다. 그중에는 상위 급수인 1급, 2급 합격자도 다수를 차지했다. '나를 따르라'는 의미로 열심히 공부하여 나도 특급시험을 합격했다. 거기에다가 작년부터는 생일을 맞이하는 임직원들에게 전광진 교수의 《속뜻학습 국어사전》을 한 권씩 선물하고 늘 가까이 두고 사용하라고 권장하고 있다.

이러한 결과로 무엇보다 놀라운 것은 업무상 많은 용어의 의미를 대충 알고 지내던 것을 정확하게 이해하고 사용할 수 있게 된 것이다. 심지어 난해한 법률용어의 의미도 사전을 찾아 그 속뜻을 적확하게 이해하는 수준까지 이르게 됐다.

회사가 발전하려면 개인이 나아져야 하고, 개인이 나아지려면 끊임없는 학습이 선행되지 않고는 어렵다. 이런 선순환이 개인이 발전하고 회사가 융성해지는 유일한 길이다. 그런 의미에서 책을 읽거나 공부할 때 사전을 동반자 삼아 함께 간다면 무엇보다 든든한 원군이 될 것이다.

7. 한자어 어휘교육에 대해 고심한 1년

이 기 성
서울대학교 사범대학 부설고등학교 교장

고등학교 교장으로 봉직하면서 공부에 상처를 받는 아이들을 많이 만났다. 그들에게는 이미 누적된 학습 부진으로 인하여 고등학교에 올라와도 공부가 재미있기는커녕 커다란 암벽일 뿐이다. 언제부터 우리 아이들이 배움의 재미를 잃게 된 것일까? 낱말카드를 통해 눈빛 반짝이며 세상을 배워 나갔던 아이들이 왜 가장 멍청한 세대가 된 것일까? 교사들은 수업시간에 아이들이 낱말 뜻을 너무 몰라서 그걸 가르치다가 시간을 다 쓴다고 하소연한다. 낱말 뜻을 알아야 글을 읽고 이해할 수 있는데도 오늘날 우리 아이들의 어휘력은 가난하기 짝이 없다. 글을 읽고도 이해할 수 없으니, 공부가 갈수록 어렵고 재미없는 일이 된 것이다.

교과서의 개념을 담고 있는 어휘들은 한자어가 대부분이다. 기본적인 한자의 음과 뜻을 알아야 교과서 어휘를 이해하고 공부의 세계로 껑충 도약할 수 있는데, 어휘력이 약한 아이들은 그 문지방에서 좌절하고 만다. 그래서 이런 아이들에게 디딤돌 삼아 뛰어넘을 수 있는 힘을 길러주고 싶었다. 때마침 한자어 교육의 취지를 담아 독지가가 지원금을 대주셨고, 이 지원금을 놓고 고심에 고심을 거듭한 끝에 구체적인 방안을 마련할 수 있었다.

우선 고등학교에서 한자어 어휘교육을 한다면 어떻게 해야 할지 이야기를 나누었다. 고등학교는 초등학교와는 달라야 하는 것에는 쉽게 동의했다. 제2외국어로서의 한자교육이나 한문교육이 아니면서 공부를 도와주는 한자어 어휘교육이라면? 문제는 다시 어휘력으로 모아졌다. 한자로 된 어휘의 형성 원리를 알면 개념을 쉽게 이해할 수 있으니, 이것이 기초체력이 되어 공부를 잘 하는 체질을 만들 수 있는 큰 그림을 그렸다. 구체적인 방안을 마련하고, 각 교실에 '2014 한자어 어휘교육 운영 계획'이라고 하여 다음과 같이 안내하였다.

올해 처음 시작하는 한자어 어휘교육을 통해 국어 이해 능력을 높이고, 세대간 언어 장벽을 해소하며, 나아가 학업 능력 향상을 꾀하는 일석삼조(一石三鳥) 효과를 누리고자 하였다. 특히 학급마다 생활한자어를 게시하고 '사대부고 교과서 개념어휘사전'을 만들기로 하였다. 그리고 올해부터 '교내 한자어 어휘경시대회'를 실시하였다. 이를 통해 학생들이 공부에 더욱 재미를 느꼈으면 하는 바람이 있었다.

첫 번째 시도는 일상생활에서 친숙하게 쓰이는 한자어의 뜻을 살펴보는 것으로, '생활한자어 바로 알고 바로 쓰기'로 잡았다. 기존에 나와 있는 비슷한 자료들을 참고하여 담당부서 선생님들이 생활 속에서 잘못 사용하고 있는 한자어들을 묶어 앞면에 간단한 상황과 함께 적절한 용례를 제공하며 낱말 뜻을 풀이하고, 뒷면에는 그 어휘에 대한 연습문제와 지난 회 정답을 담은 학습지를 만들었다. 회를 거듭하면서 귀여운 캐릭터로 상황을 만들기도 하고, 연습문제를 퀴즈로 연결시켜 작은 선물을 마련하는 등 학생들의 참여를 이끌었다. 6월에 시작하여 12월초까지 모두 18회 분량의 콘텐츠가 만들어졌으니, 시작은 미미했으나 묶어놓고 보니 뿌듯한 결과가 아닐 수 없었다.

한자교육의 두 번째 시도는 '교과서 개념어휘 사전 1.0'의 발간이었다. 애초 논의한 대로 우리 아이들이 한자어 핵심 어휘를 몰라서 공부하기가 어려운 게 아닐까 하는 생각이 바탕이 되어 국어과, 사회과, 수학과, 과학과 총 일곱 분의 선생님들이 머리를 맞대었다. 각 교과에서 개념 어휘가 되는 단어를 선정하고, 한자를 병기하며, 간략한 설명글을 단 사전 형식의 책자 발간을 목표로 하였다. 한자어 어휘교육에서 출발했지만 입시를 준비하는 인문계 고등학교의 특성을 무시할 수 없었다. 국어과를 예로 들면 '수능 기본 비문학 용어'와 '꼭 필요한 한자 성어와 속담' '문학 용어'로 구성하는 등 애초 한자어 어휘교육의 색깔이 흐릿해질 수밖에 없었다. 타협의 결과였을까? 곁에 두고 여러 번 읽다 보면 아이들의 실력이 쑥쑥 늘지 않을까 하는 마음을 담았지만, 다 만들고 나니 한자를 병기했을 뿐 책자 제목에 '한자어'를 집어넣기가 무색해졌다. 올해의 경험과 지혜를 보태어 '한자어'라는 말에 명실상부한 '교과서 한자어 어휘사전 2.0'으로 업그레이드할 날이 오리라 믿는다.

마지막으로 구슬이 서 말이라도 꿰어야 보배라는 속담처럼 '생활한자어 바로 알고 바로 쓰기'와 '교과서 개념어휘 사전1.0'에 담긴 어휘들을 대상으로 '교내 한자어 어휘경시대회'를 열어 열심히 공부한 아이를 칭찬할 계획이다. 방학할 때 나눠줬으니, 우리의 기대로라면 아마도 겨울 동안은 한자어와 함께 지내지 않을까 싶다. 교사들만의 야무지고 헛된 꿈일 수도 있으나, 예로부터 교사는 꿈을 키우는 직업이라 했다. 올해 우리 학교에서 시도한 한자어 어휘교육을 디딤돌 삼아 공부의 벽을 뛰어넘는 학생이 나타나기 바랄 뿐이다.

한자어 어휘교육이 필요하다고 말한다. 국어사전을 활용한 교육이 필요하다는 목소리도 높다. 다시 사전을 펼치자는 운동이 미국과 일본을 비롯한 교육선진국에서 새롭게 일어나고 있다. 1년 동안 우리 학교에서 시도한 한자어 어휘교육의 사례를 돌이켜 보면, 한자어 이해라는 바탕이 있어야 학업 능력이 향상된다는 것을 절실히 느꼈다. 그러나 다른 한편으로는 브리태니카 백과사전이 244년만에 종이책 출판을 중단되고 온라인으로 제공하는 시대를 맞닥뜨리고 있다. 다시 문제는 우리가 있는 지역에서 여러 차례의 실험을 통해 가장 최적의 방안을 모색하는 일이다. 우리의 토양을 분석하고, 그 땅에 맞는 최적의 성과를 거두기 위해서는 한 해 두 해 켜켜이 쌓아올리는 작업이 필요하다. 고등학교에서 한자어 어휘교육에 대해 고심한 우리 학교의 1년이 그랬다.

8. 국어교육의 정상화가 시급하다

성 명 제
前 서울 목동초등학교 교장

朴 大統領은 올해 新年辭에서 사회 각 부문의 非正常을 正常化하겠다고 公言하였다. 그런데 政策을 시행하기도 전에 안타깝게도 세월호 慘事가 났다. 온 국민이 衝擊과 슬픔에 빠졌고, 그 後遺症은 지금도 계속되고 있다. 이번 일은 국가재난안전대책에 深刻한 문제가 있었다. 이에 못지 않게 나라의 教育이 잘못되면 國家存立이 危殆로워진다. 따지고 보면 이번 일도 教育이 문제였다.

국민의 언어생활에 直結된 國語教育이 不實하다. 국어는 한 나라의 正體性이요, 疏通 능력의 基礎이다. 그 중요성을 勘案하여 초등학교에서는 국어를 매일 충실히 지도하게 되어 있다. 國語語彙의 절대 다수는 그 뜻을 漢字로 알게 되어 있는 漢字語이다. 그런데도 指導가 없는 現實은 참으로 기가 막힌다. 국민 기초 언어교육이 不實하다 보니 그 副作用이 점점 深化되고 있다. 학생들은 말할 것도 없고 교사들마저 教科書가 어렵다고 한다. 미래를 이어갈 청소년들 사이에서는 卑語, 俗語, 隱語가 亂舞하고 있는데, 그들이 정작 알아야 할 한자어는 暗號가 된 지 오래이다. 소설가 이응준 씨는 "오늘날 사회가 제대로 읽고 쓰지 못하는 新文盲 社會로 변해 가고 있다"고 慨歎했다.

최근에 초등학교에서 어린이들을 지도하면서 한자어 理解 程度를 알아보았다. 5학년 아이들인데 4학년 읽기책 한 페이지에 있는 漢字語의 뜻을 써 보라고 했더니 제대로 正答을 쓴 어린이가 없었다. '독립'을 '만세 부르는 소리' '난방'을 '땅의 온도'라고 쓴 어린이도 있었다. 英語는 어떠한가. 4학년 문장을 독해해 보라고 했더니 거의 다 맞았다. 반갑기보다는 씁쓸했다. 가르치고 안 가르친 차이이다. 우리 국어 實力이 이래도 된다는 말인가.

語彙力이 부족하기는 중·고등학생과 초등학생이 별 차이가 없다고 한다(세계일보 2011. 7. 1.). 교과서에 나오는 單語나 文章을 부분적으로 이해하거나 제대로 이해를 못하는 중·고등학생도 많다고 한다(동아일보 2014. 2. 28.). 工夫는 문장을 읽고 이해해서 자기 것으로 만드는 過程인데 전 교과의 道具 教材인 국어가 어휘력이 弱해서 전 科目의 학습능력을 튼튼히 떠받쳐 주지 못하는 結果를 낳고 있다.

뜻도 모르고 무조건 외우는 교사의 一方的인 授業이 여전하다. 成人들도 그러면 안 되는데, 어려서부터 글을 대충대충 적당히 이해해 무조건 暗記하도록 가르친다면 創意性 있는 人材養成은 遙遠하다.

그동안 국민 89%를 비롯한 각계각층에서 政府를 향해 초등학교에서 漢字教育을 實施해야 한다고 主張해 왔다. 民心은 天心인데 국민의 懇切한 要求를 언제까지 放置할지 궁금하다. 左顧右眄하다가 세월호보다 더 엄청난 事態를 불러올까 봐 두렵다. 하루 속히 지금과 같은 비정상적인 國語教育을 바로잡아 국가 발전의 基盤을 튼튼히 하기 바란다.

*原載 : 《어문생활》(2014년 10월호)

9. 어휘지도와 사전 찾기 대회

성 명 제
前 서울 목동초등학교 교장

한글전용이 시작된 1970년 이후에도 대부분의 학교에서는 아침 자습시간때에 교실 칠판에 한자를 제시하여 몇 번씩 써서 익히도록 하였다. 그러다가 다양한 한자교재가 쏟아져 나오고 한자급수시험이 생기자 한자교육 열풍이 불었다. 그동안의 교육방법들은 한자를 아는데 일정 부분 기여를 했으나 무조건 暗記式이었고, 근본 목적과 필요성을 체득시키지 못했다고 본다. '한자는 어렵고 쓸모없는 문자인데 왜 배우나'하는 懷疑感이나 反感을 갖게 하지 않았나 하는 생각까지 든다.

필자도 그런 문제의식 속에 진정 아이들에게 가르쳐야 할 한자와 지도방법이 무엇일까 고민하여 왔다. 교사경력이 얼마 안 된 어느날, 사회 시간에 선영이란 학생의 난감한 질문이 그 답을 찾게 하였다. 백두산을 설명하던 중 그 아이는 '해발'이 무슨 뜻이냐고 물었다. '산의 높이를 재는 기준' 이라고 설명했다. 선영이와 아이들은 이해를 잘 하지 못하는 듯했으나 나로서는 더 이상 이해시킬 수가 없었다. 한자어 뜻대로 정확히 설명하지 못한 게 아쉬웠다. 수업이 다 끝나고 혼자 남은 교실에서 옥편과 사전을 보고 나서야 다음날 그 뜻을 확실히 잘 가르쳐줄 수 있었다. '해발'의 '해'는 '바다 해'(海), '발'은 '뽑을 발'(拔)이니 '바다 면으로 솟아오른 산의 부분'이라고 말이다.

그때부터 책에서 어렵고 중요한 한자어는 한자의 뜻을 밝혀서 가르치려고 노력했다. 그러나 그게 말처럼 쉬운 일이 아니었다. 지도할 시간도 부족하고 옥편을 찾고 국어사전까지 찾아야 하는 불편을 겪었다. 그래서 한자어를 쉽게 가르칠 수 있는 사전을 구입하려고 시중의 대형서점들을 샅샅이 찾아보았으나 어디에도 없었다.

2006년에 교장이 되었다. 한자어 지도를 전교적으로 실시할 수 있는 기회가 왔다. 한자어 교재를 교사들과 함께 만들 구상을 하던 2007년 어느 날, 조선일보에 "성균관대 전광진 교수가 '한자어 속뜻사전'을 오랜 각고 끝에 발간했다."는 기사가 실렸다. 무척 반가웠다. 구입하고 싶던 중에 뜻밖에도 전 교수님이 직접 학교에 오셔서 사전을 소개받는 영광을 안았다.

이 사전은 기존 것들과는 달리 한자어의 音과 訓을 적고 그 근거에 의해 교사나 학습자가 한자를 몰라도 그 뜻을 알 수 있고 한자를 공부할 수 있도록 만들어졌다. 이 사전만 있으면 학생들이 자기주도적 학습이 가능하고 이해력 · 사고력 · 창의력을 쉽게 기를 수 있을 것 같았다.

나는 이 사전을 활용하여 어린이 지도방법을 劃期的으로 바꿀 것을 교사들에게 제안하였다. 연수를 실시하고 지도할 수 있는 여건을 마련해 준 것이다. 교장인 나부터 전교생 중에서 원하는 아이들을 뽑아서 매주 1회씩 가르치기도 하였으며, 학부모 연수도 해마다 실시하였다. 또한 성취도를 높이기 위해 골든벨 대회와 한자어 사전 찾기 대회도 열었다. 많은 호응을 얻어 인근에 있는 여러 학교에도 속뜻사전에 의한 한자어 지도방법을 알렸다. 그러자 매스컴에서도 찾아와 好感을 나타냈다.

退任 후에도 계속해서 이곳 학교에서 교과서 한자어 지도가 계속될 수 있도록 校長公募要件에 이 조항을 명기하였다. 오랜만에 학교행사에 초대되어 갔다가 학부모들을 만났는데, 한자어 지도 덕분에 자녀들이 한자를 많이 알고 공부에도 큰 도움이 되었다고 좋아하는 이야기를 듣고 그동안 애쓴 보람이 있다는 생각에 흐뭇했다.

10. 사전과 함께 떠나는 독서 여행

정 운 필
국립한경대 겸임교수 / 前 서울 은평초 교장

삶은 하나의 여행이다. 여행은 언제나 설레고 멋지게 펼쳐져야 한다. 그래야 아름다운 여행이리라! 그런데 우리의 삶은 과연 아름다운 여행일까? 어쩌면 처음부터 준비가 덜 된 채 떠나기 시작하는 여행이라서 그렇지 않을까? 여행을 떠나려면 여러 가지 준비가 필요하다. 그 중에서 가장 필수적인 것은 먹을 것(양식)이리라. 양식은 몸의 양식과 마음의 양식이 필요한 것이다. 몸에 필요한 양식은 단순하지만 마음의 양식은 종류가 많을 수 있다. 그 중에서 중요한 것이 독서가 아닐까. 평화롭고 아름답게 삶의 여정을 마감하는 사람들의 머리맡에는 책이 있기 마련이다. 죽는 순간까지 가장 가까이 할 수 있는 것이 바로 사전이며 독서이다. 그러나 독서하는 것은 그냥 되는 것이 아니다. 어릴 때부터 독서 습관이 들어야 하는데, 시간이 가며 절로 되는 것은 아니다. 어른들, 특히 부모나 선생님의 따뜻한 관심과 노력이 필수불가결하다. 바른 독서를 통한 삶의 여행, 이것이 독서여행이리라.

2006년 9월 1일 청운의 꿈을 꾸며 서울 강서구의 ㄷ초등학교로 부임을 했다. 아파트로 둘러싸여 있고, 비교적 최근인 1995년에 개교한 학교인지라 겉모습으로는 괜찮아 보였다. 4년간 마포구에 있는 D초등학교에서 초임 학교장의 임기를 마치고, 초빙교장(현재는 '공모교장'으로 명칭이 바뀌고 내용도 조금 바뀌었음)으로 4년간 계약을 하고 부임한 것이다. 며칠이 되지 않아 말로만 들었던 '교복투 학교'('교육복지 우선투자사업 학교'의 준말)의 어려움이 연달아 터지기 시작했다.

초빙교장에 응모하여 학교운영위원회를 상대로 학교장의 경영관을 설명하고 질의 응답할 때의 분위기로 봐서는 '뭐 이 정도야 열심히 하면 되겠지'하고 생각했는데 시간이 흐를수록 의지를 꺾는 일들이 일어나기 시작했다. 복도에서 달리기하듯 뛰고, 폐휴지를 아무 곳이나 버리고, 인사도 하는 둥 마는 둥, 입만 벌렸다 하면 거친 소리가 나오고, 잃어버린 학용품이 있어도 찾아가지 않고……. 더욱 당황하게 만든 것은 방과 후에 6학년 여자 화장실을 둘러보던 중 담배꽁초 두세 개가 나온 것이었다. 4층이라 외부인의 소행일 확률이 적고, 학교 공사를 하던 인부가 드나든 것도 아니었다. 덕분에 그 날 이후 전교 화장실을 하루에 몇 번씩 둘러보게 되었다.

그래서 부임한 지 석 달만에 전 교직원이 참가하는 '2007 교육과정 편성 워크숍'을 1박 2일로 실시하고, 서울시교육청의 중점사항의 하나인 '기본이 바로 된 어린이' 기르는 방안을 더욱 심도있게 협의하였다. 그 중 하나의 방안으로 담임교사들이 애용하는 칭찬스티커에 힌트를 얻어 '학교장이 주는 칭찬스티커'를 활용하기로 하고 '칭찬 붙임딱지'로 명명했다. 전교생이 500여명이라서 교장 혼자서도 충분히 감당할 수 있을 것 같았다.

- 크기는 A4 한 장에서 16장이 나오며, 뒷면에다 쪽지를 준 교직원(나중에는 학교에 봉사하는 학부모까지 확대해 쪽지를 주머니나 핸드백에

넣고 다님)이 서명한 후 어린이들에게 줌.

- 교직원들에게는 3월 초에 1회 배부하고, 그 이상은 본인이 복사하여 사용함.
- 교내외 어디서나 칭찬받을 만한 행동을 보면 누구에게나 줄 수 있으나, 담임교사는 자기반 어린이들에게는 줄 수 없음. 비담임과 직원들은 전교생에게 줄 수 있음.
- 선생님들의 참여도는 50% 미만이나 직원들의 참여도는 매우 높음. 특히 '교복투' 학교에만 배치된 사회복지사격인 '지역사회교육전문가'와 교육실무사(교무, 과학실험, 전산, 도서, 특수학급 등에서 교육활동 보조하는 직원)들의 참여도가 극히 높음.

부임한 지 6개월 후인 2007학년도 3월 새로운 희망으로 새 학년도를 맞이하였다. 4월경 전국의 초중고 '교복투' 학교 담당자 연수가 제주도에서 있어 참석했다. 연수 자료를 보는 순간, 당혹감이 엄습했다. 자료를 보니 내가 몸 담은 학교가 전국의 교복투 학교 중에서 교복투 대상자 수가 가장 많았다(전교생 중 대상자 비율로는 서울의 공진초등학교가 가장 높았으나, 대상자 수만으로는 우리 학교가 전국 최고였다).

연수를 마치고 귀교한 후 마음을 더욱 다잡았다. 그런데 방과후 교실에서 많은 문제가 터지기 시작했다. 우리 학교는 교복투 대상자들에게 방과후 교실 수강을 3강좌까지는 물론이고 현장학습비, 교외학습비, 수학여행비 등 모든 것을 무료로 했다. 그런데 방과 후 강사님들의 말씀인즉, 무료 대상의 아이들이 오지 않는단다. 방과후 교실도 가지 않는 아이들은 어디에 있을까? 게임방이나 아니면 골목 배회가 대부분일 것이다. 아래에 사례를 적어 본다.

2007학년도에 편부 슬하의 6학년 남자 아이가 가출한 사건이 있었다. 동네 PC방을 다 뒤져도 없는 아이를 서울역에 가서 기다리다가 잡아왔다. 또 편모 슬하의 4학년 아이는 등교는 하지만 귀가를 하지 않고 빌딩의 구석에서 종이상자를 깔고 자고 있는 것을 잡아왔다. 또 한번은 인근 학교에서 항의가 왔다. 6학년들이 떼지어 다니며 자기 학교 애들과 패싸움을 벌여 애들이 등교를 못한다고 했다.

이런 아이들에게 무슨 "기본이 바로 된 어린이"라고 떠벌이는 내가 한심했다. 하지만 그 아이들에게도 독서가 하나의 방법이라 생각하고 학교도서관 정비를 시작했다. 학교에 교실 두 칸 크기의 도서관이 원래 있었으나 작은 도서관을 만들기로 했다. 학교건물에 현관이 8개 있었는데, 현관 뒷문 쪽을 막으니 작지만 여남은 명의 아이들이 사용할 수 있는 아담한 공간이 확보되어 '○○ 작은 도서관'이라 이름 짓고, 이용하는 아이들(특히 방과후 교실에 불참하는 요주의 아이들을 학교장이 관심을 갖고 지도)에게 칭찬 붙임딱지를 활용하여 얼마간의 효과를 보았다. 그러나 2007년의 해가 저물면서 작은 도서관 이용 아이들의 수가 줄어갔다. 그 이유를 모르고 지내던 중 한 아이와의 대화 중에 그 이유를 알게 되었다.

- 얘, 너 전에 작은 도서관에서 독서도 많이 했잖아. 왜 요즘은 작은 도서관에서 책 안 읽니?
- 재미없어서요.
- 왜 재미없니? 전에는 재미있다고 했잖아.
- 그때는 책이 쉬웠어요. 그런데 요새 읽으려는 것은 모르는 말이 너무 많이 나와요.
- 그래? 수준이 높은 책인가 보다. 많이 발전했구나. 모르는 단어가 나오면 선생님께 물어보면 되지.
- …….

- 선생님이나 부모님께 자꾸 물어보기가 쑥스러운 모양이구나. 그럼 어떡한다? 어떻게 하면 될까?(나의 머릿속에 국어사전 찾기가 스쳐갔다) 얘야, 너 혹시 사전 찾는 거 아니? 교장 선생님도 책 읽다가 모르는 게 나오면 국어사전을 찾아보는데.
- 교장 선생님도 책 읽다가 모르는 게 나와요?
- 그럼, 누구든지 책 읽다가 모르는 게 나오지. 그땐 바로 사전을 찾으면 속이 시원하지. 우리 같이 사전 한번 찾아볼까.

이렇게 국어사전 찾기가 시작되었고, 학교도서관에 있는 사전을 챙겨 보니 아주 큰 국어사전이 있었고, 아이들용으로는 '국민학교용 새국어사전'이 몇 권 있었다. 그래서 국어사전을 구입하기로 결정하고, 올해 새로 부임한 새내기 선생님과 의논을 했다. 일주일인가 후에 선생님 손에 들려서 온 국어사전, 내가 처음으로 '속뜻 국어사전'을 만나는 순간이었다.

그후 학교 도서관에는 한 학급이 사용할만한 분량의 사전을 구비했고, 8개의 작은 도서관에도 5~6권의 사전을 비치했다. 그러나 호기심으로 한두 번 사전을 찾던 아이들의 열기는 이내 식어버렸다. 어떻게 하면 좋을까?

요주의 아이 8명(나는 이 아이들을 이따금 이름을 부르지 않고 "대빵이"라고 불렀다. 처음에 왜 그렇게 불렀는지 생각은 나지 않지만 아이들도 싫어하지 않았다. "배대빵, 송대빵" 하고 부르면 아이들이 친근하게 다가오는 것을 느끼곤 했다. 아이들이 대빵이 무어냐고 물으면 나중에 큰 인물이 된다는 뜻이라고 얼버무리곤 했다)에게 사전 찾기를 본격적으로 해 보기로 했다.

교장실에서 가장 가까운 '작은 도서관 제1호점'으로 하루에 한 번씩은 꼭 들르게 한 후 속뜻국어사전을 함께 찾기 시작했다. 독서를 하다가 모르는 단어가 나오면 사전을 찾게 하는데, 한 단어를 찾는데 30분이나 걸린 적도 있으니, 이 아이들에게 사전 찾기 습관화는 거의 불가능할 것 같았다.

이 때 '칭찬 붙임딱지'가 효과를 발휘하기 시작했다. 사전 찾기를 열심히 하는 '대빵이'들에게는 내가 직접 '칭찬 붙임딱지' 두 장을 한꺼번에 주었다. 아이들은 이것을 더블스티커라고 불렀다. 아주 인기였다. 이 여세를 몰아 사전으로 찾은 단어와 단어의 뜻(속뜻사전에는 아주 자세히 여러 가지가 나와 있어 한번 쓴 것으로 많은 공부가 된다)을 공책에 쓰게 했다. 공책 한 권을 다 쓰면 더블스티커가 많이 생긴다. 그것을 일정 수 이상 모아오면 그 아이가 원하는 상품을 준비하여 교장실에서 수여하니, 요주의 8인방은 경쟁적으로 사전을 찾기 시작했다.

사전 찾기 공책을 두 권쯤 하고 나니 아이들이 이제 사전 찾기 도사(?)수준이 되었고 독서 열기가 진짜 독서로 변모하고 있었다. 이제는 오라고 하지 않아도 작은 도서관에 스스로 와서 책을 읽고, 사전을 찾는 아이들의 미소를 보면서, 나는 아이들에게 새로운 상장과 상품을 줄 고민(?)을 한다.

교복투 학교에서 요주의 대상이었던 아이들이 진정한 독서여행의 맛을 느끼게 했다는 것이 초빙교장 4년 동안 가장 큰 보람이었다고 감히 얘기하고 싶다.

에필로그 :

2010년 9월 1일 4년간 초빙교장 임기를 마치고 은평구에 있는 학교로 교장 중임 임기의 시작을 안고 부임했다. 이곳에서도 다시 칭찬붙임딱지를 시작하고 아이들의 사전 찾기도 보다 발전되게 출발할 것이다. 아이들의 삶의 여행 중 가장 행복한 독서여행의 한 가닥을 잡아주기 위해서……. 교장실 창가에 서서 바라보니 서쪽 하늘 저편에서 환하게 미소 짓는 8인의 대빵들이 클로즈업되어 온다. 그래! 너희에게 구세주와 같은 '속뜻 국어사전'이 너희에게 공부하는 재미를 듬뿍 안겨 주리라!

11. 초등학교 한자교육은 선택이 아니라 필수이다

김 윤 숙
서울 송원초등학교 교장

요즘 初等學校 아이들은 한글 解得은 물론 영어학원 履歷까지 달고 입학한다. 금쪽같은 외동이에 열성 學父母의 차고 넘치는 教育熱이 쏟아지면서 이미 수준급이란다. 과연 그럴까? 눈에 넣어도 좋을 손주의 영어 단어 몇 마디에 자지러지는 본인을 포함한 이 시대 팔팔한 祖父母들조차 놓치는 虛를 짚어보기로 한다.

初等學校 國語時間이다. 유창하게 교과서 本文을 읽어 내려간다. 과연 저 학생이 유려한 朗讀 수준만큼 讀解하고 있는 걸까? 잘 읽는다고 잘 이해하는 것은 아닐진대, 궁금해서 文段에 들어있는 몇몇 語彙의 뜻을 물어본다. 돌아온 답은 어설프거나 엉뚱하거나 둘 중 하나이다. 速斷하지 말자, 우리 아이 실력이 대단하다고.

初等學校 教務室이다. 漢字教育을 하라고 한다. 친절한 교육청은 學年別 漢字教育 教材도 만들어 주고 教育課程도 제시해준다. 잘 가르칠 수 있나?

어렵다. 우선 教師 자신이 漢字를 잘 모른다. 時間은 확보되어 있나? 이리 쪼개고 저리 갈라진 創體時間은 漢字를 위해 남아 있지 않다. 가르칠 能力도, 時間도 없는데 어찌 제대로 教育한단 말인가? 有耶無耶, 漢字教育은 水面 아래로 잠긴다.

그리하여 教育共同體 머리 맞대고 고민한 결과는 아래와 같다.

첫째, 學生들의 語彙力이 關鍵이다. 대다수 漢字語彙인 교과목별 概念語의 뜻을 漢字語로 변환하고 訓을 묶어 풀이에 이름을 깨닫도록 하여 漢字學習의 필요함과 유용함을 一擧에 兩得하도록 잘 만들어 놓은 《우리말 漢字語 속뜻사전》과 학교에서 자체 開發한 教材를 투입하여 교과목 授業時間과 創體時間을 확보하여 지도하였다.

둘째, 學生들의 人性教育 차원이다. 溫故知新을 넘어 '創新'이다. 우리 조상의 슬기를 담은 《四字小學》 속의 〈孝行〉·〈友愛〉 편을 발췌하여 學生用 人性教育 教材로 만들어 배부하고, 틈새시간 전교생이 漢字語句를 暗誦하고 효행과제를 실천하며 소감을 기록하면서 細雨漸漬 孝道하고 友愛하는 사람

▲ 매주 월요일 학교방송을 통해 사자소학을 가르치는 모습.

으로 키우고자 하였다. 一石多鳥다.

셋째, 教師들의 漢字 실력이다. 교사의 資質은 수업의 質을 결정한다. 한글전용세대 교사들의 책상 위에 《선생님 한자책》을 펼치도록 하고, 職員研修를 통해 漢字教育의 필요성을 이해시킴이 教育 이전의 前提條件임을 잊지 않았다.

學父母 漢字 研修로 마무리한다. 學校 平生教育 漢字教室과 방과후 漢字教育 재능기부자 양성과정을 개설하고 學父母들의 漢字教育에 대한 인식은 물론 과정 修了로 漢字教育 재능기부자 자격까지 取得할 수 있는 길을 열어주었다.

이제 初等學校 漢字教育은 必須이다. 한글 전용에서 '韓國語 전용'으로 한 고비 넘어서야 한다. 그래야 大韓民國이 살고, 우리 아이들의 未來가 탄탄하다.

▲ 학생들이 교장실에서 사자소학 내용을 암송하는 모습.

12. 국어사전을 활용한 어휘학습

추 성 범
서울 길음초등학교 교장

학교에서 아이들끼리 서로 이야기할 때, 모르는 일상용어 때문에 의사전달을 못 하는 경우는 없다. 하지만 수업시간이 되면 교과서 내용에 뜻을 모르는 단어들이 수두룩해 공부가 어렵다는 하소연을 많이 한다. 그러면서도 어떻게 해결해야 할 지 모르고 무조건 외우는 것이 고작이다. 특히 어려운 한자어들이 많은데 그 뜻을 이해하지 못하여 고충을 겪는 경우가 많다.

우리말에 쓰인 한자어를 쉽게 이해하고 재미있게 공부하는 방법이 없을까, 많은 관심과 고심을 해 왔다. 처음에는 교과서에 나오는 어려운 한자어를 찾아서 일일이 자훈을 붙여서 워크북을 제작해 주었다. 관심이 많은 아이들은 매우 흥미로워 했다. 그러나 일일이 설명을 다 하자니 번거롭고 내용도 매우 많아 곧 한계를 느끼게 되었다.

그러던 중에 '속뜻 국어사전'을 만나게 되어 얼마나 고마웠는지 모른다. 선생님들께 중요 교과서의 꼭 필요한 한자어를 찾아서 목록을 만들고, 국어사전을 활용하여 어린이들이 학습할 수 있도록 학년별, 학기별 '이해 술술 실력 쑥쑥'이라는 워크북을 만들어 학년별 학기별로 모든 어린이에게 배부하여 주고 스스로 국어사전을 찾아서 뜻을 깨우치도록 지도하게 했다.

처음에는 좀 귀찮기도 하고 느리기도 했다. 그런데 뜻밖에도 이해가 쏙쏙 머릿속에 들어오는 것을 알게 된 아이들은 너무 기뻐으며, 그 많은 워크북의 어휘들을 모두 찾아서 가지고 오는 열성 어린이들도 있었다.

이러한 어휘학습 덕분에 수업 때 어떤 개념의 정의를 설명하느라 많은 시간을 허비하지 않아도 되었다. 또한 처음 새로운 개념을 도입하는 시간에 "○○이 무엇일까?"라는 질문을 던졌을 때 학생들이 재빨리 사전을 집어 그 단어를 찾는 것이 습관화되었다. 이는 사전을 친숙하게 느끼고 사전과 가까워졌다는 것을 의미한다. 학생들이 쓴 일기나 독서 감상문을 보면, 어휘학습의 효과가 크게 향상되었음이 확실하게 드러났다. 맞춤법을 틀리는 경우가 거의 없고, 초등학생 수준에서 굉장히 다양한 어휘와 표현을 구사했다. 다음은 교실에서 직접 아동들을 지도한 선생님이 들려준 이야기이다.

> "국어 과목이 도구교과로 여겨지는 이유 가운데 한 가지가 바로 '어휘' 때문입니다. 어휘를 풍부하게 알고 있으면 모든 교과에서 다루는 내용들을 보다 수월하게 이해할 수 있습니다. 실제로 학생들도 '수업시간에 모르는 낱말이 나오면 내용 자체를 이해하기가 어려웠는데 이제 그런 경우가 많지 않아 속이 시원한 기분'이라는 반응을 보였습니다. 그리고 '처음에는 힘들기도 했지만 한 장 한 장 채워나가다 보니 내 머릿속도 채워지는 것 같아 보람이 있다'고 말하는 학생들도 많아졌습니다. 평소 책을 읽을 때에도 모르는 낱말 때문에 막히는 일 없이 읽어나갈 수 있어 독서가 즐거워졌다는 학생들도 있습니다. 실제로 초등학교 때에 배운 단어

들을 현재까지 기억하여 쓰는 경우가 많은 것 같습니다. 무심코 쓰던 어휘들을 언제 학습했는지 돌아보면 초등학교 때에 배운 경우가 많습니다. 초등학생들에게 어휘 학습의 중요성이 이처럼 대단히 크게 느껴졌습니다."

국어사전과 어휘력 향상 워크북을 활용한 학습은 교사도 학생들과 함께 하면 참 좋겠다는 생각이 들만큼 유익한 프로그램이었으며, 개인적으로도 한자 학습에 관심을 갖게 된 계기가 되었다. 학생들에게 큰 부담 없이 한 학기 한 권, 아침 자습시간 하루 한 장으로 6학년까지 4년에 걸쳐 지속적으로 학습하면 익힐 수 있는 어휘의 수가 상당해 그 효과가 클 것이다.

앞으로 우리 아이들은 어휘 학습을 제대로 하지 않은 아이들보다 훨씬 많은 어휘들을 알고, 사용하며 살아가게 될 것이다. 앞으로 학습할 때나 평소 생활에서도 우리 아이들의 발전이 기대되는 이유이다.

학교장은 교사들이 아이들을 제대로 지도할 수 있는 환경을 만들어주어야 한다. 우리 학교는 특색사업으로 어휘력 신장 교육을 하고 있다. 모든 어린이가 국어사전 한 권씩을 가지고 수업할 수 있도록 교실마다 국어사전을 배치했다. 교과서 한자 어휘 워크북도 만들어 주었다. 모두가 자율적인 학습이 이루어지도록 지도했으며, 교사들도 모두 협력하여 수업하니 지도하기가 훨씬 쉽다고들 한다. 연말에는 한자 어휘에 대한 퀴즈대회도 개최한다. 학년 수준에 맞게 다양하고 재미있는 문제를 만들어서 상품도 준다.

그 결과, 학생들은 한자어 속에 담겨진 속뜻을 알게 되어 의미를 쉽게 이해할 수 있게 되고, 따라서 학습이 즐거워진다. 단순히 외우기보다 속뜻을 파악하고 외울 때 기억에도 훨씬 오래 남게 된다. 한자어의 의미를 알 때 어휘력과 이해력이 높아지는 것은 당연하다. 어휘 속에 담긴 뜻을 알면 독해력, 문장 구성력도 술술 높아진다. 이런 점에서 학생들의 학습을 돕기 위해서는 한자어교육이 매우 중요하다고 생각한다.

학생들의 학력의 바탕이 될 수 있는 어휘는 바로 한자교육을 통해 이루어질 때 쉽게 이해되고 기억에도 도움이 되기 때문이다. 70% 이상의 한자어를 품고 있는 우리말을 제대로 배우고 사용하기 위해서도 반드시 한자어 교육이 필요하다고 생각한다.

13. 단어 공부는 모든 과목 성적 향상의 지름길

원 정 환
서울 숭미초등학교 교장

서울 신묵초등학교 교장(2006. 9. 1.~2010. 8. 31.) 재직 시 학생들의 부진한 학력을 향상시키는 장기적인 계획을 수립하였다. 학생들의 학력 향상 문제 해결을 가정의 책임으로 돌릴 수 있는 형편도 아니고 사교육에 의존시킬 수도 없는 상황이었다. 문제 해결의 방법으로 학생들이 자기주도적으로 학습할 수 있도록 능력과 습관을 길러주어야겠다는 생각을 하였다. 구체적이고 핵심적인 내용을 독서 능력 향상과 어휘력 향상에 두었다.

서울 행현초등학교 교장(2010. 9. 1.~2014. 8. 31.)으로 재직 시에는 학생들의 우수한 학력을 더 튼튼히 하고 지속 가능한 학력으로 유지시킬 장기적인 계획을 수립하였다. 당장은 학부모들의 관심과 지도로 높은 학력을 나타내고 있지만, 어린 학생들이 자발적으로 학습활동에 참여하는 자기주도 학습 능력은 부족한 편이었다. 학생들의 자발적인 학습활동과 자기주도 학습 능력을 향상시켜 지속 가능한 학업 능력을 갖추게 하기 위해 독서 지도와 어휘 지도에 힘쓰게 된 것이다. 학력이 낮은 학생이든 학력이 높은 학생이든 학력을 향상시키고 유지시키려면 반드시 독서 능력과 어휘력의 향상이 관건이라는 생각이 들었기 때문이다.

1. 교육공동체 구성원의 인식 제고

어휘력 향상이 학력 향상을 가져올 뿐만 아니라 학력을 지속적으로 유지하고 발전시키는데 가장 필요하다는 학교장의 인식과 확신을 바탕으로 전교생에게 어휘 지도를 하겠다는 의지가 급선무였다. 그래서 학교 공동체 구성원에게도 '학생들의 어휘력이 향상되면 학력이 향상된다'는 사실을 인지시키고 학생들의 어휘 학습에 대한 동기를 유발시켰다. 어휘 지도의 당위성을 설명하기 위하여 다음과 같은 자료를 활용하였다.

2009년 개정 초등학교 교육과정 〈교육부 고시 제2013-7호(2013. 12. 18.)〉에 나타난 초등학교 교육목표는 '초등학교의 교육은 학생의 학습과 일상생활에 필요한 기초 능력 배양과 기본 생활습관 형성, 바른 인성의 함양에 중점을 둔다'라고 되어 있다. 초등학교 교육과정 편성 · 운영의 중점 사항 중에는 기초 · 기본 요소 학습과 국어 사용능력 신장에 힘쓰도록 되어 있다. 이를 위한 구체적인 방안으로 '각 교과의 기초적, 기본적 요소들이 체계적으로 학습되도록 계획하고, 정확한 국어사용 능력을 신장할 수 있도록 배려한다. 특히, 기초적 국어사용 능력과 수리력이 부족한 학생들을 위해 별도의 프로그램을 편성 · 운영할 수 있다'라고 제시하고 있다. 또한 정보통신 활용 교육 등의 지도에 힘쓰도록 되어 있다. 그것에 대한 구체적인 방안으로 '정보통신 활용교육, 보건교육, 한자교육 등은 관련 교과(군)와 창의적 체험활동 시간을 활용하여 체계적인 지도가 이루어질 수 있도록 한다'라고 제시하고 있다. 위와 같은 지침에 근거하여 학생들의 학력 향상을 위해 어휘력 향상이 절대적임을 구성원들에게 인식시켰다.

2. 사전 활용 어휘지도의 단계

가. 학급에 사전 비치

신묵초등학교(2008년)에서는 4~6학년 교실에 학급당 학생 수만큼, 행현초등학교(2011년)에서는 3~6학년 교실에 학급당 학생 수만큼 국어사전을 구입해서 사용하도록 했다. 2008년과 2011년의 대상 학년이 달라진 것은 2009년 개정 초등학교 교육과정에 '사전 찾기' 관련 단원 구성 학년이 바뀌었기 때문이다.

사전 구입비용은 행정구청(신묵초등학교는 중랑구청, 행현초등학교는 성동구청)에서 지원하는 교육경비 지원 사업에 사업계획서를 제출하여 예산을 확보한 뒤 '국어사전 선정위원회'를 구성하였다. 가장 좋은 국어사전을 선정하기 위하여 백방으로 노력했다. 수록 어휘의 수가 많고 적은 양적인 기준은 그리 중요하지 않다. 질적인 면을 중시했다. 학습 효과가 높고 여러 가지 기능을 가진 것을 선정하기 위하여 시판 중인 초등학생용 국어사전을 한 권씩 모두 구입하여 분석 검토한 결과를 토대로 1종을 선택하였다. 그래서 선정된 것이 신묵초는 《어린이 속뜻사전》이었고, 행현초는 《초중교과 속뜻학습 국어사전》(이하 '국어사전')이었다.

그런 다음, 행정실에 의뢰하여 적법한 절차를 거쳐 학교에서 필요로 하는 국어사전을 구입하였다. 사전에 학년, 학급 표시와 일련번호를 매겨(6학년 1반 교실에서 1번 어린이가 사용하고 관리할 사전의 번호는 6101) 테이핑 작업을 하였다. 사전 관리자는 1년 동안 교실이나 집에서 그 사전을 사용하고 학년말에 교실에 반납하고

진급하도록 하였다. 사전의 무게 때문에 학교와 가정으로 갖고 다니면서 공부하기가 불편하다고 생각한 학부모는 학교에 비치한 사전과 똑같은 사전을 개인별로 구입하여 가정에서 사용하도록 지도 하였다.

나. 어휘 지도 내용과 방법

1) 선생님 주도형

다음날 공부할 과목의 단원에 나오는 단어 중 특별히 공부해야 할 단어를 선생님이 하루에 4~5개씩 제시해서 어린이들이 사전을 찾아 그 뜻과 활용 예를 공부하도록 하였다. 처음에는 일반 공책을 사용하여 기록하다가 해를 거듭하면서 단어장을 만들어 기록하도록 하였다. 단어장에는 사전을 찾아가며 단어 공부하는 요령과 순서를 알려주는 매뉴얼을 제시하였다. 뜻을 정확하게 알아보기 위해 사전을 찾아 공부하는 절차는 다음과 같다.

① 문장 : 공부를 하거나 책을 읽다가 뜻이 궁금한 단어가 나오면, 그 단어가 들어있는 문장의 일부(궁금한 단어를 포함한 3개 이상의 어절)를 옮겨 적고 뜻이 궁금한 단어에 밑줄을 긋는다.

(예) 안중근 <u>의사</u>는 침략자 이등박문을 …….

② 낱말 : 밑줄 그은 단어를 옮겨 적는다.

(예) 의사

③ 한자와 훈과 음 : 한자어의 경우 한자를 옮겨 쓴 다음 훈과 음을 쓴다. 이때 한자가 없는 고유어는 한자와 훈음을 적지 않는다.

(예) 義士, 옳을 의, 선비 사

④ 추측 : 한자의 훈(訓)을 보고 한자어의 뜻을 추측해 본다.

(예) 옳은 일을 하는 선비.

⑤ 뜻 : 사전에서 낱말의 뜻을 찾아 옮겨 적는다.

(예) 의(義)로운 선비〔士〕.

⑥ 촉류방통(觸類旁通) : 낱말에 쓰인 한자가 들어간 낱말, 동의어, 상대어를 찾아 적는다. 이어서 동음이의어도 공부한다.

(예) 의리(義理), 사기(士氣), 기사(騎士)등 동의어, 상대어

낱말 공부를 할 때는 반드시 위의 여섯 단계를 거쳐야 정확한 낱말 공부를 할 수 있다. 고유어의 경우에는 3, 4단계는 생략한다. 모든 낱말의 경우 1단계의 순서를 어기는 일은 없어야 한다. 특히, 즉시 사전을 찾아볼 시간이 없을 경우라도 1단계를 가장 먼저 단어장에 기록해 놓아야 한다. 그래야 문장 속에서 쓰인 단어의 뜻을 정확하게 공부하는 것이다. 이때 무슨 뜻인지를 아는 것에 그치지 않고, 왜 그런 뜻이 되는지 그 이유를 이해하도록 하는 것이 매우 중요하다.

다산 정약용 선생은 낱말 공부에 '촉류방통'의 방법을 제시했다. 비슷한 부류끼리 접촉하여 곁가지로 지식을 확장시키는 방법이다. 계통을 갖춰 정보를 집적(集積)해 나가면 세계를 인지하고 사물을 이해하는 안목이 단계적으로 열린다는 것이다. 하나를 배워 열로 증폭되는 공부를 해야 하는 것이다. 기본적인 낱말의 뜻을 살펴 본 다음, 한자어의 한자와 같이 쓰이는 낱말, 동의어, 상대어를 확장해서 공부하는 것이 좋다. 동음이의어가 있을 경우 함께 공부하는 것이 좋다.

동음이의어를 공부할 때는 위의 단계를 ②→③→④→⑤→⑥→①의 순서로 공부하는 것이 좋다. 이 때 마지막 단계가 되는 '문장'은 사전에 있는 예문을 찾아 적는다. 예문이 없으면 생략해도 좋다. 예문을 잘못 적으면 오류를 범하고, 그것이 옳은 예라고 생각할 염려가 있기 때문이다.

의사(義士)와 동음이의어인 '의사'(醫師)를 공부하는 경우를 예로 들어 보면 다음과 같다.

② 낱말 : 의사

③ 한자와 훈음 : 醫師, 치료할 의, 스승 사

④ 추측 : 병을 치료하는 스승

⑤ 뜻 : 의술과 약으로 병을 치료하는 것을 직업으로 삼는 사람

⑥ 촉류방통 : 의술(醫術), 명의(名醫), 사도(師道), 은사(恩師), 환자

① 문장 : 어머니는 산부인과 의사이시다.

이러한 방식의 공부는 선생님이나 부모님이 방법을 잘 알려주고 습관이 되도록 하면, 자기주도적 학습 능력이 정착되고 향상되어서 학력은 올라가고 선생님이나 부모는 힘이 덜 들게 된다.

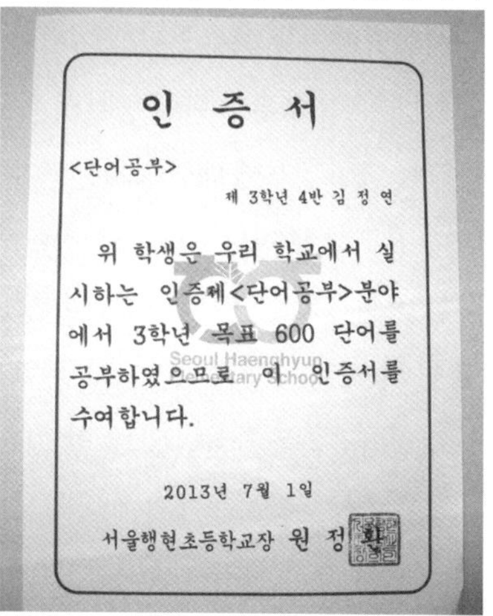

인 증 서

<단어공부>

제 3학년 4반 김 정 연

위 학생은 우리 학교에서 실시하는 인증제<단어공부>분야에서 3학년 목표 600 단어를 공부하였으므로 이 인증서를 수여합니다.

2013년 7월 1일

서울행현초등학교장 원 정 환

학교에서 단어장을 만들어 단어 공부를 하면서부터 학습할 단어와 단어의 개수는 각자의 수준과 능력에 맞게 공부하도록 하였다. 학교에서는 학교 수준의 단어 공부 목표량을 정해 주고 목표에 도달하면 인증서를 주어 격려하도록

하였다. 학생 각자의 수준에 따라 목표를 조정할 수 있도록 하였으며, 조정된 목표에 도달하였을 때는 조정된 목표에 대한 인증서를 수여하였다.

2) 학생 주도형

학생들이 공부를 잘 하려면 어휘력이 풍부해야 한다는 사실을 인식하고 나서 단어 공부를 열심히 해야 한다는 생각이 들면, 책을 읽거나 공부를 하다가 뜻을 모르는 단어가 나오면 반드시 사전을 찾아보는 습관을 갖도록 하였다. 사전을 찾아본 단어는 사진에 표시를 하거나 사전 윗부분에 견출지를 붙여 단어장에 기록한다. 같은 단어를 여러 번 찾아보아도 되고, 동음이의어, 유의어, 상대어도 동시에 공부하면 더욱 좋다는 것을 알게 한다. 학생 스스로 공부할 때는 굳이 형식화된 단어장을 이용하지 않고 자신의 취향에 맞게 공부를 잘 할 수 있는 노트를 사용하면 된다. 학생 자신의 수준과 필요에 의해 공부를 하게 되니까 자기주도 학습력이 향상되고 성취감을 느끼게 되어 학력이 점점 더 향상하게 된다.

3. 어휘 지도 결과

어휘력 평가는 하지 않아서 어휘력 자체가 얼마나 향상되었는지는 알 수 없었다. 그러나 우선 단어 공부의 목표를 달성했을 때 인증서를 수여했기 때문에 단어 공부에 대한 동기는 충분히 유발되었다고 생각한다. 학생들을 만나 질문해 보면 단어의 뜻을 정확히 알게 되어 글쓰기나 말하기에서 정확한 어휘를 쓸 수 있는 자신감이 생기고 성취에 대한 만족도도 높아졌다고 한다. 어떤 학생은 책읽기가 쉬워지고 독해력이 늘어나면서 독서의 속도도 빨라졌음을 확실히 알 수 있었다.

서울 신묵초등학교에서는 학업성취도 결과에서 '기초 학력 미달, 기초 학력' 학생 수가 현저히 줄어들었으며, 서울 행현초등학교에서는 '기초 학력 미달, 기초 학력' 학생 수가 제로에 가까웠으며 '보통, 우수' 학력의 학생 수가 많이 늘어나서 서울 시내 10% 이내의 학력 우수 학교가 되었다. 이 결과가 단어 공부의 성과라고만 할 수는 없겠지만, 이와 무관하지는 않은 것 같다. 학생들이 공부에 재미를 느끼고 자신감을 갖게 되었다는 것은 확실하다. 학생들이 단어 공부를 꾸준히 하는 습관을 기른다면 모든 과목의 성적 향상은 '따 놓은 당상'일 것 같다.

14. 동창회 도움으로 국어사전 기증식을 열다

박 인 화
서울 재동초등학교 교장

영국의 얼스터대학 리처드 린 교수와 핀란드의 헬싱키대학 타투반하넨 교수가 세계 185개국 국민의 평균지능지수를 조사한 결과, 한국(IQ 106)은 홍콩(IQ 107)에 이어 세계 2위를 차지했다. 3위는 일본과 북한(IQ 105)이 공동으로 차지했으며, 5위는 대만(IQ 104)이다. 홍콩이 중국의 영토인 것을 감안하면 우리나라가 1위인 셈이다. 공교롭게도 1위부터 5위까지의 국가가 모두 한자문화권인 나라이다.

우리나라 사람들이 머리가 좋은 이유는 여러 가지가 있겠지만, 가장 중요한 이유 중의 하나는 언어에 있다. 우리나라는 가장 과학적인 소리글자[表音文字]인 한글과 뜻글자[表意文字]인 한자를 동시에 사용하고 있다. 소리글자인 한글이 좌뇌를 활성화시킨다면 뜻글자인 한자는 우뇌를 활성화시킨다고 한다.

지적 능력이 있다는 것은 이해력이 높다는 것이며, 이해력의 기본은 개념(낱말의 뜻)을 많이 아는 것이다. 한글이 감성적이고 감각적인 표현에 유리하다면 한자는 추상어나 개념어를 이해하는데 용이하다. 우리말의 70% 이상이 한자어로 되어 있어서 한자를 모르면 우리말에 대한 이해력이 그만큼 떨어질 수밖에 없다. 특히 교과서 과학용어의 90% 이상이 한자어로 이루어져 있어 한자를 모르면 공부를 잘 할 수가 없다. 또한 경도(硬度, 輕度, 經度)와 같은 同音異議語들은 한글로만 표기하면 뜻을 이해하기가 어렵다. 우리나라 학생들의 문해력이 점차 떨어지고 있는 게 현실이다. 한글 전용으로 인해 한자어의 뜻을 이해하지 못하기 때문이다. 한자는 뜻글자이기 때문에 한 글자를 알게 되면 수많은 글자를 유추하여 알 수 있다. 그래서 공부를 잘 하기 위해서는 한자를 아는 것이 매우 필요하고 중요한 일이다.

우리 학교는 한자어를 배우게 하기 위하여 한자급수제 실시를 비롯한 여러 가지 노력을 하고 있다. 그 가운데 가장 중요한 교육활동이 '재동국어사전 프로젝트'이다. 1992년 미국에서 시작되어 좋은 성과를 내고 있는 'Dictionary Project'를 벤치마킹하여 동창회의 후원으로 3학년 이상 모든 학생에게 '속뜻 국어사전'을 선물하여 국어사전 활용교육을 하고 있다. 매년 3월이면 동창회에서 나와 3학년 학생들에게 국어사전 기증식을 갖고 '미래를 바꿀 글로벌 리더에게 드립니다'라는 문안이 붙은 국어사전을 나누어 준다. 이 행사는 선후배를 이어주고 선물 받은 사전으로 공부한 학생들이 나중에 자신의 후배에게 도움을 주는 인재로 성장하기 바라는 마음도 들어 있다.

또한 《속뜻 국어사전》을 효율적으로 활용하기 위하여 〈재동국어사전학습장〉을 개발하여 활용하고 있다. 어휘력과 자기주도 학습력을 기르기 위해 만든 이 학습장은 1년 동안 활용한 결과에 따라 금장, 은장, 동장의 인증장을 수여하고

있다. 대부분의 학생이 銅章 이상은 받도록 동기를 유발하고 있다. 열심히 하는 학생들은 1년에 학습장을 서너 권 쓰기도 한다.

우리가 한자를 쓴다고 하여 주체성을 버리는 것은 아니다. 한글을 버리고 한자를 쓰자는 것이 아니고 우리말에 쓰이고 있는 한자어의 뜻을 잘 알기 위하여 한자를 익히자는 것이나. 한자어에는 수 천 년의 우리 문화가 깃들어 있다. 우리 고유 의상인 한복이 있으면서도 양복을 이용하고, 고유 음식을 버리지 않으면서도 양식을 먹듯이, 우리 문화를 더욱 풍부히 하기 위해서는 언어를 더욱 풍부히 해야 한다. 우리가 영어를 공부하는 것도 우수한 문화를 받아들이고 세계와 소통을 활발히 하기 위해서인 것처럼 한자어를 잘 안다는 것은 지적 능력과 사고력을 향상시키기 위한 것이다.

한자어는 한자자전이 아니라 국어사전을 활용으로 더욱 효과적으로 학습할 수 있다. 다른 각도에서 말하면 훌륭한 국어사전은 한자어를 얼마나 잘 풀이하고 있는지가 잣대가 된다. 훌륭한 국어사전을 선정하고, 동창회의 도움으로 국어사전 기증식을 개최한 것은 바로 학생들의 어휘력과 사고력 그리고 표현력을 높이기 위한 것이다.

15. 토의 · 토론과 어휘력

최 순 옥
서울 연은초등학교 교장

브라질의 교육학자 파울로 프레이리는 '전달로부터 대화로'의 전환이 필요하다고 했다. 학생 자신이 이해한 내용이나 생각, 느낌을 표현하여 친구들과 공유하고 서로 음미하는 배움이 실현될 수 있는 학습, 즉 학생 배움 중심 학습으로의 전환이라 할 수 있을 것이다. 즐거운 배움을 주는 있는 학습방법으로 토의 · 토론학습을 들 수 있는데, 토의 · 토론학습은 학생의 학업성취도 향상과 문제해결능력 · 의사소통능력 · 대인관계 능력의 발달에 기여할 뿐 아니라, 특히 교육의 새로운 중요 과제로 등장하고 있는 메타인지(meta cognition)의 발달에 있어서 결정적으로 큰 영향을 미치는 학습방법으로 인정되고 있다.

또한 혼자서 열 권의 책을 읽는 것보다 한 권의 책을 열 명이 읽고 토론하는 것이 낫다는 말도 있지 않은가? 이것이 바로 토의 · 토론의 힘을 단적으로 나타내 주는 말이라고 생각한다. 이처럼 토의 · 토론은 독서생활면에서도 학생들의 지식과 생각의 범위를 넓히며 다른 사람의 의견을 존중할 줄 아는 능력을 기르도록 돕는다. 또 혼자서 책을 읽을 때보다 토의 · 토론을 하면 책의 내용을 더 깊이 있게 이해하게 되고, 나와 다른 사람의 생각을 나눔으로써 자신이 혼자서는 생각지 못했던 책의 내용이나 사회 현상에 대한 또 다른 이해를 할 수 있다.

토의 · 토론을 하기 위한 능력, 토의 · 토론능력은 '자신의 생각을 말할 수 있는 힘'이다. 그래서 토의 · 토론의 기본 조건은 '어휘력'이다. 이러한 토의 · 토론학습에서 적절한 어휘의 선택은 생각과 감정의 정확한 전달을 가능하게 하므로 학생들이 어휘를 획득할 다양한 기회가 제공된다. 듣고, 말하고, 읽고, 쓰는 활동이 어휘를 바탕으로 이루어진다. 습득한 어휘가 많을수록 학생들의 토의 · 토론 능력이 향상된다고 해도 과언이 아니기 때문이다. 그렇지만 아무리 많은 어휘를 알고 있더라도 그것을 적재적소에 사용할 수 없거나 정확한 의미를 이해할 수 없다면 어휘를 모르는 것과 다르지 않다. 종종 학생들이 "선생님 조사 자료를 보면서 읽지 않고는 토의 · 토론하기가 너무 어려워요"라고 할 때가 있다. 원인을 살펴보면 토의 · 토론할 내용의 개념어에 대한 어휘력 준비가 되어 있지 않기 때문이다. 이때 교사와 부모의 역할은 아이가 찾아보면 뜻을 알 수 있는 단어에 대해서는 스스로 사전을 찾아 해결하는 습관을 길러주어야 한다.

어휘력이 갖추어지고 독서를 하면 그 내용의 사실적이고 객관적인 의미뿐만 아니라 글 속에 담긴 저자의 의도까지 파악할 수 있는 '독해력'이 생기게 된다. 어휘력을 바탕으로 독해력을 갖추고 토의 · 토론을 하면 자기 주도적 토론능력을 갖추게 된다. 일상생활에서 어떤 개념을 분명히 알고 있으면서도 그에 상응하는 적절한 어휘가 생각나지 않는다거나, 불확실하던 생각이 언어로 실현되었을 때 비로소 사고가 명확해지는 현상을 보게 된다. 이는 어휘가 생각을 담는 용기로써 개념을 구체화한다는 것을 말해 준다.

따라서 독해능력을 갖춘 어휘력 확충의 토의 · 토론학습은 단순히 어휘의 양을 늘리는 것이 아니라 사고의 한계를 넓혀주는 학습방법이라고 할 수 있다.

【특강 경력】

- 서울특별시교육청 독서토론논술지원단(2008, 2009)
- 서울특별시서부교육청 토론논술지원단 및 학부모논술지원단 단장(2008~2009)
- 서울특별시서부교육청 토론논술교과교육연구회 회장(2008~2012)
- 서울교육연수원 초등교사1급자격연수, 영양교사1급자격연수, 방과후학교강사 심화과정 직무연수, 프로슈머 수업전문가 직무연수 등 다수 (2006~2012)
- 대전교육연수원 초등교사1급자격연수 및 초등교감자격연수 등 강의
- 경북교육연수원 직무연수(2012, 2013)
- 서울특별시 지원교육청 및 서울, 경기, 대구, 울산. 광주, 경북지역 초등학교 컨설팅장학 및 교사, 학부모연수 등 강의(2009~2014)

16. 영어 잘하려면 한국어 어휘력이 풍부해야

- 종이사전은 '숲과 나무'를 다 보여준다 -

아이작 Isaac
EBS 미국인 영어 강사

안녕하세요. 해피 아이작(Happy Isaac)입니다. 저는 미국인이고 미국 버클리대학에서 영문학을 전공했습니다. 지금은 한국에서 영어를 가르치고 있습니다. 여러분은 영어가 외국어이지만 저에게는 한국어가 외국어입니다. 어떤 언어든지 외국어를 배우는 것은 쉽지 않은 것 같아요.

저는 16년째 EBS에서 영어를 가르치는 일을 하고 있습니다. 여러분이 외국어인 영어 실력을 쑥쑥 키우길 바라면서 말이죠. 초등학교 때부터 시작하여 적어도 10년 이상 영어 공부를 해야 하는 여러분께 꼭 해주고 싶은 말이 있습니다. 영어를 잘하고 싶으면 먼저 모국어인 한국어에 대한 어휘력이 풍부해야 한다는 사실을 꼭 기억하세요. 모국어가 약하면 외국어는 결코 강해질 수 없다는 것을 잊지 마세요. 특히, 영어는 같은 단어를 반복하여 사용하는 것을 좋아하지 않기 때문에 비슷한 단어를 많이 사용할수록 수준이 높아집니다.

모르는 단어를 만나면 반드시 사전의 도움을 받아야 합니다. 여러분은 어떤 사전을 이용하세요? 저는 스마트폰사전보다는 종이사전을 이용하라고 말하고 싶어요. 스마트폰사전을 이용하면 찾고자 하는 단어만 보이지만 종이사전을 이용하면 주변의 다른 단어까지 같이 볼 수 있어요. 종이사전은 숲도 볼 수 있고, 나무도 볼 수 있어 일거양득입니다.

전광진 교수님이 만든 속뜻사전은 외국인도 쉽게 이해할 수 있어서 너무 좋습니다. 제가 이 사전을 처음 접하고는 너무 반갑고 고마워, 교수님이 계신 성균관대학교를 직접 찾아가 감사의 말씀을 드렸습니다. 한국어는 한자로 된 단어가 많은데, 제가 처음 한국어를 배울 때는 한자어 뜻을 이해하기 힘들어 엄청 헤맸습니다. 그때는 속뜻사전이 없었으니까요. 다행히 제 아이들은 지금 이 사전을 가지고 공부하고 있답니다.

속뜻사전이 좋은 또 하나의 이유는 한자어 뜻풀이뿐만 아니라 영어 단어도 포함돼 있다는 거예요. 모르는 단어에 대한 뜻풀이를 보면서 영어 단어도 함께 볼 수 있으니까 학습효과가 더 좋아질 수 있어요.

종이사전은 바로 '숲과 나무'란 것을 다시 한 번 강조하면서, 많은 분들이 속뜻사전을 만나 더욱 행복해졌으면 좋겠습니다.

17. 국어사전은 나를 위한 든든한 밑천!

- 늘 곁에 두어야 마음이 든든!! -

안 지 환
성우(KBS, MBC, EBS 등)

글의 내용을 이해하려면 문장을 이해해야 하고, 문장을 이해하려면 단어의 뜻이 정확히 무엇인지 알아야 한다. 그래서 매일같이 A4용지 수 백 장의 분량을 읽고 연기해야하는 직업적인 특성 때문이라도 단어 하나하나를 짚고 가는 습관은 나에게 있어 당연지사!

그런데, EBS 라디오프로그램을 통해 초·중·고등학생을 위한 맞춤형 낭독 프로그램을 진행하며 '내가 아직도 깊게 접해보지 못한 단어들이 수두룩하구나...'라는 사실을 알게 되었다. 그리고 어렴풋이 알아서는 직성이 풀리지 않아, 인터넷을 검색하거나 종이사전을 찾아보는 습관도 생겼다.

예를 들어, "자기 주제도 모르면서 큰소리를 치다니. 한심하다, 한심해!"라는 문장에서 가장 중요한 핵심 어휘는 '한심'이다. 대충 짐작은 하지만 그래도 뭔가 찜찜하여 인터넷으로 검색해 보았다. "한심하다 : 정도에 너무 지나치거나 모자라서 딱하거나 기막히다"이라 풀이 되어 있다. 그런 것을 하필이면 왜 '한심'이라고 하는지 그 이유를 알 수 없어 답답함은 여전하였다. 그래서 다시 한 국어사전을 찾아보았다. "한심 寒心/ 찰 한, 마음 심 [pitiful] ①〈속뜻〉차가운[寒] 마음[心]. ②열정과 의욕이 없어 절망적이고 걱정스럽다." 아하! 한심한 사람은 곧 마음이 차가운 사람이구나!

이렇게 속뜻까지 속속들이 알고 나니 마음이 후련하였다. 그 후로, 중요한 단어는 반드시 국어사전을 찾아 확인하는 습관이 들었다. 인터넷 검색을 통해 모르는 단어를 검색하는 것은 쉽지만 단편적인 단어 이해에만 치우치다 보니 우리말 표현 기능과 의사소통을 극대화시키기엔 한계가 있다.

사람들마다 사용하는 언어수준은 천차만별! 특히, 요즘 세대에 들어와서는 은어와 속어가 난무하지만 그래도 우리의 표준어가 바르게 전달되어야 하지 않을까? 정확한 뜻풀이 능력과 다양한 화법을 습득하는 것은 정말 중요하다. 상대방과 주고받은 대화에서 좀 더 폭 넓고 정확하게 표현함으로써 우리 자신이 한층 더 성장할 수 있기 때문이다.

국어 기본을 탄탄히 쌓고 나날이 우리말 어휘력을 향상시키는 것은 나 자신을 위한 멋진 선물이다. 그런 의미에서 국어사전은 나를 위한 든든한 밑천이다. 그래서 방송국 성우실이나 아나운서실 책상에 국어사전을 펼쳐 놓고 있다. 언제든지 찾아보기 쉽도록! 그래야 마음이 든든해진다.

18. 선제골 · 강호… “속뜻” 알고 외치세요*

유 식 재
조선일보 문화부 기자

主將은 으뜸장수 · 調鍊은 병사 훈련 … 태극전사에게 잘 어울리는 표현

“그 선수의 벨기에전 선발 출전 여부에 관심이 쏠렸다”라는 문장에서 ‘선발’은 ‘선발(選拔)’일까, ‘선발(先發)’일까? “역대 전적 2승 무패로 앞섰다”에서 ‘전적’은 한자로 어떻게 쓸까? “세계의 강호들을 잇달아 격파했다”의 ‘강호’란 무슨 뜻일까? 월드컵 조별 리그로 축구에 대한 국민적 관심이 쏠린 요즘, 관련 뉴스 기사에 꼭 단골로 등장하는 용어들이 있다. 이 어휘들의 한자를 하나하나 짚어 속뜻을 알게 된다면 축구 경기에 대한 이해도가 훨씬 높아질 것이다.

※ 原載 : 《조선일보》(2014년 6월 23일 월요일). A23.

'제공권(制空權)'은 '공중볼 따내는 능력'

'선발 출전'의 '선발'을 '많은 가운데서 골라 뽑음'이란 뜻의 '선발(選拔)'로 잘못 이해하는 경우가 있다. 그러나 논리적으로 봤을 때 출전하는 선수들은 모두 '선발(選拔)'된 사람들이기 때문에 굳이 쓸 필요가 없는 말이 된다. 이 경우엔 '선발(先發)'로 써야 맞는다. '남보다 먼저(선·先) 나서거나 떠남(발·發)'이란 뜻으로, 축구에서는 전반전 시작과 함께 출전하는 것을 말한다.

'역대 전적'의 '전적'이란 '전적(前績·이전에 이뤄 놓은 업적)'이나 '전적(戰跡·전쟁의 자취)'이 아니라 '전적(戰績)'으로 써야 한다. '상대와 싸워서(전·戰) 얻은 실적(적·績)'이란 의미다. '세계의 강호'에서 '강호(强豪)'는 원래 '굳센(강·强) 호걸(호·豪)'이란 뜻이며, '실력이나 힘이 뛰어나고 강한 사람이나 집단'이란 의미로 쓰인다. 또 "상대 공을 빼앗은 뒤 공격으로 전환하는 데 발군의 능력을 보였다"는 '발군'도 축구 관련 뉴스에서 자주 눈에 띈다. '발군(拔群)'이란 '여럿(군·群) 가운데서 특히 뛰어나다(발·拔)'는 뜻이며, 비슷한 말로 '일군(逸群)'과 '발류(拔類)'가 있다. "신장을 이용해 제공권을 장악했다"의 '제공권(制空權)'도 한자를 알면 이해가 쉽다. '공중(공·空)을 지배하는(제·制) 능력(권·權)'이란 뜻이니 축구에서는 '공중볼을 따내는 능력'이 된다.

'주장'은 '主將' … '원정'은 '遠征'

이해하기 쉬운 용어라고 생각되는 경우에도 한자를 알면 그 의미가 좀 더 확실해진다. "한국팀의 주장 선수는 구자철이다"라는 문장에서 '주장'을 한자로 어떻게 쓰는지 한 고교 교사가 학생들에게 물어보니 '주장(主張)'이나 '주장(主長)'이 아니냐고 답변하는 경우가 많았다고 한다. 앞의 말은 '자기 의견을 굳게 내세운다'는 뜻이고, 뒤의 말은 표준국어대사전에 없다. 이 경우엔 '주장(主將)'이라고 쓰는 것이 맞다. 원래 '한 군대의 으뜸(주·主)가는 장수(장·將)'란 의미다. "홍명보 감독이 팀 조련에 나섰다"에서 '조련(調鍊)'이란 말이 선수들에 대한 비하가 아니냐고 보는 사람도 있다. 동물을 길들이는 사람을 '조련사(調鍊師)'라고 하기 때문이다. 그러나 원래 이 말은 '병사를 길들이기(조·調) 위해 훈련(련·鍊)한다'는 군사용어로, 조선왕조실록에도 '사람과 말을 조련한다(調鍊人馬·선조실록 1595년 12월 6일)'는 등의 용례가 나온다. 대표팀 선수들을 '전사(戰士)'에 비유하는 어법에 어울리는 표현인 셈이다. "월드컵 원정 경기 세 번째 승리"라는 표현에서 '원정'은 한자로 어떻게 쓸까? '먼 길'이란 뜻의 '원정(遠程=원로·遠路)'이란 말이 있지만, 이 경우엔 '원정(遠征)'이 맞다. '먼 곳(원·遠)으로 싸우러(정·征) 나간다'는 뜻이다.

'선제골'의 '선제'가 무슨 뜻인지 궁금해 하는 축구팬도 있다. '선제(先制)'란 '상대편보다 먼저(선·先) 손을 써서 상대를 제압(제·制)하는 일'이란 뜻이다. '선취(先取)'는 '먼저 차지한다'는 뜻이니 결국 '선제골'과 '선취골'은 같은 의미가 된다. "한국팀이 승승장구하고 있다"는 문장은 월드컵에서 가장 기다려지는 표현이지만, 한자로 맞게 쓰기는 쉽지 않다. '싸움에 이긴(승·勝) 여세를 타고(승·乘) 계속(장·長) 몰아친다(구·驅)'는 '승승장구(乘勝長驅)'이다.

월드컵 단골 한자어 속뜻 자료 : 전광진 <우리말 한자어 속뜻사전>, 표준국어대사전

한자어	속뜻	용례
선발(先發)	남보다 먼저(선·先) 나서거나 떠남(발·發)	선발 출전
전적(戰績)	상대와 싸워서(전·戰) 얻은 실적(적·績)	역대 전적
강호(强豪)	굳센(강·强) 호걸(호·豪) ⇨실력이나 힘이 뛰어나고 강한 사람이나 집단	세계의 강호들
발군(拔群)	여럿(군·群) 가운데서 특히 뛰어나다(발·拔)	발군의 능력
제공권(制空權)	공중(공·空)을 지배하는(제·制) 능력(권·權) ⇨공중볼을 따내는 능력	제공권 장악
주장(主將)	한 군대의 으뜸(주·主)가는 장수(장·將) ⇨한 팀을 대표하는 선수	주장 선수
조련(調鍊)	병사를 길들이기(조·調) 위해 훈련(련·鍊)함 선수를 훈련시켜 길들임	한국팀 조련
원정(遠征)	먼 곳(원·遠)으로 싸우러(정·征) 나감	원정 경기
선제(先制)	상대편보다 먼저(선·先) 손을 써서 상대를 제압(제·制)하는 일	
승승장구(乘勝長驅)	싸움에 이긴(승·勝) 여세를 타고(승·乘) 계속(장·長) 몰아친다(구·驅)	

19. '만세'는 '파이팅'이 아닙니다*

유 석 재
조선일보 문화부 기자

뜻을 암시하는 힌트와 같은 한자, 속뜻만 알면 한자어 쉽게 느낄 것

"'애국가' 후렴구에 한자가 모두 몇 글자 들어가는지 생각해 보셨습니까?"

'왜 한자를 배워야 하느냐'는 질문에 성균관대 문과대학장인 전광진(全廣鎭·59) 중문학과 교수가 갑자기 되물었다. 찬찬히 생각해 봤다. '無窮花三千里 華麗江山, 大韓사람 大韓으로 길이 保全하세.' 24글자 중에서 16글자가 한자다. 한자를 모르면 국가(國歌)의 내용이 무슨 의미인지도 알 수 없게 되는 것이다.

"실제로 '하느님이 보우(保佑)하사 우리나라 만세(萬歲)'에서 '만세'가 무슨 뜻인지조차 대부분의 학생이 모르고 있습니다." '오래도록 살아 번영

※ 原載 : 《조선일보》(2014년 7월 7일 월요일). A27.

한다'는 의미를 알지 못한 채 그저 "파이팅하자는 뜻 아니에요?"라는 반응을 보인다는 것이다.

숟가락질(한글)·젓가락질(한자) 함께 배워야

다들 '한자 문맹(文盲)'을 개탄(慨歎)만 하고 있는 상황에서 전 교수는 적극적인 한자 대중교육을 실천하고 있는 드문 학자다. 한자라는 문자가 이미 그 자체로 뜻을 암시하는 '힌트'를 지니고 있다는 점에 착안, 2006년 'LBH(Learning by Hint) 학습법'을 개발했다. 예를 들어 '해일(海溢)'이란 단어에 대해 기존 사전은 '바다 속의 지각변동이나 해상의 기상 변화에 의하여 바닷물이 갑자기 크게 일어나서 육지로 넘쳐 들어오는 일'이라고 장황하게 설명했지만, LBH 학습법은 이 말이 '바다 해(海)' '넘칠 일(溢)'이라는 것을 일깨워 '바닷물(해·海)이 넘침(일·溢)'이란 뜻을 알게 한다.

그는 이 학습법을 적용한 '우리말 한자어 속뜻사전'(2007) '초중교과 속뜻학습 국어사전'(2010) '선생님 한자책'(2013) 등을 출간했다. '속뜻사전'은 출간 이후 교보문고 베스트셀러 사전 부문 1위까지 올랐고, '속뜻학습 국어사전'은 현재 전국 30여개 학교에서 교육에 활용하고 있다.

그는 한자 교육을 '젓가락질 교육'에 비유했다. 아기는 젖을 떼고 이유식을 먹을 때 숟가락질을 배우게 된다. 하지만 좀 더 큰 뒤에 젓가락질을 배우지 않는다면 어떻게 될까? "숟가락만 쓴다면 먹을 수야 있겠지만 너무나 불편하겠지요. 소리를 나타내는 표음(表音)문자인 한글과 의미를 나타내는 표의(表意)문자 한자를 같이 쓰는 것은, 수저를 함께 사용해서 제대로 식사를 하는 것이나 마찬가지입니다."

한자어는 알고 나면 오히려 쉽다

전 교수는 우리 교육의 근본적인 문제점이 '한자를 가르치지 않는 것'에서 비롯된다고 본다. "무슨 과목이든 새로운 우리말 어휘를 배울 때 그게 무슨 뜻인지 알지 못한 채 영어 단어 암기하듯 무조건 외우기만 하니 공부가 어렵고 싫어질 수밖에 없습니다." 우리말 중 전문용어의 90% 이상이 한자어라는 것을 도외시한 결과라는 것이다.

"과학 시간에 '뱀은 파충류, 개구리는 양서류'라고 배우지요. 그게 무슨 뜻인지도 모르고 그냥 줄 쳐 가며 배우는 겁니다." '파충류(爬蟲類)'가 '땅을 기어(파·爬)다니는 벌레(충·蟲) 같은 무리(류·類)'이고, '양서류(兩棲類)'는 '땅과 물 양(兩)쪽에서 다 살(서·棲) 수 있는 무리(류·類)'라는 걸 알게 되면 그제야 무릎을 탁 치게 된다는 얘기다.

그는 "무슨 과목에 나오는 말이든 한자어는 알고 나면 쉬운 것"이라고 말했다. "그 말이 무슨 뜻이고 왜 그런지 속시원하게 깨치게 되기 때문입니다." 예를 들어 '형광등(螢光燈)'이 '반딧불이(형·螢)처럼 불빛(광·光)이 밝은 등(燈)'이고, '용수철(龍鬚鐵)'이 '용(龍)의 수염(수·鬚)처럼 꼬불꼬불한 쇠(철·鐵)줄'이라는 걸 알게 되면 어른들조차 "세상에, 그게 그런 뜻이었다니!"라며 함박웃음을 짓는다는 것이다.

전 교수는 '논어(論語)'의 마지막 문장을 인용했다. "'부지언(不知言)이면 무이지인야(無以知人也)'라 했습니다. '말을 알지 못하면 사람을 알 수 없다'는 뜻이지요. 한자를 몰라 우리말 어휘가 무슨 뜻인지 알 수 없다면 도대체 타인을 어떻게 이해하고 소통할 수 있겠습니까?" 나해

20. 학생들이 목말라하는 어휘 뜻풀이

민 기 식
서울 묘곡초등학교 교사

1993년 초등학교 교단에 서면서부터 한자 지도를 자청하였다. 강산이 두 번 바뀌는 지금까지 초등학생들에게 적절한 한자지도 방법을 찾고자 많은 노력을 하였다. 지나고 보니 첫 학교에서의 열정이 너무 지나쳐 학생들에게 무리한 수준의 급수를 정하여 한자능력시험을 보게 하였다. 그러나 暗記만으로는 학생들에게 한자 이해의 가치를 체득하게 하기 어렵다는 것을 깨닫고 다른 방법을 모색하였다.

한자를 도외시한 한글전용정책이 얼마나 知性을 頹落시키고 언어의 품격을 저열하게 만드는가를 절실하게 느낄수록 학교에서의 나의 행위는 獨不將軍처럼 비쳐졌을 것이다. 방과후 교실에 漢字와 漢文을 둘 다 가르치는 書堂을 개설하여 열심히 했지만, 가르치는 보람과 배움의 효과는 그리 크지 않았다. 머릿속을 스치는 소망 중의 하나가 옥편과 국어사전 기능이 하나로 합쳐진 특별한 사전이 나왔으면 하는 바람이었다. 그렇게 갈망하고 있을 때, 한 서점에서 우연히 만난 《우리말 한자어 속뜻사전》(이하 《속뜻사전》)은 나에게 새로운 힘을 불어넣어 주었다.

학교장의 동의와 학부모의 협조를 얻어 학생들과 함께 펼쳐보는 《속뜻사전》은 그동안의 한자 지도와 비교할 때 天壤之差의 교재였다. 그런데도 나의 지도 방법은 舊態依然할 따름이었다. 지난 7년 동안 내가 실천했던 지도 방법은 좋은 사전이 손 앞에 있으니 많이 찾아보라고 지시하는 것이 고작이었다.

사전 활용에 관하여 문제의 핵심은 사전에 대한 나와 학생들 간의 가치 인식 차이였다. 학생들은 교사가 강조하므로 사전을 펼칠 뿐, 왜 모르는 어휘를 찾아야 하는지, 왜 한자어의 속뜻을 알아야 하는지에 대한 가치 인식이 없었던 것이다. 나는 교과서에 나온 어려운 한자어와 일상생활에서 흔히 쓰이는 한자어를 찾아보자고 강조했건만, 시간이 지날수록 학생들의 사전 찾기는 굼뜨게 되고 사전이 서가의 장식으로 전락하였다. 그러한 모습을 보고, 나의 접근 방법에 큰 문제가 있음을 알게 되었으며, 근본적인 원인을 찾아냈다.

기존의 나의 방법은 엄밀하게 규정하자면 교조화, 사회화, 조건화, 행동통제에 가까웠다. 《속뜻사전》은 좋은 사전이니까(교조화), 모르는 어휘가 나올 때마다 찾아봐야 한다(사회화). 사전을 열심히 찾는 학생에게 賞을 주고 게을리하는 학생에게 罰을 준다(조건화). 학교에 와서 세 단어 이상 사전을 찾고 단어장에 기록하지 않으면 집에 가지 못한다(행동통제). 이러한 외부의 통제와 조작은 학생들을 점점 지치게 하여 사전과 오히려 멀어지게 했으며, 한자어 공부를 喜悅이 아닌 苦痛으로 이끌고 있었던 것이다. 1년 동안 나의 뜻을 이해하고 사전에 대한 가치 인식에 성공한 학생은 20%를 넘기 어려웠다. 많은 학생이 학년이 올라가면 사전을 찾지 않는다는 사실을 접하면서, 외부의 강제보다 학생 내부의 자발성이 보다 중요한 동기가 될 수 있다는 것을 깨달았다.

그런 시행착오를 더 이상 범하지 않도록 하기 위하여 작년부터는 지도 방법을 크게 바꾸어, 학기 초부터 사전 찾기를 무턱대고 권하지 않았다. 먼저 우리가 쓰는 말과 글 속에 한자어가 얼마나 많이 있는가를 직접 확인해 보도록 하였다. 뜻을 알고 있다고 짐작하지만 좀 더 깊이 생각해 보면 그것이 얼마나 어설픈 것임을 깨닫도록 도와주는 것이 나의 첫 임무였다. 고대 그리스의 소크라테스가 문답을 통하여 새로운 지식을 알려주기 보다 상대가 無知하다는 것을 깨닫게 한 것처럼 한글전용정책에서 한글을 읽을 줄만 알았지 한자어의 속뜻을 이해하지 못하는 현실을 정확히 드러내는 작업을 한 것이다. 학생들은 자신이 비로소 우리말 속에 가득한 한자어를 잘 모르고 있다는 것을 자각하면서 속뜻이 무엇일까 궁리하기 시작하였다. 학생들의 자유로운 뜻풀이를 허락했더니 한자어에 대한 너무나 다양한 해석이 나오는 것이었다. 맞고 틀리고의 문제가 아니라 다양한 수준의 뜻풀이를 통하여 학생들의 지식과 언어의 수준을 짐작할 수 있었다. 이러한 자유로운 뜻풀이는 언뜻 보면 혼란을 조장하는 것처럼 보이지만, 머릿속에 가지고 있는 생각을 거리낌없이 꺼내 놓는 솔직한 표현에서 수업을 더욱 활기차게 이끌었다. 이러한 토론으로 특정한 어휘에 대해 학생들의 발표력과 사고력을 신장시키는 가운데, 학생들은 한자어 이해가 매우 중요하고 우리나라의 한글전용정책이라는 표기법이 심각한 문제가 있다는 것을 느끼게 된다. 이렇게 새 학기 처음 한 달을 사전을 찾아보지 않고 스스로 풀이하면서 답답함을 느낀 학생들은 《속뜻사전》 찾기에 대한 열망이 하늘을 찌르게 된다. 《속뜻사전》을 처음 펼쳐 들며 歡呼雀躍하는 학생들의 모습을 보고 사회화, 교조화, 조건화, 행동통제가 아닌 '교육적 활용'이 얼마나 소중함을 절실히 느끼게 됐다.

처음부터 무작정 사전 찾기만을 강요하는 것은 좋지 않다. 모르는 낱말을 만나면 학생 자신의 지식 수준으로 그 뜻을 스스로 풀이하여 큰 소리로 발표해 보도록 한다. 비슷한 뜻풀이가 나오면 기다리게 하고, 또 다른 뜻풀이를 발표하게 하여 지식의 수준에 있어서 큰 차이가 나도록 토론을 전개한다. 더 이상 발표하는 학생이 없을 때 비로소 《속뜻사전》을 펼쳐서 뜻을 확인하고 자신이 한 것과 비교해 보도록 한다. 이 과정에서 이해하지 못하는 학생을 교사인 내가 개입하지 않고 이해력이 높은 학생으로 하여금 뜻풀이를 도와주는 것이 효과적인 경우를 많이 본다. 학생들끼리 토론하게 하는 것이 중요하다. 교사가 개입하면 오히려 사회화나 교조화, 조건화 같은 문제점이 야기될 수 있다.

학생들은 결코 수동적인 존재가 아니다. 인간이라면 누구나 스스로 표현하고 싶고 정당한 평가를 받고자 한다. 정답이라는 학교 제도의 '신화'로 인하여 학생들은 학년이 올라갈수록 입을 닫게 된다. 그러니 발표력과 사고력이 줄어들 수밖에 없다. 이런 상황에서 아무리 좋은 책과 사전이 있더라도 학생들의 공부는 피로감만 쌓일 뿐이다. 한자어 이해가 중요한가에 대한 가치 인식을 먼저 하게 한 다음, 어휘에 대한 뜻풀이에서 자신의 생각이 존중받고 개선되는 상황에서 《속뜻사전》의 가치는 점점 커지고 더불어 학생들의 이해력이 향상되고 사고력이 증진될 수 있음을 알게 되었다.

초등학생들이 글쓰기를 좋아하는 경우는 드물다. 하지만 1학기가 끝나갈 무렵에는 자신의 머릿속에 맴도는 뜻풀이를 발표와 동시에 기록하도록 권장한다. 물론 《속뜻사전》의 뜻풀이도 함께 기록한다. 자신의 뜻풀이와 사전의 뜻풀이 차이가 지식의 수준 차이라는 것을 확인하면서 그 차이를 메울 수 있는 활동을 제안한다. 바로 학생들 간의 대화와 토론이다. 학생들 간에도 지식과 언어의 수준 차이가 있기 때문에 교육이 풍요로울 수 있다. 다소 시끄러울 수 있지만 서로의 생각을 펼치는 가운데 사고력과 이해력이 향상되어 《속뜻사전》의 뜻풀이도 이해할 수 있게 된다. 교사는 방관자가 아니라 안내와 촉진의 구체적인 방법을 제안해야 한다.

교직 생활 20년이 다 되어서야 비로소 올바른 지도 방법을 알게 되었다. 교육에 대한 넓은 안목을 가지고 實踐躬行할 수 있게 된 것이다. 학생들은 낱말 뜻풀이를 대단히 목말라한다. 그래서 《속뜻사전》을 재미있는 도구로 활용한다. 이제는 1년 동안 담임을 마치고 헤어지면서 걱정하지 않는다. 나와 함께 한 아이들은 학창시절은 물론 평생 《속뜻사전》을 끼고 살 것이다. 나처럼 교육을 체험했기 때문에! 《속뜻사전》은 어떤 낱말이 무슨 뜻인지를 알려 주는 데 그치지 않고, 왜 그런 뜻이 되는지 그 이유를 알려주기 때문에 학생들로 하여금 생각을 하는 재미를 느끼게 하는 묘한 기능이 있는 것 같다.

21. 나와 속뜻국어사전의 인연

윤 재 웅
LBH교육연구소 강원지부장

1998년 월간조선에 수록된 〈국어에 대한 중대한 오해〉라는 오지호 화백의 논문(1971)을 읽고 한글전용교육의 위험성을 깨달았다. 한글전용교육은 한국아동의 언어능력을 저하시켰고, 언어능력의 저하는 곧 사고능력의 저하를 초래했다고 지적하고 있다. 오 선생은 한자교육이야말로 우리 민족의 미래와 국가의 사활이 걸린 중대한 문제로 통일, 경제 등 어떤 것보다 더 중대하고 시급한 문제라고 보았는데, 나는 그의 탁견에 100% 동감했다.

그렇다면 나는 무엇을 할 것인가? 이런 고민을 하던 중 2008년 전광진 교수가 편찬한 《우리말 한자어 속뜻사전》을 우연히 보고 바로 이거야말로 오지호 선생의 고민을 간단히 해결할 '물건'이라는 생각을 했다. 2011년 연말에는 《초중교과 속뜻학습 국어사전》이 출간되었다는 신문 보도를 보고 선걸음에 서점으로 달려가 구입했다. 초등학생들이 전과목 공부의 길잡이가 될 종합 국어사전, 여러 기능을 가진 멀티 국어사전임을 직감적으로 알게 되었다.

한국교육문제를 일거에 해결할 수 있을 정도로 《속뜻 국어사전》이 갖고 있는 잠재력은 참으로 대단할 것이라는 생각에 사전 보급에 전력을 기울이겠다고 결심했다. 그러던 2012년 가을, 원주중학교 교장선생님에게 원주중학교 3회 졸업생인 신승일 박사가 모교 학생을 위한 장학재단을 설립했다는 소식을 들었다. 곧바로 미국의 'Dictionary Project'를 소개하고, 한국의 장학사업은 이제 현금보다는 독해능력 향상을 위한 사전 보급이 절실하다는 내용의 편지를 쓰고 사전을 보내 드렸다. 그 뒤 이메일과 전화로 우리 교육 현실에 대해 여러 가지 이야기를 나누었는데, 신 박사님은 많은 관심을 보이시며 사전을 기부하겠다고 결심하였다. 기부 대상은 원주 단구초등학교 3~6학년 학생 전원과 교사 전원에게 1인 1권씩 총 351권을 기부하였다.

이것은 지금까지 현금 위주의 장학사업이 구체적인 목적을 위한 교구로 바뀌게 된 한국 최초의 사례가 되었다. 잡은 고기를 나누어 주는 것보다 고기 잡는 방법을 알려 주는 것이 낫다는 말이 있다. 그러므로 사전 기부 장학활동은 큰 의의를 갖는다. 단구초등학교는 사전 활용수업을 특색교육사업으로 시행하고 있으며, 연말에는 강당에 모여 제1회 교내 어휘력경진대회를 열기도 했다. 국어사전 기부 사업은 단구초를 시작으로 횡성 성북초, 우천초, 호저초, 귀래초, 부론초, 교학초, 황둔초 등 점차 늘어나고 있다. 이 열기는 강원도를 시작으로 머잖아 전국으로 확산되리라 기대한다.

학생들이 국어사전을 全 과목 수업에 활용하며 기뻐하는 모습을 볼 때마다 힘이 솟구친다. 한자어 속뜻학습으로 어휘력 기초를 굳게 다진 학생들은 장래가 결코 어둡지 않을 것이다. 오지호 선생이 걱정했던 한글세대의 암울하고 아둔함을 극복할 수 있을 것이다. 한자어 풀이가 독특하고 창의적인 한 국어사전이 우리나라 학생들의 장래를 밝혀줄 희망의 등불이 될 것이다. 그러한 사실이 증명될 날이 그리 머지않은 것 같다.

22. 즐거운 우회도로, 종이사전 찾기 !

김 시 원
소년조선일보 취재팀장

초등학생 아들과 800㎞ 도보여행을 다녀온 아버지를 만난 적이 있습니다. 그는 여행 도중 아들과 승강을 벌였던 얘기를 들려줬습니다.

“한참 걷다 보니 두 갈래 길이 나왔어요. 직진하면 찻길, 오른쪽으로 꺾어 들어가면 예쁜 시골길이었지요. 아이는 목적지에 빨리 도착할 수 있는 찻길로 가자고 했습니다. 저는 조금 돌아가더라도 더 많은 걸 보고 느낄 수 있는 시골길로 가자고 아이를 설득했습니다. 결국 우리는 함께 시골길을 걸었습니다.”

아이는 처음에 아버지를 이해할 수 없었다고 합니다. 가뜩이나 오래 걸어서 피곤한데 30분이나 더 걸어야 한다는 게 마음에 안 들었지요. 하지만 그게 탁월한 선택이었다는 걸 곧 깨닫습니다. 졸졸 흐르는 시냇물, 길가에 핀 작은 들꽃…. 찻길에서는 볼 수 없는 아름다운 풍경을 만났기 때문입니다.

쉽고 빠른 '직선 코스'와 느리지만 볼거리가 있는 '우회 코스', 여러분이라면 둘 중 어느 길로 가겠습니까?

2년 전 '종이사전'으로 공부하는 초등학생들이 있다고 해서 학교로 취재를 갔습니다. 1교시 수업종이 울리자, 아이들이 '교과서'와 '국어사전'을 꺼내 책상 위에 나란히 올려놓습니다. 문물(文物), 담판(談判), 정변(政變), 전세(戰勢)…. 교과서를 읽다가 모르는 한자어가 나올 때마다 바로 사전을 찾아봅니다. 종이사전 활용을 주도한 담임선생님은 "어려운 단어의 뜻을 한 번 더 짚고 넘어가기 때문에 교과 내용을 깊고 정확하게 이해할 수 있다"고 말했습니다.

아이들도 사전의 매력에 푹 빠진 눈치입니다. "처음에는 사전 찾는 게 낯설었는데 금방 익숙해졌어요." "단어 찾기 전에 미리 뜻을 추리해 보는 것도 재밌어요." "인터넷으로 검색하면 찾는 단어 하나만 나오는데, 종이사전은 앞뒤 단어를 함께 살펴볼 수 있어서 좋아요. 비슷한 단어도 배울 수 있거든요."

이 취재를 계기로 사전 보급 운동인 '딕셔너리 프로젝트'에 관심을 갖게 됐습니다. 이미 서울 초등학교들을 중심으로 종이사전이 번지고 있더군요. 전남 함평교육청은 관내 초 · 중학생 모두에게 개인 사전을 지급했다고 합니다. 함평교육청은 종이사전이 학생들의 어휘력과 독해능력을 길러주고, 기초 학력을 높여줄 것으로 기대하고 있습니다.

종이사전. 두껍고 무겁습니다. 손가락만 까딱하면 모든 걸 검색할 수 있는 '스마트 시대'에 좀처럼 어울리지 않는 아이템입니다. 인터넷사전이 '직선 코스'라면 종이사전은 '우회 코스'라고 할 수 있습니다. 그러나 조금 느리고 번거로워도 분명 그럴만한 가치가 있습니다. 종이사전에서 우연히 만나게 되는 단어들은 들꽃처럼 정겹습니다. '우리말에 이런 것도 있었구나….' 잠시 멈추고 감상하는 즐거움을 우리 아이들도 느꼈으면 합니다.

23. 반크의 창단! 독서에서 그 싹이 트이다

박 기 태
반크(VANK) 단장

사이버 외교사절단 반크(VANK: Voluntary Agency Network of Korea)는 1999년 한 청년의 작은 꿈으로 영글기 시작했다. 2015년 3월 현재 13만 명의 한국 청소년과 청년들을 사이버 외교관과 글로벌 한국 홍보대사로 양성한 세계 최대의 민간 외교 단체로 성장했습니다.

하지만 반크는 처음부터 전 세계 외국인들에게 한국의 역사와 문화를 알리며 민간 외교관을 양성하는 단체를 목적으로 시작하지 않았습니다. 창설자인 저는 외교관이나 대사가 아니며, 더군다나 한국역사와 문화를 전공한 학자도 아니기 때문입니다

반크의 시작은 작은 해외 펜팔 사이트에 불과하였습니다. 당시 저는 외국 여행을 한 번도 가보지 못해 인터넷으로 외국 친구와 펜팔을 시작했고, 그 펜팔 경험을 저처럼 외국 여행을 가보지 못한 한국의 평범한 초·중·고등학생들에게 가르쳐주기 위하여 반크 웹사이트를 만들었습니다.

그렇다면 어떻게 펜팔을 하던 한 청년이 시작한 작은 단체가 사이버 외교 사절단으로 성장하게 됐을까요? 저는 청소년 반크 회원들과 함께 외국 친구와 펜팔하면서 우리와 교류하는 전 세계 외국인들이 보는 세계사 교과서와 세계지도에 동해가 '일본해'로, 독도가 '다케시마'로 기록되어 있고, 우리나라가 과거 중국과 일본의 식민지로만 기술된 내용을 보고 참으로 큰 충격을 받았습니다.

그래서 저는 반크의 청소년 회원들과 함께 외국의 펜팔 친구들이 보는 세계사 교과서에 '독도'와 '동해' 그리고 한국의 역사를 제대로 알리기 위해 해외 학자들을 대상으로 적극적으로 설득하였습니다. 그 결과, 세계적인 교과서 출판사인 내셔널 지오그래픽, 월드 아틀라스 등 외국의 교과서에 한국에 대한 올바른 내용이 실리기 시작했습니다.

작은 해외 펜팔사이트의 청소년들이 세계적인 교과서를 저술하는 학자들을 대상으로 독도와 한국역사를 올바르게 알리며 잘못된 내용을 설득하면서 제 가슴 속에는 새로운 꿈이 생겼습니다.

> "반크의 민간외교 경험을 살리면, 매년 해외로 떠나는 1천만 명의 한국인과 인터넷으로 전 세계 누리꾼들과 만나는 한국 청소년들을 모두 외교관으로 변화시킬 수 있지 않을까? 외국인과 만나는 모든 한국인에게 외교관 이상의 실력과 사명감을 줄 수 있도록 하려면 우리 반크가 어떻게 해야 할까?"

저는 이러한 저의 꿈을 이루기 위하여 반크 사이트에 가입한 청소년들에게 한국정부가 임명한 외교관 못지않게 실력을 키워주기 위해 국제관계, 한국역사, 문화 등 수많은 책을 읽었습니다.

그리고 제가 읽은 수많은 책을 바탕으로 저는 한국 청소년들에게 반크

사이트에서 온라인 사이버외교관 교육을 제공하였고, 정부 외교관 못지않게 다양한 민간 외교 활동을 교육시켰습니다.

또한 온라인을 넘어 해외에 유학하거나 교환학생으로 진출하는 한국 청소년과 청년들이 한국 홍보대사가 될 수 있도록 독도와 한국역사를 소개하는 다양한 한국 홍보자료와 동영상을 만들어 학생들에게 제공했습니다.

이 모든 것이 꿈을 꾸고, 그 꿈을 향해 꾸준히 책을 읽고 독서하며, 경험을 나누고 실천하는 것이 그 비결입니다. 현재 저는 새로운 꿈을 꾸고 있습니다. 한국 청소년 누구나 세계 속에 한국을 대표하는 외교관이 될 수 있도록 하고, 한국 청소년들이 통일 한국의 새로운 이미지를 창조하는 일에 앞장서도록 도움을 주는 것입니다.

한국의 청소년을 통해 한국이 동북아의 평화를 이뤄내고 지구촌 변화의 중심이 되어 세계인들의 가슴 속에 지구촌의 희망은 바로 대한민국이며, 한국 하면 가슴이 설레는 나라로 만드는 것입니다.

사이버 민간 사절단의 창설은 독서에서 그 싹이 트였습니다. 사람이 책을 만들고 책이 사람을 만든다는 말이 구체적인 한 예가 된 셈입니다. 우리 13만 회원은 초·중·고· 대학교에 재학 중인 학생들로서, 나라를 걱정하는 애국심이 그 누구보다 투철한 학도들입니다. 청소년의 강한 애국심이 국가 경쟁력으로 승화되자면, 다른 나라 젊은이보다 강한 학력(學力) 기초를 가져야 할 것입니다. 우리 회원 개개인의 사회적 성공이 우리 반크의 무궁한 발전을 이끄는 견인차가 될 것입니다.

그렇게 되자면, 책을 읽는 데 게을리하지 말아야 할 것이며, 같은 책을 읽더라도 속속들이 깊이 생각하며 읽는 그런 끈질김이 있어야 할 것입니다. 우리나라를 잘못 기록한 책이 우리 반크를 만들었고, 우리 반크가 있기에 '바른 책, 밝은 세상'이 열리게 될 것입니다. 書

※ 대한민국을 세계에 알리며 지구촌을 변화시켜 나가는 VANK의 빛나는 국제적 활동상은 www.prkorea.com에서 직접 확인할 수 있습니다. -편집자-

24. 국어사전을 열어 자신감도 찾다

이 성 숙
서울사대 부설초등 2학년 학부모

부모의 소원은 언제나 아이가 건강하고 행복하게 자라는 것이다. 그 가운데 아이가 가진 재능을 마음껏 펼치고 살아가는데 좋은 배경이 되어주고자 노력한다. 나도 예외는 아니었다. 그런 큰 그림을 그리고 있는 사이, 아이는 훌쩍훌쩍 자라났다. 아이는 다행히 잘 자라 주었다. 5, 6세가 되면 한글을 떼야 한다며 학습지를 시키는 엄마들의 유혹에 빠지지 않았다. 학습지를 전혀 하지 않는 대신에 여러 가지 책을 읽어주고 스스로 궁금해 하면서 자연스럽게 한글을 떼도록 하였다.

그런 후 30대 1의 경쟁률을 뚫고 서울대학교 사범대학 부설초등학교에 입학하는 행운을 얻었다. 학년말에는 일 년 동안 다방면에서 학교생활을 잘 하는 아이에게 수여하는 모범상도 받았다. 지능발달검사 결과에서도 관찰력, 문제 해결능력, 유추능력, 단기 기억력이 최상의 수준이라는 판정을 받았다. 영어 유치원도 보내지 않았다. 다른 아이들이 영어를 공부하는 시간에 한글 책읽기, 국어사전 찾기를 시켰다. 학습지 공부를 시키지 않았음에도 학과공부를 따라가는데 아무런 문제가 없었다. 오히려 학교생활에 매우 잘 적응하며 공부를 잘 하는 어린이로 모범상을 받게 된 것에는 필시 이유가 있었다. 초등학교에 입학하기 전에 집에서 사전 찾기를 생활화한 것이 그 비결인 것 같다. 그 스토리를 소개한다.

아이가 말을 하기 시작하면서 하루에도 수십 번씩 질문을 한다. 처음에는 "○○이 뭐야?"라고 묻다가 시간이 지나면 "그럼 ○○는 ○○라고 하겠네?"라며 추리를 하기도 한다. 때로 맞추기도 하고 때로 틀리기도 하면서 질문을 멈추지 않는다. "왜 호시탐탐 노린다고 해?" "매표소는 표를 사는 곳일까 파는 곳일까?" 등….

아이의 질문을 기피하면 안 된다. 아이가 생각하는 즐거움을 느끼게 하는 절호의 찬스이기 때문이다. 아이가 질문을 시작하는 나이가 되면서 질문에 다양한 반응을 해보았다. 어느 날 아이와 마트에 들어가면서 "여기가 입구라면 나오는 곳은 출구이겠네?"하길래, "나올 때 자세히 보자" 했다. 아이는 '출구'라는 단어를 보자마자 "그럼 나오고 들어가는 곳은 입출구(入出口)라고 하겠네!"라고 했다. 이렇게 아이는 사물을 대할 때 그 이름을 궁금해 하고 왜 그런 이름을 붙이는지에 대해 관심을 갖게 되었으며, 모르는 단어를 친구 삼아 친구 어휘의 수를 늘려갔다. 한자 공부를 자형(字形) 쓰기 중심으로 하지 않고, '들 입'(入), '날 출'(出) 하며 자의(字義) 읽기 중심으로 속뜻을 익히게 하였다.

잘 모르는 단어를 대할 때 금방 가르쳐주지 않고 한자어의 속뜻이 잘 풀이된 사전을 펼쳐보면서 "아, 이런 뜻이구나"라며 엄마도 잘 몰랐다며 과장된 눈빛과 말투로 박수도 치곤 했다. "엄마, 사진은 왜 사진이라고 해?"라고 물어보면 "우리 한번 찾아볼까? '베낄 사'(寫), '참 진'(眞)이구나" "엄마도 몰랐네!"라며 호응하여 아이의 호기심을 이끌었다. 이때 다른 단어 몇 가지 더 알려 주는 욕심을 부리지 말고 다음에 스스로 찾아보게끔 아이가 잘 보이는 곳에 다시 갖다 두는 것이 더 효과적이다. 엄마의 과장된 몸짓을 통해 아이가 '이 사전 안에는 재미있는 말이 참 많구나!' 라고 느끼도록 짧고 강렬한 기억을 주는 것이 중요하다. 이렇게 아이가 사전을 즐겨 찾으면서 사전은 이미 모르는 낱말의 뜻을 찾는 도구가 아니라 재미있게 읽어 가는 동화책이나 다름없게 됐다. 아이는 사전을 넘기면서 자신이 알고 있었던 말이나 책에서 보았던 단어를 만날 때마다 친구를 만난 듯 좋아하며 재미있어 했다.

하지만 사전 찾기를 처음부터 좋아한 것은 결코 아니다. 7세가 되어 사전을 잘 볼 수 있는 나이가 되어 시작한 것이 '끝말잇기' 게임이었다. 아이가 혼자서 체계적으로 사전을 봤으면 좋겠다는 생각에 제안을 한 것이다. 처음에 시작한 단어가 '다독(많을多 읽을讀)'이라면 내일은 '독'으로 시작하는 말을 찾는 방식이다. 은호는 사전에서 '독'으로 시작하는 단어 중 하나를 고르고 엄마는 그 단어를 맞추는 것이다. '독수리? 독?'이라고 하면서 틀리면 아이는 깔깔댄다. "아니 그런 거 말고 두 글자짜리 생각해 봐" '독약, 독립, 독사, 독도…. 수많은 단어를 말하는 동안 아이는 자신의 공책에 그려놓은 '독서'라는 단어를 들킬까봐 숨기면서 많은 힌트를 준다. 때로는 한번에 맞추기도 하지만 일부러 틀려주면서 아이랑 한바탕 놀이를 하고 나면 '독서'를 넣어 글짓기도 해보고 문장을 만들어본다. 물론 글자를 쓰지 않고 말로 하는데 그렇게 30분 정도 놀이를 하게 되면 아이는 더 하고 싶어 한다. 이 때 절대로 '하나 더'는 금물이다. '해녀'라는 말이 나오면 '바다 해? 여자 녀?' 라며 맞느냐며 스스로 재미있다며 깔깔댄다. 왜 이렇게 부르는지 알아냈을 때 아이들은 호기심이 생겨 사전 찾기를 더욱 좋아하게 된다.

7세에는 단어 선정의 기준이 없어서 엄마가 오늘의 단어를 아이가 정하기 전에 먼저 생각해보고 유도해주는 과정이 필요했다. 8세가 되어서는 하루에 한 단어 찾는 일이 너무나 수월해졌지만 더 늘리지는 않았다. 공부도 과유불급(過猶不及)이기 때문이다. 양보다는 질이다. 하나의 단어에 대해 깊이 하는 것이 훨씬 더 중요하다. 한글로 써 놓은 단어를 보고 뜻을 유추하는 능력이 생긴 아이가 싱글벙글할 때마다 엄마도 덩달아 신이 난다. 단어의 의미를 잘 알면 다른 아이들의 부러움의 대상이 된다. 하루는 친구가 '소심이 뭐야?'라고 하자, 다들 우물쭈물하고 있는 사이에 은호가 "작을 소(小), 마음 심(心)! 작은 마음, 마음이 작은 것을 말할 것 같다!"라고 하자, 친구들이 사전 찾기를 많이 해서 아는 것도 많다며 부러워했다는 이야기를 들려주었다. 이렇게 새로운 말에 대한 의미 유추 능력이 생기다 보니 공부에 재미를 느끼는 것이 참으로 신통방통하였다.

이렇듯 단어의 뜻을 아는 것이 자신에겐 자신감이고 친구들에겐 자랑거리가 된다. 집에서 사전 찾기, 사전 읽기로 기초를 닦은 덕분에 학교 활동에서도 적극적이며 학습 이해력이 뛰어나게 된 것이다. 그리고 단어와 단어를 연결하려는 노력을 하면서 동화책을 읽다 보니 국어 시험은 늘 백점을 받아왔다. 책을 읽을 때, 글쓰기 수업을 할 때도 이해력이 대단히 높은 편이었다. 논술 수업에서 ㄱㄴㄷ 자모별로 아는 단어 적는 테스트를 했는데, 또래 아이들보다 아는 어휘 수가 몇 배나 더 많았다. 평소에 새로 마주치는 단어에 대하여 대충대충 뜻을 짐작하고 지나가지 아니하고, 낱말의 의미를 한 글자씩 꼼꼼히 따져 보는 습관을 기르는 것이 이토록 중요하다. 또래보다 몇 배 높은 어휘력은 이렇게 길러진 것이다. 수업 시간에도 새로운 단어를 접했을 때도 마찬가지다. 하나하나 따져 보아야 기억이 오래 간다. 암기는 금물이다. 수업 시간마다 접하는 모르는 말은 대부분 한자어다. 스스로 어휘력을 높이는 방법을 알게 된 아이는 국어사전을 열어 단어도 찾고 자신감도 찾았다. 자기주도 학습의 비밀이 바로 국어사전에 숨겨져 있는 것 같다.

제5장

국어사전 활용교육 관련 논문

핵심역량으로서의 국어 독해 능력 제고 필요성 분석

김 승 호
전남 목상고 교장 / 前 함평교육청 교육장

【차례】

※ 原載 : 《교육논단》(124호, 2014.12.31.). pp.103~114

1. 문제제기

최근 학교교육정책과 관련하여 새롭게 주목을 받고 있는 것이 핵심역량이다. 빠르게 변화하는 동시에 다양한 지식과 태도, 능력을 요구하는 현대 사회에서는 교과 지식의 단순한 전달을 넘어 학습자의 핵심역량을 길러주는 방향으로 학교교육의 성격과 역할이 재조정될 필요가 있다는 것이다. 즉, 종래의 지식위주 교육에서 의사소통 능력, 협동정신, 인성 등 미래 핵심역량 배양 위주의 교육으로 변화되어야 한다는 주장이다.

정부 차원의 교육정책이나 교육과정 개정에서는 물론 시·도교육청의 교육 시책에서도 창의적 인성, 문제해결력, 의사소통 능력과 같은 핵심역량이 새로운 교육내용으로 강조되고 있다. 핵심역량 증진을 위한 교육방법으로는 탐구 및 체험, 협력활동, 독서·토론 등이 더욱 강조되고 있다. 핵심역량을 강조하는 교육의 혁신은 이제 교육관계자들에게 선택의 대상이 아닌 적응해야 할 과제가 되었고, 이미 학교교육 현장에서 다양한 형태로 적용되고 있다. 그런데도 핵심역량 자체의 개념적 모호성, 방법론의 부재 등은 좀 더 구체적으로 검토되어야 할 문제점으로 남아 있는 것이 사실이다.

본 글은 핵심역량의 의미 및 종류에 대해 검토하면서 21세기 핵심역량은 의사소통, 인간관계, 인성 등 새로 관심을 두기 시작한 역량들뿐만 아니라 기존의 학교교육에서 중시되고 있는 지식교육 관련 역량들, 특히 국어 능력이 여전히 중요하며 간과되지 않아야 한다는 점을 밝혀 보고자 한다.

2. 핵심역량의 의미와 성격 분석

가. 핵심역량으로서의 DeSeCo

핵심역량에 대한 논의에서 가장 먼저 등장하는 이론은 '핵심역량의 개념 및 종류'(DeSeCo: Defining and Selecting of Key Competencies. 이하 DeSeCo)이다. 선진국 모임인 경제협력개발기구(OECD)는 DeSeCo 프로젝트를 1997년부터 2003년까지 7년 동안 수행하면서 연구에 참여한 12개 국가들이 제안한 직업 및 생애 역량 요인들을 조사하였다. 경제 관련 전문단체인 OECD에서 관심을 가졌다는 점에서 짐작할 수 있듯이 역량 개념은 주로 기업이나 직무 단위에서 요구되는 능력의 의미로 활용되었다. 여러 국가가 공통적으로 지적한 사회적 역량, 문해력, 의사소통 능력 등의 핵심역량들을 다음의 [표]와 같이 3개 범주로 정리하였다.

〈표〉 DeSeCo에서 정의한 핵심역량과 역량 요소

핵심역량	역량 요소
1. 지적 도구 활용 능력 (Using tools interactively)	①언어,상징,텍스트 등 다양한 소통도구활용능력 ②지식과 정보를 상호적으로 활용하는 능력 ③새로운 테크놀로지 활용 능력
2.사회적 상호작용 능력 (Interacting in heterogeneous groups)	④팀의 일원으로서 협동하는 능력 ⑤타인들과의 인간관계 능력 ⑥갈등 관리 및 해결 능력
3. 자율적 행동 능력 (Acting autonomously)	⑦사회적 규범 등을 고려하면서 행동하는 능력 ⑧자신의 생액 계획을 정립하고 실행하는 능력 ⑨자신의 권리, 필요 등을 요구 · 주장하는 능력

(출처 : 손민호, 2011:104. 재인용)

DeSeCo 프로젝트의 핵심역량 범주는 개념화 및 측정도구 개발 정도에 있어서 차이를 보이고 있다. 지적 도구 활용 범주의 경우 OECD 차원에서 지필고사 형태로 청소년이나 성인을 대상으로 국제비교 평가가 이뤄지고 있다. 국제학업성취도조사(PISA: Programs for International Students Assessment, 이하 PISA)는 가장 대표적인 사례로 2000년부터 3년 주기로 실시되고 있다. PISA는 학교교육과정에 근거한 지식보다는 실생활에 필요한 역량, 즉 지식을 상황과 목적에 맞게 활용할 수 있는 능력을 중시하며, "각 국가의 학생들이 학교에서 무엇을 배우는가?"를 고려한 평가가 아니라 "학교에서 무엇을 배웠어야 하는가?"를 점검하기 위한 평가라고 할 수 있다. OECD는 PISA 외에 성인을 대상으로 1994년부터 국제성인문해력조사(IALS: International Adult Literacy Survey)를 수행해 왔으며, 2007년부터는 이를 국제성인역량조사(PIAAC: Program for International Assessment of Adult Competencies)로 변경하여 실시하고 있다. 이 조사는 성인들의 인지능력 뿐만 아니라 태도에 해당되는 특성까지 측정한다(김기헌 2008, 7).

OECD는 지적 도구 활용과는 달리 가치 지향적이거나 문화적인 맥락의 영향을 받는 범주인 시회적 상호작용 부문과 자율적인 행동 부문은 새롭게 연구를 진행하고 있다. 이에 대해서 2012년 PISA에서 개인적인 문제해결력 평가를 추가적으로 실시하였으며, 2015 PISA에는 협력적 문제해결력(Collaborative Problem Solving Competency) 영역을 추가하여 실시할 계획이다. PISA 2015에 최초로 도입된 협력적 문제해결력은 21세기의 교육적·직업적 상황에서 필수적인 능력으로 그 중요성이 부각되고 있으며, '협력'과 '문제해결력'이라는 역량을 평가하는 국제 수준의 평가라는 점에서 주목을 받고 있다. 협력적 문제해결력이란 둘 이상의 인물들이 함께 문제를 해결하기 위해 지식, 기술, 노력을 끌어내고 서로의 이해와 노력을 공유하는 과정에 효과적으로 참여하는 능력을 가리킨다. PISA 2015는 각 국가가 지식평가와 함께 문제해결 능력, 상호협동능력, 의사소통 능력 등 21세기 핵심역량도 평가를 통해 확인하고 또한 제고해야 한다는 의미를 제시해 주는 것이다(송미영 2014, 52~53).

나. 핵심역량과 학교교육정책 연계

DeSeCo 프로젝트 이후 핵심역량이 무엇인가에 관한 연구들이 국내·외에서 교육정책과 연계되어 활발하게 전개되었다. 미국 교육부를 중심으로 한 Partnership for 21st Century Skills 연구(2009)는 21세기 핵심역량들을 '핵심교과와 21세기 주제' '학습과 혁신 기술' '정보, 매체, 공학기술' '생활과 직업 기술'의 4가지로 크게 범주화하여 제안하였다. 또한 Binkley et al.(2010)은 21세기를 살아가는 데 필요한 핵심역량들을 '사고 방식' '학습 방법' '작업 수단' '실생활'로 범주화하여 제안하였다(이근호 외 2013b, 195. 재인용). 최근 네덜란드 학자인 Allen과 Velden 교수(2012, 18)는 핵심역량 또는 21세기 역량에 대한 32개 연구들이 설정한 역량들을 조사했다. 조사 결과 전체 연구들이 설정한 역량으로 협력, 의사소통, ICT 활용 능력, 사회성이었고, 대부분의 연구들은 창의성, 비판적 사고력, 문제해결력을 설정한 것으로 나타났다. 그 외에 연구에 따라서 기업가 정시, 학습기술, 자기관리, 기획력, 융통성 등을 설정하기도 하였으며, 학교교육의 핵심교과인 자국어, 수학, 과학, 외국어를 포함한 것들도 있는 것으로 나타났다.

우리나라에서 관련 연구를 보면, 이광우 외(2009)는 미래 사회 핵심역량을 개인적 역량, 학습 역량, 사회적 역량으로 범주화하였다. 이근호 외(2012)는 미래사회 핵심역량을 인성 역량, 지적 역량, 사회적 역량으로 범주화하고 각 범주에 속하는 핵심역량들의 예시를 구체적으로 제시하였다. 인성 역량의 범주에 해당하는 핵심역량으로 도덕성, 자아정체성, 자기인식, 자존감, 개방성, 이해심, 배려 등이다. 다음으로 지적 역량의 범주에 들어가는 핵심역량으로는 창의적 사고 능력이다. 마지막으로 사회적 역량의 범주에 해당하는 핵심역량으로 사회생활 능력, 직무수행 능력 등이다.

학교교육은 학생들에게 필요한 핵심역량을 배양해 주어야 하는 것에 대해서는 모두가 공감하지만, 교육정책 수립이나 학교 현장 적용 단계에서는 지식 영역과 인성 영역 중 어디에 더 중점을 둘 것인가에는 집단간 갈등이 존재한다. 본 글에서는 OECD가 제안한 DeSeCo의 세 가지 핵심역량 범주 중 영어 제목 'Using tools interactively'를 '지적 도구 활용 능력'으로 '지적(知的'이라는 수식어를 삽입하여 의역하였다. 이에 대하여 국내의 거의 모든 연구들은 '도구를 상호적으로 활용하는 능력'으로 직역하고 있다. 직역으로 인한 오해에서 DeSeCo 개념은 그것을 개발한 OECD의 본래 의도와 전혀 다른 방향으로 인식되는 결과를 초래하기도 한다. OECD가 가장 중요한 핵심역량으로 자국어와 수학 등의 지식을 설정하고 있는 것과는 정반대로 지식이 아닌 비교과 측면의 의사소통 능력, 참여와 배려, 리더십, 자기관리 등 인성 중심의 역량들만을 새로운 핵심역량으로 인식하는 경우이다. 이는 핵심역량이란 지적, 인성적 측면을 포괄하는 의미라는 점을 인식하지 못한 데서 나온 오해이다. 심지어 어떤 사람들은 학교교육 중심이 이제는 지식에서 역량으로 이동했다거나, 학력의 시대는 가고 역량의 시대로 접어들었다고 과도하게 상대화하는 잘못을 범하기도 한다.

교육부와 시 · 도교육청의 교육정책 실제에 있어서 핵심역량의 개념은 광범위하게 영향을 미치고 있다. 현재 적용되고 있는 '2009 개정 교육과정'의 명칭은 2007년 교육과정 개편안을 시작할 때부터 '미래형 교육과정'으로 불려졌다. 교육과정 개편을 주관했던 국가교육과학기술자문회의가 미래사회를 대비한 '역량기반 접근'(competency-based approach)을 교육과정 개편 방향으로 설정한 데서 기인한 것이라 여겨진다. 자문회의는 전 학생의 기초 학력 보장체제를 공고하게 구축하기 위해 기초 핵심역량(국어, 수학, 영어) 강화 교육과정으로 혁신할 것을 제안했다. 자문회의는 또한 지적 측면의 핵심역량 외에 인성 측면의 핵심역량을 강화하기 위해 창의성과 인성 개발을 위한 창의적 체험활동 강화를 제안했다.(1)

핵심역량을 강조한 2009 개정 교육과정의 본래 취지는 현장 적용 단계에서 제대로 이해되지 못했던 것 같다. 지식 측면에서 본래 개정 취지는 기초 핵심역량으로 설정된 국어, 수학, 영어의 3개 과목에서 배정시수를 확대하고 해당 과목별 성취수준과 평가기준을 명료화하여 부진학생들에 대한 기초 · 기본 수준을 보장해야 한다는 방향이었다. 그러나 입시위주의 교육 현실에서 학교는 국어, 수학, 영어 중 수학과 영어 시수 증대에만 관심을 갖게 되었고, 이 때문에 개정 교육과정이 입시위주 또는 지식 편중이라면서 전면적인 반대 움직임까지 나타났다. 또한 핵심역량의 핵심(core)이라는 용어 사용에 따라 기존의 교과별 성취기준에서 핵심적인 교과 내용만 발췌하여 핵심성취기준(core standards)으로 새로 제시되었다. 성취기준 평가기준이 학교 현장에서 수업지도와 평가에 안정적으로 적용되기도 전에 새롭게 핵심성취기준이 제시된 것이다. 성취기준 평가기준은 교과서를 개발하는 기준이며, 수업은 특정한 교과서로 이뤄

(1) 국가교육과학기술자문회의 보도자료(2009.2.24.) 미래형 교육과정 구상 국민 대토론회 개최; 교육과학기술부 보도자료(2009.9.6.) 2009 개정 교육과정의 안정적 정착을 위한 적극 지원 입장 표명.

지기 때문에 성취기준 평가기준을 수업에서 실제 적용하기에는 근본적인 어려움이 따를 수밖에 없을 것이다. 다음에 논의하겠지만 핵심역량을 교육과정에 먼저 적용한 영국이나 미국의 경우 기존의 국어와 수학교과와 별개로 모든 교과에 적용되는 공통 핵심역량(Common Core Standards)으로서 자국어와 수리 영역의 기초적인 수준을 제시한 것과는 전혀 다른 방향으로 전개되고 있다고 판단된다.

한편, 비교과 영역 관련 핵심역량은 2009 개정 교육과정에서 창의적 체험활동으로 적극 추진되고 있다. 교육과학기술부는 창의 · 인성교육 기본방안[(2)]에서 학력신장과 창의·인성교육을 동시에 추구할 예정이며, 교과별 교육과정에 준하는 수준의 창의·인성교육과정을 마련하겠다고 밝혔다. 앞에서 논의한 교과 영역에서는 기초 핵심역량인 국어, 수학, 영어 학력을 중점적으로 추진하면서, 비교과 영역의 핵심역량인 인성, 창의성, 배려, 공동체 의식, 개방성, 봉사 등을 체계적으로 추진한다는 의미다. 창의성과 인성 등 비교과 핵심역량을 개발하기 위해서는 국어 등 일반교과의 교육방법으로 토론·발표, 관찰·실험, 연구과제 프로젝트, 협동학습 등의 기법을 활용해야 한다는 점도 제안하고 있다. 교육을 담당하는 사람들은 물론 국민 대다수가 입시위주, 지식위주의 학교교육의 문제점을 잘 인식하고 있는 상황에서 창의성과 인성을 핵심역량으로 설정하여 적극 추진하는 것에 대해서 긍정적인 것은 당연하다. 다만, 미래 핵심역량의 중요한 영역인 지적 측면을 경시하면서 교육활동에 대한 관심과 에너지를 비지적 측면에만 과도하게 투입한다면 지적 측면의 핵심역량이 부족한 상당수 학생들이 피해를 입을 수 있다는 점도 고려해야 할 것이다.

연구자들도 핵심역량이 국가교육과정으로 연계되어 학교현장까지 파급되는 과정에서 개념과 관점에 오해나 갈등이 있음을 인정하고 있다. 이근호 외(2013b, 7)는 핵심역량과 관련된 대표적인 오해로 그것이 기존 교육과 전혀 다른 형식과 내용으로 이루어진 것이라는 생각을 지적한다. 핵심역량은 기존 교육체제에 대한 반동으로 형성된 것이며, 따라서 상당한 정도의 변화와 혁신

(2) '창의 · 인성교육 기본방안' 발표: 창의와 배려의 조화를 통한 인재 육성 추진. (2010.1.4., 교과부 보도자료)

을 요구하는 아이디어임에는 틀림이 없지만, 그러나 종래와 전혀 다른 방식으로 내용을 처방하고 새로운 형식을 부과하는 것이 아니라는 점에 유의해야 한다고 지적한다. 핵심역량 논의는 오히려 기존 교육에서 부족한 부분을 메우고, 잘못된 부분을 바로잡고자 하는 것이지 모든 것을 폐기하고 모든 것을 새로이 창조하는 것을 말하는 것은 아니라는 의미다.

Allen과 Velden(2012, 3)도 창의성, 비판적 사고력, 문제해결력, 자기관리 등 21세기 핵심역량들이 현대사회에서 필수적으로 요구된다는 데에는 논쟁의 여지가 없지만 전통적으로 인정되고 있는 역량들을 경시하면서 맹목적으로 그러한 새로운 역량들만을 중시해서는 안된다고 지적하고 있다. 아울러, 그들은 전통적인 기초 역량인 문해력(literacy)과 수리력(numeracy)이 개인적 삶과 직업적 성공, 나아가 사회공동체의 발전을 위한 필요조건이면서 21세기 핵심역량 개발을 위한 기반으로 중시되어야 한다고 주장하고 있다.

3. 핵심 역량으로서의 자국어 문해력

현재 우리나라 교육정책의 핵심은 창의 · 인성교육이며, 이에 따라 학교교육에 관한 논의에서도 전통적인 지식교육보다 의사소통, 창의성, 인성 등 소위 21세기의 새로운 핵심역량에 대한 관심이 훨씬 더 높다고 해도 과언이 아니다. 앞 장에서는 핵심역량 연구의 기본자료인 OECD의 DeSeCo 프로젝트를 비롯한 국내 · 외 다수 연구들에서 비지적 영역의 새로운 핵심역량뿐만 아니라 지적 영역의 역량, 즉 자국어 능력과 수리 능력도 중시되어야 한다는 점을 확인했다. 본 장에서는 지적 핵심역량 중에서 자국어 능력을 중심으로 논의하고자 한다.

특별히 자국어 능력에 초점을 맞춘 이유는 핵심역량을 학교교육과 밀접하게 연계시켜 교육과정 개편 등을 추진하고 있는 미국과 영국의 사례 분석을 통해 구체적으로 논의될 것이다. 나아가 미국과 영국, 그리고 일본의 사례에서 모든 교과의 모든 교사들이 자국어에 관심을 두고 가르친다는 의미가 가르치는 교재 내용의 독해와 어휘 지도와 관련된다는 점도 밝혀 보고자 한다. 이로써 본 글의 제목에서 포괄적인 개념의 핵심역량을 구체적인 개념의 독해 능력과 연계시킨 이유를 이해할 수 있기를 기대한다.

아울러, 외국의 사례를 통해 우리나라에서도 학생들의 핵심역량 중 가장 관심을 두어야 할 역량이 국어 능력이며, 어휘력 배양을 위한 노력이 필요하다는 점을 인식할 필요가 있다. 한자어가 대부분인 교과 학습용어에 대한 중·고등 학생들의 어휘 이해 수준이 심각하게 낮은 수준이며(김승호 2013, 126), 초등 학생들조차 어휘력 부족으로 인해 단편 소설조차도 올바로 감상할 수 없는 수준(주형미 2013, 441)인 것이 우리 학생들의 국어 능력 현실 상황이기 때문이다.

가. 영국의 자국어 능력 중시 경향 분석

PISA 주관 기관인 OECD는 읽기 문해력(reading literacy)을 "개인이 자신의 목적을 성취하기 위해, 지식과 잠재력을 개발하기 위해, 사회 공동체 구성원으로 참여하기 위해, 문자 언어에 참여하여 문자 언어를 이해, 사용, 반영하는 능력이다."(OECD 보도자료 2010, 23)라고 정의하고 있다. 영국 등에서는 이러한 의미의 문해력이 자국어 교과가 핵심 역할을 담당하지만, 자국어 이외의 수학, 과학, 사회 등 모든 교과에서 책임있게 길러주어야 할 '기본 핵심 역량'(crucial core competences)으로 강조되고 있다. 그리고 이 능력을 사회 구성원 모두가 능동적인 사회 참여, 직업의 선택 및 유지, 소통과 협력을 위해 반드시 갖추어야 할 인간 능력으로 보고 있다. 즉, 이 능력은 인간을 인간답게 하는 능력이면서 교육의 중요한 목적인 비판적, 창의적 사고력 향상의 기반 능력이자 바람직한 가치관 형성을 돕는 능력으로 중시되고 있는 것이다(이인제 외 2011, 76).

위와 같은 관점은 유럽연합(EU)의 사례에서 명확하게 나타나고 있다. 자국어 문해력의 향상이 "국가의 중요한 의무이자 교육의 평등권을 실현하는 가장 핵심 정책이어야 한다."는 인식으로 회원국들의 자국어 능력 향상을 적극 추진하고 있다. 또한 디지털 시대의 진화는 텍스트에 비판적으로 접근 능력, 다양한 형식의 텍스트를 다루는 능력, 이미지 해석 능력, 개별 정보를 비교, 분석, 통합 능력 등을 이전 시기보다 보다 훨씬 더 높은 수준으로 요구하고 있고, 소셜 미디어 네트워크(social media network) 등의 진화는 문자 언어 교육의 중요성을 증대시키고 있다고 인식하고 있다(이인제 외 2013, 202~203).

영국의 사례를 통해서 EU의 자국어 능력 향상 정책이 한 국가의 교육정책에 어떻게 적용되고 있는지를 살펴 보고자 한다. 영국의 대학이나 기업들은 고등학교 졸업자들의 영어 독해력(literacy)과 수리력(numeracy)이 매우 낮은 상황을 우려하였고, 영국 정부는 2011년 대대적인 국가교육과정 개편에 들어갔다. 개편 방향에서 가장 중요한 것은 영어 문해력을 강화하는 것이었다. 2013년 9월에는 2007년의 국가 교육과정 개정을 고시하였으며 2014년부터 적용되고 있다. 새로 개정한 교육과정은 모든 교과에서 공통적으로 길러야 할 핵심 역량으로 '수리력과 수학'(numeracy and mathematics), '언어와 문해력'(language and literacy)의 2가지를 설정했다. 이는 2007년 교육과정의 총론에서 국가 공통 핵심역량으로 언어의 사용, 수의 적용, 정보 통신 기술, 학습과 사고, 문제 해결 등 7가지를 제시했었으나 2개의 핵심으로 축소한 것이다. 그만큼 모든 교과의 교육에서 공통적으로 수리능력과 문해 능력이 중시되고 있다.

영국은 교과 공통 핵심역량으로 설정한 2개 중에서 문해 능력을 수리 능력에 비해 훨씬 더 강조하면서 구체적으로 설명하고 있다. 학생들에게 자국어인 영어는 배우는 교과로 존재하기도 하며, 동시에 모든 다른 교과를 학습하는 데 사용하는 도구이기도 하다. 영어를 유창하게 사용할 수 있다는 것이 모든 교과 학습의 성공의 열쇠라고 할 수 있다. 모든 교과의 모든 교사들은 자신이 가르치는 교과목 교육에서 학생들에게 말하기 능력, 읽기와 쓰기 능력을 향상시켜 주어야 하고, 어휘 능력도 증진시켜 주어야 한다. 말하기, 읽기와 쓰기, 어휘의 세 부분을 좀 더 구체적으로 설명하면 다음과 같다.

첫째, 말하기 능력에서 모든 교과 교사들은 '표준어를 사용하여 명확하게 말하고 아이디어를 자신감 있게 전달하기' '추론하면서 아이디어 정당화하기' '질문하기' '협상하기' '어휘 발달과 지식 형성하기' '다른 사람의 아이디어를 평가하고 발전시키기' '효과적인 소통 기제 선택하기' '잘 구조화된 기술과 설명의 제시' 등을 학습시켜야 한다고 강조한다.

둘째, 모든 교과 교사들은 학생들의 총체적인 지식 습득을 지원하기 위해 담당 교과에서 학생들의 읽기와 쓰기 능력을 발달시켜 주어야 한다. 학생들은 유창하게 읽을 수 있어야 하고, 다양한 영역의 글들을 배우기 위한 목적이나 취미를 위해 읽을 수 있어야 하며, 글을 쓸 때는 맞춤법과 문장 부호 등 문법 사항을 정확하게 사용할 수 있어야 한다.

셋째, 모든 교과에서 어휘력이 강조되어야 한다. 어휘 획득과 사용이 모든 교과 학습에서 핵심이라는 점을 다음과 같이 표현하고 있다.

> 학생들의 어휘력은 모든 교과의 학력 향상에서 핵심요소이다. 그러므로 모든 교과의 모든 교사들은 학생들의 현재의 학력 기반 위에 적극적이고 체계적으로 어휘를 발달시켜 주어야 한다. 그들은 담당하는 교과의 어휘를 지도하여 학생들의 총체적인 어휘의 세계(store of vocabulary)를 확장시켜 주어야 한다. 그들은 또한 이미 알고 있는 어휘와 새로운 어휘를 연계시켜 지도하면서 유사한 어휘일지라도 다른 의미를 가질 수 있다는 점을 이해시켜 주어야 한다. 이렇게 모든 교과를 통한 어휘력 향상을 통해 학생들은 일반적인 글을 쓸 때 사용할 수 있는 어휘들의 선택 폭을 넓힐 수 있다. 또한, 모든 교과의 교과서나 교과별 참고자료에 나온 단어들의 뜻을 안다는 것은 그 교과를 성공적으로 학습하는 데 가장 중요한 조건이다. 특히, 수학이나 과학과 같은 교과에서는 교과관련 용어를 명확하게 이해해야 되는 만큼 어떤 어휘가 과목에 따라서는 특별한 의미를 가진다는 것도 학생들에게 이해시켜 주어야 한다.(England Department for Education 2013a, 11)

영국이 핵심적인 역량으로 영어 능력을 중시하고 있다는 것은 효과적인 교과 학습을 위해서 뿐만 아니라 의사소통 능력 등 다른 21세기 핵심 역량을 기르는 데 핵심적인 조건이기 때문이라는 데서도 찾을 수 있다. “영어는 교육과 사회에서 가장 핵심적 지위를 가진다. 학생들이 영어에서 높은 수준을 유지하지 못한다면 자신의 아이디어와 정서를 다른 사람과 제대로 소통할 수 없다. 유창하게 말하고 쓸 수 있는 능력, 글을 읽고 이해할 수 있고 다른 사람의 말을 제대로 파악할 수 있을 때 다른 사람들과 소통할 수 있다(England Department for Education, 2013a:3)."라고 명확하게 밝히고, 이 역량이 정보화된 사회에서 성숙한 민주 시민 사회에 능동적으로 참여하기 위한 필수 역량이라고 강조하고 있다. "학생들에게 유창하고 자신있게 말하고, 읽고, 쓰는 능력을 향상시켜 주지 못하는 것은 모든 면에서 시민권을 박탈하는 것이다(England Department for Education 2013b, 3)."라고 표현할 정도로 국가 공통 핵심역량으로서 자국어의 능력을 중시하는 교육과정을 설계하였다.

나. 미국과 일본의 자국어 능력 중시 사례 분석

자국어 능력을 교육체제에서 길러야 할 핵심 중의 핵심 역량으로 여기고 이를 위한 교육과정과 교육정책을 추진하는 사례는 미국이나 일본에서도 찾아볼 수 있다. 이들 국가의 핵심역량 증진 사례들을 간략하게나마 분석해 보는 것은 우리의 핵심역량 증진 시책이 어느 수준인지 이해하고 어떤 방향으로 추진해야 할 것인가를 결정하는 데 도움을 줄 수 있을 것이기 때문이다.

미국은 2002년에 1965년에 제정한 '초 · 중등교육법'(Elementary and Secondary Education Act)을 '아동낙오방지법'(NCLB법 : No Child Left Behind Act)으로 개정 및 제정하였다. 초·중등학교에서 뒤처지는 학생이 없도록 모든 학생의 기초 · 기본 학력 보장 목적을 강조하기 위하여 법률 제목까지 바꾼 것이다. 여기서 학력은 자국어인 영어 문해력과 수리력을 말하며, 앞의 영국의 사례에서와 같이 수리보다 영어 능력을 훨씬 더 강조한다. 오바마 정부 시기인 2011년에는 미국의회가 이 법을 재심의하여 통과시켰고, 이 법의 실행력을 제고하기 위해 2012년에 '모두를 위한 문해교육법'(LEARN법: Literacy Education for All, Results for Nation Act)을 제정하여 독해력 중심의 영어 문해력 교육 강화를 위한 법적 실행 기반을 조성 하였다 (이인제 2013, 204).

미국에서는 핵심역량으로서의 영어 능력 향상은 앞에서 논의한 법규 측면에서 뿐만 아니라 공통핵심 성취기준(Common Core State Standards, 이하 CCSS)이라는 학교교육 관련 정책으로 적극 추진되고 있다. 2010년 6월 발표된 공통핵심 성취기준은 초·중·고에서 길러야 할 핵심과목으로 영어과와 수학과를 설정하고, 영어 능력 기준(Standards for English Language Art & Literacy in History/Social Studies, Science, and Technical Subjects)은 교과로서의 영어 능력과 사회과 등 다른 교과 학습과 연계된 문해력을 학년별로 분류하여 제시하고 있다(이선영 2014, 379). 영국에서 교과로서의 영어와 교과 공통 핵심역량으로서의 영어 능력을 완전히 분리하여 제시한 것과는 약간 다른 유형이지만, 모든 교과의 모든 교사들이 영어 능력 향상에 관심을 둘 수 있도록 별도의 영어 능력 기준을 제시한 것을 볼 수 있다. 미국의 모든 교과 교사는 영어 독해 교사이어야 한다(Every teacher is a reading teacher.)라는 표현에서 알 수 있듯이 영어, 특히 독해 능력 향상은 공통핵심 성취기준에서 가장 중시되는 교육내용이라고 할 수 있다.

일본의 경우 자국어인 일본어 능력을 교육과정 규정 등에서 핵심 역량으로 설정하지는 않고 있지만 국어 능력 향상을 정책적으로 적극 추진하고 있다. 1995년 수학·과학 성취도 국제비교(TIMSS)를 시작으로 국제학업성취도평가(PISA) 등 국제비교평가에서 일본은 한국과 선두를 다툴 정도로 우수한 학력을 자랑했다. 그러나 읽기 소양에서는 2000년 PISA에서 핀란드에 선두를 내주었을 뿐만 아니라 32개 참여 국가 중 8위를 기록했고, 2003년에는 41개 참여국 중 14위(OECD 29개 국가에서 12위), 2006년 57개 국가 중 15위(OECD 30개 국가에서 12위)로 급격하게 추락했다. 이러한 결과에 따라 'PISA 쇼크'라고 명명할 정도로 학력위기 의식이 높아졌다. 문부과학성은 국가교육과정인 학습지도요령을 개정하여 우리의 창의적 체험활동에 해당하는 총합적 학습시간 축소, 전국단위 학력평가 시행 등의 정책 추진과 함께 자국어 향상을 위한 연구와 정책들을 집중적으로 추진했다. 1977년 '여유(유도리) 교육'을 표방하면서 도입한 '구(舊) 학습지도 요령'의 시대에서 2007년부터는 '살아가는 힘', 즉 학력 또는 역량을 강조하는 '신(新) 학습지도 요령'의 시대로 전환되었다고 볼 수 있다.

2012년 PISA 결과 중국 상하이가 전체 영역에서 선두를 차지한 가운데 참여국 65개(OECD 34개) 중에서 일본은 읽기 소양에서 4위(OECD 1위)로 향상되었다. 참고로 핀란드는 6위(OECD 3위), 한국 5위(OECD 5위)로 나타났다. 이렇게 읽기 소양의 급격한 향상을 가져오게 한 대표적인 정책은 문부과학성이 2005년 12월 발표했던 "독해력 향상 프로그램"이었다. 이 프로그램은 교과서 등 학습자료의 텍스트 이해를 의미하는 독해 능력 제고, 텍스트의 내용을 요약하고 재구성하여 글로 쓰기, 아침 독서 시간이나 가정에서 다양한 종류의 책을 읽고 토론하기를 3개의 중점 목표로 설정하였다. 특히, 핀란드를 비롯한 유럽 국가들이 공통적으로 자국어 읽기 능력 증진에 노력하고 있다는 점을 분석한 후 이를 'PISA형 독해력'으로 규정하고 모든 교과에서 일본어 독해 능력 개발에 주력하였다(문부과학성 2005).

일본의 국어 능력 향상 전략은 독해력 향상 중심이다. 또한 독해력은 국어과에만 해당되는 것이 아니라 모든 교과 학습의 효과를 높이는 데 필수적이며, 독해력은 어휘력이 기초가 되기 때문에 국어 이외의 교과지도에서도 모든 교사들이 기본 어휘 및 교과 관련 어휘 지도가 필요하다고 강조한다. 일본의 학교교육에서 어휘력과 독해 능력 증진 및 자기주도 학습력 증진을 위해 학생들의 국어사전 활용에 특별한 관심을 두고 있다는 점도 참고할 만하다. 학생들이 스스로 국어사전을 찾아 교재를 이해하면 배우는 즐거움을 느끼면서 자기주도 학습력을 키울 수 있고, 국어는 물론 다른 교과의 학력도 높일 수 있으며, 나아가 삶의 역량까지 키울 수 있다는 뜻이다(井上 雅彦 2009). 초·중·고 수업에서 국어사전을 활용하는 학교가 증가하고, 특히 초등학교 단계에서 국어사전 활용 방법을 숙달시킴으로써 독해력은 물론 전반적인 학력 향상 효과가 나타남에 따라 국어사전 보급도 다양하게 전개되고 있다. 사가현 카라츠시(佐賀県唐津市)는 교육위원회 사업으로 2009년부터 지역내 전체 초등학생 3학년에게 국어사전을 보급하고 있으며, 다른 지역에서도 학교단위로 국어사전 보급 및 활용 교육을 적극 추진하고 있다.(3)

(3) http://www.teacher.ne.jp/jiten/study/chu/jirei/jirei01-05.html

4. 맺음말

오늘날 학교교육에서 핵심역량에 대한 관심이 높다. 국가교육과정과 이를 구현하기 위한 다양한 교육정책들을 설명할 때, 그리고 시 · 도 단위에서 학교교육의 방향을 설명할 때 핵심역량은 그 설명의 시발점으로 인식되고 있다. 현재의 학생들이 직업생활을 하게 될 미래사회에서는 지식과 정보의 양이 폭발적으로 증가하고 변화의 속도가 가속화될 것이기에 지식과 정보의 단순 축적에서 벗어나 획득한 지식을 적극적으로 활용하고 적용하며 그 과정에서 새로운 지식과 정보를 창출할 수 있는 핵심적인 능력이 필요할 것이라는 전제는 누구나 인정하고 있다.

그러나 핵심역량의 의미와 구현 방식에 관해서는 여전히 많은 의문의 여지를 남기고 있다. 핵심역량 논의를 이전의 교육활동에 대하여 비판하고 부정하면서 새로운 교육방향과 실천전략을 찾는 과정으로 이해하는 경우도 없지 않다. 학교교육의 두 축인 지식교육과 인성함양을 상대적으로 대비시키면서 지식 중심의 학력 시대에서 인성 중심의 역량 시대로 전환되었다고 주장하기도 한다. 핵심역량을 의사소통, 참여와 협동, 배려심, 자기관리, 리더십 등 인성 측면에서만 찾으려고 하는 경우도 있다.

본 글은 핵심역량 논의에서 위와 같이 지식 관련 역량과 인성 중심 역량을 상대화시키는 것이 바람직하지 않고, 지식과 인성의 이분법적 분석은 핵심역량 개념에 대한 오해에서 비롯된 것이며, 핵심역량을 교육과정과 학교교육 실제에 선도적으로 적용하고 있는 외국의 사례를 통해서 바람직한 방향을 찾아 보고자 한 것이다.

앞에서 논의한 바와 같이 OECD의 DeSeCo 프로젝트에서 핵심역량은 지적 범주와 인성 범주의 핵심역량을 모두 포괄하는 것으로 분석되었다. 인성 범주에서는 사회적 상호작용 역량과 자율적 행동 역량으로 구분하여 설명하고 있다. OECD가 주관하여 국제비교 평가하는 PISA는 지적 측면의 핵심역량인 읽기 · 수리 · 과학 소양을 중심으로 하되, 2015년부터 인성 측면의 핵심역량인 협력적 문제해결력 평가를 포함하기 위해 준비하고 있다는 점을 논의했다.

핵심역량을 학교교육과 밀접하게 연계시키고 있는 영국은 지적 영역의 핵심역량으로 자국어 능력과 수리 능력을 강조하고 있으며, 그 중에서도 자국어 능력은 지적 영역은 물론 인성 영역의 핵심역량 증진에 큰 영향을 끼칠 뿐만 아니라 인성 영역의 핵심역량 개발의 기반이 되는 것으로 분석했나. 또한 자국어 능력은 국어교과에서 뿐만 아니라 모든 교과를 통헤 모든 교사들이 증진시킬 필요가 있다는 점도 논의했다. 이러한 관점은 미국의 공통핵심 성취기준(CCSS)나 일본의 PISA형 독해력 관련 정책에서도 유사하게 나타나고 있음을 분석하었다.

본 글에서는 핵심역량인 자국어 능력을 향상시키고자 할 때 어휘력 증진이 필요함을 일본의 사례를 통해 약간이나마 언급하였다. 지적 측면의 핵심역량이건 인성 영역의 핵심역량이건 이를 길러주기 위한 교육은 어휘력을 기반으로 하는 언어적 의사소통을 통해 이뤄지기 때문이다. 우리의 현실은 교육내용 면에서 기본적인 어휘력 등 하위 인지능력에 대한 관심보다 창의력과 사고력 등 고급 인지능력에 더 관심이 높다. 또한 교육방법 면에서는 기초 어휘력 부족으로 교과서 내용 이해조차 어려운 학생들이 많음에도 전문적인 토론 기법 적용에만 더 많은 관심을 두고 있다. 이러한 교육현실에서 국어사전 활용 등 어휘력 증진에 더욱 관심과 지원이 필요하다고 여겨진다.

【참고 문헌】

김기헌 2008, 〈아동 · 청소년기 핵심역량: 개념과 적용 사례〉 《미래세대 리포트》 RB08-03. 한국청소년정책연구원.

김승호 2013 〈교과 수업에서의 어휘력 지도 필요성〉 《교육전남 121》 (2013년 7월호), 124~131. 전라남도교육청.

손민호 2011 〈역량중심 교육과정의 가능성과 한계: 역량 개념을 중심으로〉 《한국교육논총》 (101(1)), 101~121.

송미영 2014 〈국제 역량평가, PISA는 어떻게 달라지나〉 《서울교육》 (2014년 가을호), 50~58. 서울특별시교육청.

이광우, 전제철, 허경철, 홍원표, 김문숙 2009 〈미래 한국인의 핵심역량 증진을 위한 초 · 중등학교 교육과정 설계 방안 연구: 총괄 보고서〉 《한국교육과정평가원 연구보고》 (RRC 2009-10-1).

이근호 · 이광우 · 박지만 · 박민정 2013 《핵심역량 중심의 교육과정 재구조화 방안 연구》. 교육부.

이근호 · 곽영순 · 이승미 · 최정순 2012 〈미래 사회 대비 핵심 역량 함양을 위한 국가 교육과정 구상〉《한국교육과정평가원 연구보고》 (RRC 2012-4).

이선영 2014 〈미국 공통핵심기준의 내용 및 교육과정 실행 양상 분석〉 《국어교육》 (146), 375~407.

이인제 2011 〈자기주도적 학습력과 인성 함양을 위한 학교 독서 교육정책의 성과와 과제〉《한국교육개발원 교육개발》 (2011년 겨울호), 76~84.

이인제 2013 〈소통, 화합, 문화 융성의 핵심 능력으로서 독서 능력 향상 정책의 방향〉《문화 융성을 위한 국어 정책의 방향》 (한국어문학술단체연합회 학술대회 자료집), 197~232.

주형미 외 2013 〈핵심역량(성취기준) 중심의 교과서 모형 개발〉《한국교육과정평가원》 (CRT 2013-4).

최상덕 · 김진영 · 반상진 · 이강주 · 이수정 · 최현영 2011 〈21세기 창의적 인재 양성을 위한 교육의 미래전략 연구〉《한국교육개발원 연구보고》 (RR 2011-01).

Allen. J. & R. Van der Velden 2012 〈Skills for the 21st Century: Implications for Education〉(ROA-RM-2012-043) 《Research Center for Education and the Labour Market》. Universiteit Maastricht.

England Department for Education 2013a 〈English: Programme of study for Key Stage 4〉. Retrieved from http://www.education.gov.uk/nationalcurriculum

England Department for Education 2013b 《The National Curriculum in England: Key Stages 1 and 2 Framework Document》 (September 2013). Retrieved from http://www.education.gov.uk

OECD 2010 〈Student Performance in Reading, mathematics and Science〉 《PISA 2009 Results: What Students Know and Can Do》 (Volume 1). Retrieved from www.oecd.org/publishing/corrigenda

文部科学省 2005 "読解力向上プログラム" (보도자료). http://www.mext.go.jp/a_menu/shotou/gakuryoku/siryo/05122201/014/005.htm

井上 雅彦 2009 <'PISA型 読解力'育成のための学習指導: ディベート学習活動の可能性> 《安田女子大学紀要》 (37), 117~128.

교과 수업에서의 어휘력 지도 필요성

김 승 호
함평교육지원청 교육장

【차례】

※ 原載 : 《교육전남》(121호, 2013.7.10.). pp.124~131

Ⅰ. 들어가는 말

국내 학생 10명 중 4명이 학교를 그만두고 싶어하고, 그 이유는 '학업성적 스트레스'(41.8%), '재미없는 학교생활'(22.1%) 등 대부분 공부 부담 때문이라고 한다. 이 결과는 2011년 7월 교육부가 주관하여 전국의 초·중·고 500교를 대상으로 실시한 학교폭력 대책 수립을 위한 인성교육 관련 설문조사에서 학생 3만1천364명이 응답한 것으로 여러 측면에서 신뢰도가 높은 통계라고 볼 수 있다.

학교생활 만족도가 높지 않더라도 학교는 학생들에게 지식과 인성을 전문적으로 교육하는 곳이어야 한다. 학생들이 공부 때문에 힘들어 하고, 학교생활에 재미를 느끼지 못한다고 하여 학교가 학생 개개인들이 하고 싶은 활동에만 참여시킬 수는 없다. 학생들은 공부하기 위해, 더 잘 배우고 민주시민으로서의 인성과 자질을 키우고 싶어서 학교에 오기 때문이다.

교사들도 학생들과의 상담을 통해 학생들이 공부 때문에 고민이 많다는 것을 알고 있다. 동시에 교사들은 학생들이 공부하기 싫어서 공부 스트레스를 받는다기보다는 공부는 하고 싶지만 열심히 해도 성적이 오르지 않아서, 이해할 수 없는 수업내용 때문에 공부 재미를 느낄 수 없어서 고민하고 있다는 것을 확인하곤 한다. 어떻게 하면 우리 학생들이 공부해야 할 것을 재미있게 배우도록 도울 수 있을까?

교실에서 이루어지는 교수학습 과정은 기본적으로 교사와 학생 간의 언어적 의사소통을 통해 이뤄진다. 교사는 학생들에게 교과와 관련된 내용을 전달하며 반응과 행동을 이끌어내서 학습과정에 참여할 기회를 제공하며, 학생들은 언어적 반응을 통해 개념을 습득하고 인지를 발달시키게 된다. 따라서 교사, 교과서, 학생 간의 의사소통과 언어 이해 정도가 교실수업의 성패에 크게 영향을 미칠 수 있다.

교사들은 학생들이 교과 관련 주요 개념이 아닌 기본적인 어휘에 대해 제대로 이해하지 못하고 있어서 수업을 하기 어렵고 학업성취도도 낮게 나올 수밖에 없다는 말을 하기도 한다. 즉, 교사들은 일상적으로 흔히 사용하는 쉬운 어휘들의 경우 학생들이 당연히 알 것으로 전제하고 수업을 진행했는데 학생들이 그 뜻을 물어 당황하기도 하고 심지어 수업이 이미 지나가고 난 다음에야 학생들이 제대로 이해하지 못했거나 잘못 이해하고 있다는 것을 알게 되었다는 것이다.

본 글에서는 학생들이 공부를 잘하고 싶어하지만 수업에 흥미를 느끼지 못하고 교과 학력도 낮은 원인의 하나인 학생들의 수업 용어 이해 부족에 대하여 그 원인과 대책을 교육과정 측면에서, 그리고 수업의 실제 측면에서 찾아 보고지 한다.

Ⅱ. 교육과정 수준과 어휘력 수준의 불일치 현상

1. 교육과정 측면의 학업성취 관련 요인

듀이의 관점에 따르면 학교교육의 3요소는 주체인 교사, 객체인 학생, 매개체인 교과서로 구분된다. 오늘날 주체는 자기주도 학습이 강조되면서 학생으로 바뀌었고, 매개체는 미디어 기술의 발전과 더불어 교과서를 탈피하고 있다. 또한 교사는 교수내용의 전달보다 학습을 설계하고 학생을 멘토하는 역할로 전환되어야 한다는 주장도 있다. 그러나, 일상적인 교육현장에서 교사 주도의 수업과 학생의 참여에 의한 학습 그리고 교육과정 체계에 따라 개발된 교과서의 내용 전달이 학교교육의 중심이 되고 있는 것이 사실이다.

교육의 3요소가 제대로 작동된다면 학교교육은 성공적이라고 할 수 있다. 즉, 모든 학생이 교사의 수업을 통해 교과서 내용을 잘 이해한다면 교육과정에서 추구하는 교육의 성취수준에 모두 도달할 수 있을 것이다. 그러나, 학교현장에서 그렇지 못한 경우가 대부분이다. 교과서 내용이 너무 어렵다는 비판이 많고, 수업내용을 알아듣지 못해 수업에 흥미를 느끼지 못하는 학생들이 많다. 또한 교사들은 교육과정에 따라 소정의 수업시수로 소정의 교과진도를 나가야 하기 때문에 뒤쳐지는 학생을 위해 충분히 보충해 줄 시간이 없다.

실제로, 거의 모든 교과에서 교과서 내용을 설명한 후 수업받은 내용을 확인하거나, 시험을 치른 후 결과분석을 하면서 교사들은 상당수 학생들이 기본적인 어휘를 이해하지 못하고 있음을 발견하게 된다. 즉 기본적인 용어를 이해하고 문맥을 파악하기만 하면 쉽게 풀 수 있는 문제들임에도 불구하고 성적결과는 교사가 예상한 수준보다 훨씬 낮게 나타나는 경우가 많은 것이다.

이에 대한 원인으로서 국어 기본을 습득하는 단계인 초등학교에서 국어 기초교육이 제대로 되지 않았다고 비판하기도 하며, 중·고교의 일반 교과 담당 교사들은 국어교사들이 어휘교육을 제대로 시키지 않기 때문이라고 지적하기도 한다. 학생들의 기본적인 학습용어 이해 부진 때문에 초등학교 교사, 중등학교 국어교사, 심지어 학부모까지 비판의 대상이 되기도 한다.

가장 많이 지적되는 것은 교육의 객체인 학생측면에서의 선수학습 부진이다. 본래부터 우수하지 못한 학생들이 많기 때문에 아무리 가르치려고 해도 어쩔 수 없이 나타나는 현상이라고 여기는 교사들의 견해는 이러한 입장이 반영된 것이다. 그러나 학생 측면보다는 교육의 주체인 교사와 교육전문가들이 만든 매개체인 교과서 측면에서 원인을 찾는 것이 더 교육적이다. 학교교육의 내부적인 요인들인 교과서 자체 또는 교사의 학습지도 방법에 있어서도 문제점이 없는지 찾아보아야 한다.

즉, 교과서의 내용이나 사용된 용어들이 학생의 지역적, 문화적 특수성과 관련이 적을 경우 또는 교사-학생 간에 사용되는 용어에 있어서 수준의 차이가 클 경우, 대부분 언어를 통해 매개되는 지식교육의 효과는 기대보다 낮게 나타난다고 볼 수 있다.

2. 학습용어 이해 수준 분석

학생들의 어휘력 저하 문제가 가끔 보도되면서 우리의 국어교육에 대한 우려를 자아내고 있다. 한 일간신문에 보도되었던 '말이 안되는 우리 국어실력'(조선일보 2008.7.3) 기사는 이러한 걱정스러운 사례로 자주 인용된다. 반에서 10등 안에 드는 중학교 3학년 학생이 '문외한'(門外漢 : 어떤 일에 전문적인 지식이 없는 사람)을 '무뇌한'이라고 쓰기에 '대체 너 이게 무슨 뜻인지 알고나 썼니?'라고 했더니, '무뇌아처럼 뇌가 없는 사람이란 거 아니에요'라고 되묻더란

이야기다.

교과관련 어휘의 이해 수준에 관한 연구에서도 학생들의 낮은 어휘력 문제가 학력 저하의 주된 원인으로 분석되고 있다. 이정우 외(2007)는 초등학교 6학년 학생들의 사회교과서 일반사회 영역에 자주 등장하는 용어 20개를 추출하여 학생들의 어휘 이해도를 조사한 결과, 학생들은 어떤 단어를 자주 들어 잘 알고 있는 것으로 스스로 평가하는 경향이 있지만 실제로 제대로 모르는 경우가 많다고 결론을 내렸다. 연구자들은 어휘를 완전히 이해하는 수준을 100점 만점으로 환산했을 때 50짐을 넘어가는 단어가 거의 없다고 밝혔다. 이러한 결과는 유정순(2005)이 고등학교 1학년 국사교과서에 사용된 용어에 대한 이해 실태 분석에서 대부분의 학생들(96%)이 용어의 이해에 어려움을 겪고 있다고 응답한 것에서도 확인할 수 있다. 이에 대하여 이정우 외(2007)는 교과서를 펼쳐든 학생이 등장하는 어휘의 상당수를 이해하지 못한다면, 새로운 내용을 학습하기도 전에 학습의욕을 상실하는 결과를 낳을 것은 자명한 일이라고 하였다.

정진우 외(2007)은 중학교 3학년 학생들의 과학(지구과학) 용어들이 대부분 한자나 영어로 기술되어 있어 학생들이 학습용어의 개념은 물론 용어 자체의 의미를 제대로 파악하지 못하여 과학 학습에 커다란 지장을 초래한다는 사실을 밝혔다. 그들은 '수소는 상온에서 기체이다'라는 문장을 제시했을 때 [상온]을 [평상시 온도]로 해석한 학생은 전체 응답자의 34.8%에 불과하며, 대부분의 학생들은 [높은 온도]라고 답하였다. 이와 관련하여 학생들이 과학용어를 이해하지 못할 때 한자의 음과 훈을 알려 주는 것도 한가지 해결 방법으로 제시했다.

교과 관련 학업성취도 향상과 어휘력에 관하여 최근 교과독서, 학습독서(Reading for Learning) 등의 이름으로 활발하게 연구(이순영 2012; Heather Lattimer 2010)되고 있다. 학생들은 교과의 주요 개념이나 원리를 배우지만 교과서의 학습내용을 구성하는 텍스트를 제대로 읽고 이해하지 못하면 교과학습에서도 성공할 수 없다는 입장이다. 특히, 중등학교 교과 담당교사들은 모든 학생이 일반적인 어휘력과 독해수준을 확보하면서 자신이 담당하는 전공교과를 배운다고 가정하지만 실제로 그렇지 않은 경우가 많으며, 그렇다고 어휘력 배양이나 독해능력을 국어교사들에게만 의뢰할 수 없는 상황에서 비롯된 것이다. 이와 관련하여 미국 교육부의 학력 향상 시책 중 하나인 '모든 교사의 독서교사화(Every teacher is a reading teacher)'는 국어과 이외의 모든 교과담당 교사들도 자신의 전공 영역뿐만 아니라 일반 어휘 지도, 독해지도 등에 대해서도 관심과 지도능력을 가져야 한다는 전제 하에 추진된 것이다.

Ⅲ. 교수-학습과정의 어휘력 증진 대책

1. 교과서 측면에서 검토해야 할 사항

모든 교과의 교실 수업에서 교사와 학생들은 주로 언어를 통해 상호작용한다. 국어과는 언어사용 능력을 신장에 기본 목표를 두고, 국어에 관한 기본적 지식을 갖게 하며, 문학의 이해와 감상능력을 길러 주는 교과이다. 이렇게 볼 때 국어 수업을 통해 국어사용 능력을 제대로 습득하지 못하면 수학이나 사회, 과학, 심지어 외국어 수업도 성공적으로 이뤄질 수 없다.

언어사용 능력은 크게 나누어 음성언어(말) 사용능력과 문자언어(글) 사용능력으로 구분된다. 음성언어 사용능력은 듣기와 말하기 능력이며, 문자언어 사용능력은 읽기와 쓰기 능력이다. 읽기 능력은 달리 표현하면 모든 과목의 책을 읽고 그 내용을 이해할 수 있는 독서능력이다. 읽기 능력에서 독서라는 책을 읽는 행위보다 글의 이해라는 점이 강조되어야 한다.

글을 읽고 내용을 이해하는 데에는 여러 단계가 있지만, 가장 기초적인 단계는 어휘에 대한 이해이다. 풍부하고 다양한 어휘력을 갖고 있는 학생은 그만큼 읽기 학습에서 유리하다고 할 수 있다. 따라서, 이러한 어휘 능력을 지닐 수 있도록 어휘 학습 방법을 지도하는 것은 학생들의 읽기 능력을 향상시키는 데 매우 중요하다.

어휘 학습을 위해 가장 우선되어야 하는 것은 폭넓은 독서와 독서 과정에서 부딪히게 되는, 모르는 단어의 의미를 사전을 통해 확인하는 것이다. 또한 단어의 문맥적 의미가 사전적 의미와 차이가 난다는 것을 학생들에게 인식시켜야 한다.

여기서 사전 활용은 어휘학습, 읽기 능력, 언어능력, 국어 능력, 모든 교과학습 능력으로 확대 연계될 수 있다. 사전을 제대로 활용할 수 없다면 지적 측면의 교육이 어렵게 된다는 뜻으로 해석될 수 있다.

교육과정 상 사전 찾는 법을 익히고 단어의 다양한 의미를 이해하도록 함으로써 학생들의 어휘력을 향상시키는 교육활동은 주로 초등학교 3학년 수준에서 배우게 된다. 사전 찾기는 초·중·고 12년을 통틀어 초등학교 교과서에 유일하게 나온다. 사전에는 낱말의 어원, 발음, 그 단어와 관련된 숙어, 속담, 반의어, 유의어 등 무수한 지식이 담겨 있어 스스로 어휘 학습을 할 수 있는 좋은 자료라는 것은 누구나 알고 있다. 그러나, 독서활동에서 기본적인 어휘의 의미나 개념의 이해보다는 맥락을 통한 이해, 사고력과 창의력 배양이 중시되는 상황에서 사전을 활용한 어휘학습은 암기 위주 교육의 전형으로 비쳐지기도 한다.

특히, 국어과 교육과정에서 어휘에 관한 지도는 초등학교에서 중점적으로 지도되지만 중학교 이후에는 이에 관한 지도를 체계적으로 할 수 없다. 초등학교 문법 영역에서 낱말(단어)에 대한 학습을 기반으로 단어의 짜임, 품사의 개념과 특성, 어휘의 유형과 의미 관계에 대하여 학습하도록 하고 있다. 중학교 문법 영역에서는 초등학교와 달리 언어의 본질, 음운, 담화, 국어의 역사 등에 대해서 배워야 하기 때문에 상대적으로 초등학교에 비해 어휘 교육에 대한 직접적인 학습 내용은 적을 수 밖에 없다. 중학교 단계에서는 문법 영역뿐만 아니라 듣기·말하기, 읽기, 쓰기, 문학 영역에서도 어휘 교육에 대한 직접적인 관련 내용이 없다(전은주 2012).

다음으로 한자문제를 들 수 있다. 우리 국어의 특수한 구조에서 학습용어 이해 곤란의 원인을 찾을 수 있다. 우리 국어는 70% 이상이 한자어이므로 한자를 모르면 우리말의 30%만 배울 뿐이며, 30%만 가지고 우리말 언어생활을 하는 결과가 된다. 더욱이 학술용어는 95% 이상이 한자어이므로 한자를 배우지 않고 대학에서 공부한다면 5%의 언어능력으로 학문을 하고자 하는 것과 같다. 고등학교 수준에서는 한자어가 90% 이상이라는 통계도 있는 바, 초·중학교 단계에서 한자 지도에 대해 전향적인 접근이 필요할 것으로 여겨진다.

2. 학생 측면에서 검토해야 할 사항

학력 부진에 대한 책임의 대부분은 학생 자신과 부모가 지고 있는 것이 우리의 실정이다. 공부 못하는 학생들에 대한 교사들의 인식은 앞에서 논의한 바와 같이 선수학습 미비, 학습의욕 저하, 가정의 관심과 교육열 미흡으로 직결된다. 공부방법 면에 대해서도 검토해야 하는 바, 이에 대해서는 사전활용의 필요성에 관한 논의에서 충분히 다뤘기 때문에 생략한다.

여기서 가정의 학습지원 능력 부족의 문제는 학생의 잘못이라고 말할 수는 없다. 교사가 이를 인정하고 지원해 주는 방법 외에는 달리 대안이 없다. 특히 농어촌 학생들의 경우 부모의 사회적 · 경제적 지위가 낮거나, 부모가 충분한 문해력을 갖추지 못한 경우가 많은데 이에 대하여 학생이 비난받을 수는 없을 것이다. 학습부진학생에 대한 특별한 지원이 더욱 다양하게 전개되어야 할 것으로 여겨진다.

선수학습 미비나 학습의욕 저하에 있어서 학생들만의 책임으로 돌리기에는 한계가 있다. 학생들은 항상 무엇인가 배운다고 생각하며, 다른 학생들과 제대로 비교할 수 없기 때문에 현재의 담당교사가 가르치는대로만 배우면 문제될 것이 없을 것이라고 생각한다. 가정의 교육지원 능력이 약한 농어촌 지역에서 교사가 학습수준을 체크하고 보완해 주지 않으면 선수학습 미비는 당연한 결과로 나타날 수밖에 없다.

특히, 학생들이 근본적으로 공부하기를 싫어한다고 생각하는 것은 논란의 여지가 많다. 서론에서 언급한 바와 같이 학생들이 가장 하고 싶은 것이 공부라는 점을 교사들은 고려해야 한다. 싫은 공부라도 나중에 훌륭한 사람이 되기 위해서는 어쩔 수 없이 열심히 공부해야 한다고 강조하는 교사들도 적지 않은 것이 사실이다.

그러나, 학생은 공부하는 일을 직업으로 한다. 모든 사람들이 직업에서 성공하고 싶어 하듯이 모든 학생은 공부를 잘하고 싶어한다. 하루의 일과가 공부이며 공부하라는 말을 너무 많이 들으면서 생활하기 때문에 공부에 지겨움을 느끼는 것은 당연하다. 잘하고 싶은 생각에 비해 실제로 공부 잘하기가 쉬운 일이 아니기 때문에, 그리고 공부를 해도 생각보다 성적이 오르지 않기 때문에 공부를 어려워하고 또한 싫어하는 것처럼 보일 뿐이다. 기본적으로 공부를 잘하고 싶은 학생들이기에 공부를 하면서 알아가는 재미는 그들에게 어떤 오락보다도 더 즐거운 일이다.

학생들의 근본적인 바램이 공부를 잘하는 것이라는 점을 이해한다면 교사가 할 수 있는 가장 중요한 일을 공부할 수 있도록 격려와 인정을 해주는 일이다. 현재는 공부를 다소 잘하지 못하더라도 공부하고자 하는 마음을 인정해 줄 때 학생들은 공부에 대하여 용기를 잃지 않게 될 것이다.

3. 교사 측면에서 검토해야 할 사항

교사들은 교과서나 자신이 수업 중에 사용하는 일반적인 학습용어들을 대부분의 학생들이 이해하리라는 전제 하에 수업을 진행한다. 그러나 교사들이 일상적으로 사용하는 학습용어의 상당한 부분을 학생들의 대부분이 이해하지 못할 가능성은 적지 않다. 왜냐하면 교사들은 다년간의 사회경험과 전공분야의 공부를 통해서 의식수준이나 언어수준이 학생들에 비하여 아주 높은 수준이지만 이와 같은 사실을 수업 중에 무의식적으로 망각하기 쉽다.

또한 일반적으로 중·고등학교 시절 중상 정도의 학교성적을 가졌고 따라서 학습용어의 이해에 곤란을 거의 경험하지 못한 교사들은 자신들이 학교에서 배우던 기억을 되살려 상식적인 어휘를 모르는 학생들을 이해하지 못하게 되기 쉽다.

더욱이 교과서에서 사용되고 있는 학습용어들 가운데는 그 형성과정부터 학생들의 실제생활과 관련이 적은 전문용어이거나 외래어, 한자어 등으로 구성되어 있는 것들이 많아 교사들은 학습용어의 사용에 특별한 주의를 기울여야 할 필요성이 있다 하겠다.

어휘력이 약한 학생들을 보면서 많은 교사들은 그러한 상황에 대해 개탄해 마지 않는다. 이러한 태도는 중학교 교사들 사이에서 전형적으로 나타나는 반응이다. "초등학교에서는 뭐 하는지 모르겠어. 그런 상태로 어떻게 중학교 진학을 시킬 수 있어" 하면서 심각성에 대한 안타까움과 함께 내 일이 아닌 남의 일처럼 비난한다. 앞에서 언급한 바 미국 교육부의 '모든 교사의 독서교사화' 시책이 대두된 배경이 우리의 현실과 유사하다는 점을 인식하여 중·고교 단계에서 모든 교과담당 교사들이 비난과 책임회피가 아닌 적극적 대책을 세워야 할 때라고 여겨진다.

Ⅳ. 나가는 말

학년이 올라갈수록 학습의 분량은 많아지기 때문에 학생들이 능동적으로 학습을 전개하지 않으면 누적적으로 실패감을 맛보게 된다. 따라서 학생들은 스스로 학습할 수 있는 능력을 배양시키기 위해 학습하는 방법을 알아야 한다.

학습하는 방법 습득의 구체적인 방안으로 국어사전과 영어사전을 활용하는 방법, 교과별 학습방법 등에 대한 꾸준한 노력이 있어야 한다. 특히, 기초·기본 학력이 부진한 학생들 대부분은 스스로 학습하는 방법을 터득하지 못한 경우가 많은 만큼 자주적 학습능력 배양에 보다 관심을 가져야 할 것이다.

그리고, 어휘력 배양의 과제는 국어교사 뿐만 아니라 모든 교과에서 다뤄져야 할 것이다. 전공 영역의 세부 지식을 알기 위해서는 일반 어휘를 이해해야 하고, 문맥으로 알기 위해서는 해당 어휘의 기본 개념을 알고 있어야 한다. 특히 중등학교에서 교사들은 전공영역에 대한 관심과 지식으로 학생들을 가르치려고 하지만 학생들은 기본적인 어휘에서 문제에 부딪힐 수 있다는 점을 고려하여 모든 교과 교사들이 어휘 지도에 대한 관심을 높여야 할 것이다.

아울러, 학습용어를 한자로 설명해 주는 노력도 필요하다고 본다. 이 문제에 관해서 교육계 내부에서 한글전용론과 한자혼용론 등 첨예하게 대립되는 주장이 있긴 하지만, 대부분의 교과학습용어가 한자에서 나온 것이라는 점을 염두에 두어 한자의 음과 훈을 통해 학습용어 이해도를 높이는 방안이 단순 암기 위주의 학습보다 훨씬 더 좋은 방안이 될 수 있을 것이다. 한자를 배우지 않고 교직에 들어 온 대부분의 한글세대 교사, 한자보다는 영어로 이해시키는 것에 더 익숙해진 교사들에게는 다소 부담이 되는 일이기는 하지만 한자를 통한 학습용어 설명을 적극 권장하고 싶다.

【참고 문헌】

유정순 2005 〈중 · 고등학교 국사 교과서의 용어 문제〉《역사교육논집》(제35권) 107~155.

이정우, 곽한영 2007 〈초등학생들의 사회 교과시 어휘에 대한 이해도: 6학년 2학기 사회 교과서를 중심으로〉《시민교육연구》(제39권 3호) 213~236. 한국사회과교육학회.

전은주 2012 〈중학교 어휘 교육의 위상과 개선 방안〉《새국어교육》(제93권) 181~213. 한국국어교육학회.

정진우, 조현준, 박숙희 2007 〈중학생들의 학습 양식과 과학에 대한 태도에 따른 한자기반 지구과학용어에 대한 이해〉《지구과학학회지》(제28권 1호) 24~34. 한국지구과학학회.

천경록 1992 〈독해 과정과 명제〉《청람어문학》(7집). 청람어문학회.

Chall, J. S. 1996 〈Stages of Reading Development〉(Second edition). Harcourt Brace.

Heather Lattimer 2010 〈Reading for Learning : Using Discipline~based Texts to Build Content Knowledge〉. National Council of Teachers of English.

기본 학습용어 이해 실태와 국어사전 활용의 필요성

김 승 호
전라남도교육청 장학관

【차례】

※ 이 논문은 전남언어문화연구회 소속 중등국어교사 대상 특강(2009. 5. 20) 자료를 정리한 것입니다. -편집자-

1. 들어가는 말

거의 모든 교과에서 학습과제를 설명한 후 수업받은 내용을 확인하거나, 시험을 치른 후 결과분석을 하면서 교사들은 상당수 학생들이 기본적인 어휘를 이해하지 못하고 있음을 발견하게 된다. 즉 기본적인 용어를 이해하고 문맥을 파악하기만 하면 쉽게 풀 수 있는 문제들인데도 성적결과는 교사가 예상한 수준보다 훨씬 낮게 나타나는 경우가 많은 것이다.

이에 대한 원인으로서 국어 기본을 습득하는 단계인 초등학교에서 국어 기초교육이 제대로 되지 않았나고 비판하기도 하며, 중·고교의 일반 교과 담당 교사들은 국어교사들이 어휘교육을 제대로 시키지 않기 때문이라고 지적하기도 한다. 학생들의 기본적인 학습용어 이해 부진 때문에 초등학교 교사, 중등학교 국어교사, 심지어 학부모까지 비판의 대상이 되기도 한다.

가장 많이 지적되는 것은 학생측면에서의 선수학습 부진이다. 본래부터 우수하지 못한 학생들이 많기 때문에 아무리 가르치려고 해도 어쩔 수 없이 나타나는 현상이라고 여기는 교사들의 견해는 이러한 입장이 반영된 것이다. 그러나 학생 측면보다는 교육과정과 교사 측면에서 원인을 찾는 것이 더 교육적이다. 학교교육의 내부적인 요인들인 교과서 자체 또는 교사의 학습지도 방법에 있어서도 문제점이 없는지 찾아보아야 한다.

즉, 교과서의 내용이나 사용된 용어들이 학생의 지역적, 문화적 특수성과 관련이 적을 경우 또는 교사-학생간에 사용되는 용어에 있어서 수준의 차이가 클 경우, 대부분 언어를 통해 매개되는 지식교육의 효과는 기대보다 낮게 나타난다고 볼 수 있다.

고등학생일지라도 중학교 수준, 심한 경우 초등학교 수준의 기초적인 어휘들을 이해하지 못하는 경우가 상당수 존재하는 실정에서 초·중등교사들 모두, 그리고 누구보다도 중등 국어교사들이 중심이 되어 고민하고 또 함께 해결을 위한 지혜를 모아야 할 사항이라고 여겨진다.

이 글은 우리 학생들의 읽기능력이 부진하며, 그 이유를 국어사전 활용교육이 제대로 이뤄지지 않기 때문이라는 필자의 평소 생각을 정리하면서, 학생들의 어휘력 향상을 위해 국어사전을 자주 활용할 수 있도록 국어교사들에게 부탁하기 위해 작성한 글이다.

2. 국어과와 사전활용

모든 교과의 교실 수업에서 교사와 학생들은 주로 언어를 통해 상호작용한다. 국어과는 언어사용 능력을 신장에 기본 목표를 두고, 국어에 관한 기본적 지식을 갖게 하며, 문학의 이해와 감상능력을 길러 주는 교과이다. 이렇게 볼 때 국어 수업을 통해 국어사용 능력을 제대로 습득하지 못하면 수학이나 사회, 과학, 심지어 외국어 수업도 성공적으로 이뤄질 수 없다.

언어사용 능력은 크게 나누어 음성언어(말) 사용능력과 문자언어(글) 사용능력으로 구분된다. 음성언어 사용능력은 듣기와 말하기 능력이며, 읽기와 쓰기 능력이다. 읽기 능력은 달리 표현하면 모든 과목의 책을 읽고 그 내용을 이해할 수 있는 독서능력이다. 읽기 능력에서 독서라는 책을 읽는 행위보다 글의 이해라는 점이 강조되어야 한다.

글을 읽고 내용을 이해하는 데에는 여러 단계가 있지만, 가장 기초적인 단계는 어휘에 대한 이해이다. 풍부하고 다양한 어휘력을 지니고 있는 학생은 그만큼 읽기 학습에서 유리하다고 할 수 있다. 따라서, 이러한 어휘 능력을 지닐 수 있도록 어휘 학습 방법을 지도하는 것은 학생들의 읽기 능력을 향상시키는 데 매우 중요하다.

어휘 학습을 위해 가장 우선되어야 하는 것은 폭넓은 독서와 독서 과정에서 부딪히게 되는, 모르는 단어의 의미를 사전을 통해 확인하는 것이다. 또한 단어의 문맥적 의미가 사전적 의미와 차이가 난다는 것을 학생들에게 인식시켜야 한다.

여기서 사전 활용은 어휘학습, 읽기 능력, 언어능력, 국어 능력, 모든 교과학습 능력으로 확대 연계될 수 있다. 사전을 제대로 활용할 수 없다면 지적 측면의 교육이 어렵게 된다는 뜻으로 해석될 수 있다.

교육과정 상 사전 찾는 법을 익히고 단어의 다양한 의미를 이해하도록 함으로써 학생들의 어휘력을 향상시키는 교육활동은 주로 초등학교 3학년과 4학년 수준에서 배우게 된다. 사전 찾기는 초·중·고 12년을 통틀어 초등학교 교과서에 유일하게 나온다. 사전에는 낱말의 어원, 발음, 그 단어와 관련된 숙어, 속담, 반의어, 유의어 등 무수한 지식이 담겨 있어 스스로 어휘 학습을 할 수 있는 좋은 자료라는 것은 누구나 알고 있다. 그러나, 독서활동에서 기본적인 어휘의 의미나 개념의 이해보다는 맥락을 통한 이해, 사고력과 창의력 배양이 중시되는 상황에서 사전을 활용한 어휘학습은 암기 위주 교육의 전형으로 비쳐지기도 한다.

만약 중학교나 고등학교 시기에 학생들이 사전 보는 것이 습관화되어 있지 않다면, 초등학교 단계에서 국어교육이 제대로 이뤄지지 않았다는 것으로 파악하고 대책을 세워야 한다. 초등학교에서 기초학습 능력 배양이 가장 중요하고, 이를 국어수업에서 충실하게 지도해 주었어야 한다. 그러나 학급담임제로 운영되는 초등학교에서 국어전공 교사나 국어교육 수준에 책임을 지는 교사는 없다. 오히려 국어보다 수학이나 외국어가 더 중시될 정도이다.

국어사전 활용이 효과적인 학습방법의 기본이라는 점은 다음의 사례에서 확인할 수 있을 것이다.

> 효과적 학습법 : 사전 활용(1)
>
> 사전 찾기가 가장 확실한 방법입니다. 한글만 깨우치고 나면 사전 찾기는 습관화해야 합니다. 영어는 알파벳만 알고 나면 사전을 손에 잡고 살면서 왜 국어사전은 안 찾습니까? 생활 속에서 늘 접하고 있기 때문에 잘 아는 것처럼 착각할 뿐이지 단어를 하나씩 뽑아내어 그 의미를 물어보면 대답하지 못하는 경우가 많아요.
>
> 〈초등학생 시절의 학습법〉
>
> 아이가 한글만 알고 나면 사전을 찾게 해야 합니다. 초등학생용 얇은 사전이 아니라 두꺼운 것을 준비하고요. 대학생 어른들이 보는 것인데 너는 벌써 이런 것으로 공부한다는 격려의 말도 해주세요.

---

(1) 중앙일보 논술능력시험 게시판 http://www.nonsultest.com/board/
중앙일보 논술평가원장 조광제 원장의 '논술시험 대비 요령'

일화를 하나 소개하겠습니다. 큰 아이는 S과학고를 수석 졸업하고 H대 컴퓨터 공학과로 진학했으며 작은 아이는 H외고를 졸업하고 S대 법학부로 진학한 수재남매를 가르쳤던 적이 있습니다. 그 어머니에게 "어떻게 키우셨길래 아이들이 저렇게 공부들을 잘합니까?" 하고 원장이 물었었습니다. 그때까지는 그 어머니도 자신의 아이들이 공부를 남달리 잘한다고만 생각했지 그 이유를 유심히 생각해 보지는 않았던가 봅니다. 함께 식사를 하고 있었는데 그 질문을 받았을 때는 "걔들이 열심히 했을 뿐이지 무슨 특별한 이유가 있겠습니까?"라고 하시더니 식사를 마칠 즈음에 "원장님 아까 물어보신 것에 대한 답변이 될지 모르겠지만 저희 아이들은 어릴 때부터 사전을 찾게 했습니다. 걔들이 뭘 물어도 대답부터 해주지 않고 사전을 찾아 확인하게 했는데 그것이 바탕이 되어 책을 읽어도 내용을 정확히 알게 되고 공부를 할 때도 남들보다 확실한 공부를 하게 되지 않았나 싶습니다. 학년이 올라갈수록 공부하는 데 시간도 절약이 되었을 것 같고요."

그렇습니다. 그분의 말씀에 공감합니다. 여러분도 그렇게 해 보십시오. 책을 무조건 많이만 읽게 할 것이 아니라 사전까지 찾으면서 한 권이라도 제대로 읽게 하십시오. 급할수록 돌아가란 말이 있지요. 돌아가는 것이 지름길일 수도 있습니다.

〈중고등학생 시절의 학습법〉

초등학생 시절에 사전 찾기를 습관화해 두면 중고등학생 시절에는 어휘력에 관한한 특별히 공부할 것이 없습니다. 중고등학생 수준에서 새로 나타나는 어휘들만 사전을 찾아주면 되는 것이죠. 그래서 위의 일화에서 소개된 그 어머니께서도 학년이 올라갈수록 공부하는 시간도 절약되었을 것이란 말씀을 하셨던 것입니다. 특히 초등학생 때 한자공부라도 병행하여 1,000자 정도의 한자를 알고 있다면 핵무기까지 보유한 셈이 되죠. 처음에 사전을 찾고 그것을 습관화하는 것이 힘들어서 그렇지 그것만 되고 나면 수학,과학,사회할 것 없이 모든 공부에 가속도가 붙게 됩니다.

예를 들어 볼까요? '등고선'이 뭡니까? 지도에 동그라미들로 그려진 산표

시라고요? 낮은 곳도 그렇게 표시하는데 이런 대답을 해서야 되겠습니까? 한자를 생각해 보십시오. '등(等-같을 등), 고 (高-높을 고), 선(線-줄 선)' 이지요? 따라서 '지도상에서 높이가 같은 지점들을 연결하여 높은 정도를 표시한 선'이 등고선의 정의가 될 것입니다. 국어 시간 이외의 다른 과목 시간에 이런 식의 설명을 들어보신 적이 있습니까? 개념 정의를 이런 식으로 해 주시는 선생님께 배우고 있다면 당신은 행운아입니다. 모든 선생님이 이런 정성을 쏟아주시기를 기대하기 어렵다면 스스로 하셔야죠.

3. 한국 학생들의 세계 최고 학력의 허상

국제적인 학력평가연구인 OECD의 PISA에 따르면 우리나라 15세 중학생들의 학력은 세계 최고 수준이다. 시행연도에 따라 다소의 변동은 있지만 수학은 거의 1~2위, 국어는 5위에서 1위로 상승, 과학은 1위에서 5위로 하락 등으로 나타나고 있으며, 이 때문에 한국교육은 세계적으로 인정받고 있다.

그러나, 앞에서 언급한 바와 같이 많은 교사들은 학생들이 우리말을 제대로 모른다고 느끼고 있다. 어휘력, 독해력이 부족하고 심지어 철자법도 잘 몰라서 학습 능력이 크게 부족한 상태라고 한다. 국어교육 전문가인 국어교사들의 인식은 어떤지 궁금하기도 하다.

우리 국민들의 읽기능력에 관한 국제적인 통계 결과도 일반적인 인식과 유사하다. 한국교육개발원은 경제협력개발기구(OECD) 사무국이 1994년부터 실시해온 성인인구의 문서해독 능력 측정도구를 우리 국민에게 적용한 결과를 발표했다(2004.06.03. 보도자료). 그 결과 일상문서 해독능력이 최하위권인 것으로 드러났다. 우리나라 성인의 75%가 영수증, 열차시간표, 약 사용설명서, 지도 등 일상생활을 영위하는 데 곤란을 느낄 정도로 문서이해 능력이 수준 미달이다.

- 산문문해 수준 : 13위/23개국 중(스웨덴 301.3점, 한국 269.2점)
- 문서문해 수준 : 19위/23개국 중(스웨덴 305.6점, 한국 237.5점)

그러면 우리나라 사람이 우리말을 모르는 이유는 무엇인가?

앞에서 논의한 것에 따르면 국어사전을 잘 찾아보지 않기 때문이라고 말할 수 잇다. 아울러, 우리 국어의 특수한 구조에서 원인을 찾을 수 있다. 우리 국어는 70%이상이 한자어이므로 한자를 모르면 우리말의 30%만 배울 뿐이며, 더욱이 학술용어는 95% 이상이 한자어이므로 한자를 배우지 않은 국어 교육은 우리말의 30%만 가지고 언어생활을 하는 결과가 된다. 대학 수준의 학문에 있어서는 5%의 언어능력으로 학문을 하고자 하는 것과 같다.

수업 중에 학생들의 수업이해도는 어떤가. 학습용어 이해에 관하여 교사들의 기대 수준과 학생들의 실제 수준간에는 차이가 크다. 다음 자료에서 보는 바와 같이 교사들은 대부분의 학생들이 수업을 이해할 것으로 여기고 있지만, 학생들은 소수만이 이해하는 것으로 응답하고 있다.

〈표〉 과목별 수업 내용 이해도 (단위 : %)

이해도 \ 교과	국어		외국어		수학	
	중학생	고등학생	중학생	고등학생	중학생	고등학생
이해 못함	8.1	10.0	20.0	25.9	17.1	30.5
조금 이해함	26.6	28.4	30.8	32.1	29.3	31.1
보통임	36.7	37.5	30.1	28.3	29.1	25.1
대부분 이해함	28.5	24.2	19.0	13.8	24.4	13.3
계	100.0	100.0	100.0	100.0	100.0	100.0

(출처:교육인적자원부 자체설문조사, 1996. 〈신교육체제 수립을 위한 교육개혁방안(Ⅳ)〉, 제5차 대통령보고서(1997. 6. 2.), p. 149.)

〈표〉 중 · 고 학생들의 수업 이해 정도 (단위 : %)

이해도 \ 교과	교 사			학 생		
	중학교	일반고	실업고	중학교	일반고	실업고
대부분의 학생이 이해한다	12.1	10.9	3.7	10.0	3.6	2.0
대략 반 정도는 이해한다	70.3	62.2	42.2	32.7	24.5	18.1
소수의 학생만 이해한다	17.6	25.4	51.6	43.1	57.3	55.9
거의 아무도 이해하지 못한다	-	1.5	2.5	14.2	14.6	24.0
계	100.0	100.0	100.0	100.0	100.0	100.0

(출처: 한국교육개발원(2000)의 자료를 인용한 문화일보 2001. 2. 5. 28면 기사 '기초 학력 배양' 국가가 책임져라(교육인적자원부의 과제 : 초 · 중등 기본교육))

4. 학습용어 이해 실태 조사 사례

필자는 중학교와 고등학교에서 영어를 가르쳤다. 영어도 우리말을 제대로 이해하지 못하는 학생들에게 잘 가르칠 수 없다. 다음은 약 20년 전인 1990년과 1993년 순천과 신안지역의 농어촌 학교에 근무하면서 동료교사들과 고민했던 학생들의 학습용어 이해 수준에 대하여 질문지를 만들고 단순 통계 분석을 해 본 것이다.

연구대상은 순천시(당시 승주군) 소재 H중학교 2학년 학생 전원인 198명과 신안군 소재 C종합고 2학년 학생 전원인 169명이다. 질문문항은 중학교 2학년 도덕 교과서의 1학기 범위 내에서 소단원 마다 3문제씩 추출한 후 어휘력 측정 문항으로 바꾸었다. 문항으로 만들 때 국어사전, 참고서 해설 · 문제, 교사용 지도서 등을 참고하였으며 실시 시기가 10월이기 때문에 이미 학습한 내용들이다.

문항형태는 선택형이며, 23문항중 17개는 4지선다형, 4개는 배합형, 2개는 완성형이다. 선택답지에는 어휘의 이해수준을 보다 확실히 측정할 수 있도록 '잘 모르겠음'의 항목을 두었다. 결과 분석은 다음과 같다.

ㅇ 국어사전 활용 정도

학생들의 60%(고 80%)가 국어사전(내용의 충실정도에 관계없이)을 갖고 있으나 대부분(중: 91%; 고 96%)이 약간 참고하거나 거의 참고하지 않고 있었다. 자주 참고하는 경우는 5%, 44%로 매우 낮은 편이었다. 이는 학생들이 우리말은 거의 알고 있다는 의식을 지니고 있다고 여기거나 학습용어의 곤란을 의식하지 못하고 있기 때문이라고 여겨진다.

ㅇ 교사 · 교과서 용어 이해 정도

교사와 학생간의 수업 중 대화에서 사회경험, 문화수준 등의 격차는 교사가 의식하고 있는 정도 이상으로 심각할 수 있다. 또한 교과서가 중류사회의 문화와 도시중심의 내용으로 엮어져 있기 때문에 특히 시골 중 · 고등학교와 같이 문화수준이 낮은 지역의 경우 교과서를 이해하는 데는 상당한 한계가 있을 수 있다. 조사결과에 의하면 아래 〈표〉에서 보는 바와 같이 각각의 경우 모두 이해수준이 그렇게 높지는 않았다.

〈표〉 교사와 교과서의 용어이해 정도

비교	교사의 용어이해 정도						교과서의 용어이해 정도					
	완전 이해		거의 이해		이해 곤란		완전 이해		거의 이해		이해 곤란	
학교	중	고	중	고	중	고	중	고	중	고	중	고
인원	7	6	134	89	41	74	7	11	123	122	19	35
비율	3.8	3.5	73.6	52.7	22.5	43.8	3.7	6.5	65.1	72.6	10.1	20.8

o 용어이해 수준

중학생들에게는 당시 배우고 있는 교과서의 용어이며 고등학생들에게는 상식적인 용어들인 23개 어휘에 대한 학생들의 이해 수준을 살펴본 결과 앞에서 제시한 교과서 이해정도와 상당히 차이가 있는 것으로 나타났다. 즉 교과서에 나온 어휘를 완전히 또는 거의 이해하고 있는 학생들의 비율(68.8%, 79.1%)이 높은 편이지만 실제 조사결과 어휘력 성취수준은 아주 낮은 편이었다.

여기서 간과할 수 없는 사실은 학생들이 스스로는 어휘의 의미를 잘 안다고 하지만 제대로 알지 못하는 경우가 많다는 것을 예상할 수 있다.

조사결과에 의하면 〈표2〉에서 보는 바와 같이 23개 중 18개 이상, 즉 100점 만점으로 환산했을 경우 80점 이상을 맞은 경우가 4.7%, 9.5%에 지나지 않으며, 13개~17개(60~80점 미만)를 맞은 경우도 36.3%, 42%밖에 되지 않는다. 반면 60점 미만자가 약 60%, 48.5%에 이른다. 이는 어휘력 성취수준이 실제로는 학생들이 스스로 안다고 생각하는 수준보다 훨씬 낮은 것으로 나타난 것이다.

〈표〉 어휘력 성취수준

구분 (통과점수)	100~80점 (18개 이상)		79~60점 (13~17개)		59~0 (12개 이하)	
학교별	중	고	중	고	중	고
인 원	9	16	69	71	112	82
비율(%)	4.7	9.5	36.3	42.0	58.9	48.5
대부분 이해함	28.5	24.2	19.0	13.8	24.4	13.3

학생들의 어휘력을 문항별 분석한 사례를 구체적으로 몇가지 들어보자. 상부상조(相扶相助)를 "웃어른과 조상을 숭상함"(중 31.8% ; 고13.2%)으로 생각하는 경우가 거의 1/3을 차지하고 있다. 이 경우는 "서로 상(相)"을 "위 상(上)"으로 이제까지 잘못 생각한 학생들이 그 정도 된다는 것을 말해주는 것이다. 자주국방(自主國防)에 대해서도 "나라를 지키는 일을 가장 중용하게 여김"(중 24.0% ; 고 27.2%), "국방에 대해 자주 이야기함"(중 5.6% ; 고 7.7%)으로 답변하는 경우도 있다. "매국적(賣國的) 행위"를 "국가를 이롭게 하거나 국가를 사랑하는 행위"(중 14.7% ; 고 12.1%)로 보는 경우가 있으며 상당수(중 20.9% ; 고 119.2%)가 뜻을 잘 모르겠다고 응답하고 있다. "위성도시"(衛星都市)를 "인공위성 발사 도시 케이프타운"(중 27.3% ; 고 37.9%)이나 "한국의 수도 서울"(중 23.0% ; 고23.7%)로 응답하는 비율이 아주 높게 나타나고 있다.

중학교와 고등학교 2학년을 대상으로 한 실제 조사 자료의 분석결과 기본적인 어휘력 수준은 기대 이하이었다. 그러나 학생들은 자신들이 우리말은 대부분 잘 알고 있는 것으로 생각하고서 국어사전을 거의 활용하지 않는 것으로 나타났다.

이러한 결과가 20년이 지난 현재도 같을까? 필자는 거의 그렇다고 생각한다. 여전히 국어사전 경시 풍조가 팽배해 있고, 한자교육에 대한 논란이 존재하는 만큼 한자교육이 활성화되지 않고 있다고 보기 때문이다.

5. 학생들이 제대로 읽을 수 있도록 하기 위하여

가. 기초학습 부진 학생들에 대한 관심 제고

최근 들어 교육의 책무성이라는 말이 교육에 관계하는 광범위한 사람들에게 관심의 대상이 되고 있다. 교육의 책무성은 다양한 의미를 포함하고 있지만 가장 강조되는 것은 모든 학생이 기초 · 기본 학력을 확보할 수 있도록 하는 것이다.

그동안 우리나라는 거의 모든 청소년들이 고등학교까지 졸업할 수 있을 정도로 양적 성장을 이룩하였다. 또한 교육의 질적인 문제가 끊임없이 제기되기는 하였지만 대학입시와 영재교육에만 관심이 쏠렸고, 학교가 해주어야할 가장 중요한 역할인 기초·기본 학력의 확보에 대해서는 그것이 중요하다는 구호만큼 실제적인 활동이 미흡했다고 여겨진다.

최근 교육정보공시제 실시에 따라 기초·기본 학력 문제가 학교교육의 주요과제로 대두되었다. 학생 개인별로는 학력수준 4단계(기초 학력 미달, 기초 학력, 보통학력, 우수학력) 수준이 제공되지만, 공개되는 것은 우수학력을 보통학력 이상으로 통합하여 3단계만 발표된다. 이는 학교교육의 책임이 우수학력자를 다수 육성하는 것보다 기초 학력 미달자를 줄이는 것이라는 교육책무성의 의미에서 나온 것이다. 기초 학력 미달 학생을 줄이는 데 보다 노력을 기울여야 할 것이다.

나. 단위시간 위주의 수업자에서 1년 단위 교수설계자로서의 교사

제6차 교육과정부터는 교사수준의 교육과정이 도입되었다. 교사는 일반적인 교육과정에 따라 진도를 나가기보다는 능동적으로 교과서를 재구성하여 효과적으로 지도해야 한다. 학생들의 요구수준을 분석하여 교수목표를 설정하고, 학생의 수준을 고려한 학생 중심의 수업전략을 수립하여 추진하며, 학년초 일정기간 동안에 분석을 철저히하여 최소한 1년 동안에 가져 올 향상된 수준을 목표로 설계해야 할 것이다.

중등 국어교사의 경우 우선적으로 학생들의 어휘능력 수준을 분석하여 체계적인 조치 계획을 세우는 것이 필요하다. 국어교사로서 학생들뿐만 아니라 다른 과목 교사들에게 도움을 줄 수 있는 교육활동이 될 수 있을 것이다.

다. 학습하는 방법의 습득 지도

학년이 올라갈수록 학습의 분량은 많아지기 때문에 학생들이 능동적으로 학습을 전개하지 않으면 누적적으로 실패감을 맛보게 된다. 따라서 교사는 학생들로 하여금 스스로 학습할 수 있는 능력을 배양시키기 위해 학습하는 방법을 지도해야 한다. 구체적으로 각종 사전을 활용하는 방법, 교과별 학습방법

등에 대한 꾸준한 지도가 있어야 한다. 특히, 기초·기본 학력이 부진한 학생들 대부분은 스스로 학습하는 방법을 터득하지 못한 경우가 많은 만큼 자주적 학습능력 배양에 보다 관심을 가져야 할 것이다. 국어사전을 상시 활용하여 스스로 공부하는 방법 지도를 무엇보다 강조하고 싶다.

라. 교사의 수업 용어 조정

교사들은 교과서나 자신이 수업 중에 사용하는 일반적인 학습용어들을 대부분의 학생들이 이해하리라는 전제 하에 수업을 진행한다. 그러나 교사들이 일상적으로 사용하는 학습용어의 상당한 부분을 학생들의 대부분이 이해하지 못할 가능성은 적지 않다. 왜냐하면 교사들은 다년간의 사회경험과 전공분야의 공부를 통해서 의식수준이나 언어수준이 학생들에 비하여 아주 높은 수준이지만 이와 같은 사실을 수업 중에 무의식적으로 망각하기 쉽다.

또한 일반적으로 중·고등학교 시절 중상 정도의 학교성적을 가졌고 따라서 학습용어의 이해에 곤란을 거의 경험하지 못한 교사들은 자신들이 학교에서 배우던 기억을 되살려 상식적인 어휘를 모르는 학생들을 이해하지 못하게 되기 쉽다.

더욱이 교과서에서 사용되고 있는 학습용어들 가운데는 그 형성과정부터 학생들의 실제생활과 관련이 적은 전문용어이거나 외래어, 한자어 등으로 구성되어 있는 것들이 많아 교사들은 학습용어의 사용에 특별한 주의를 기울여야 할 필요성이 있다 하겠다.

마. 수준에 맞는 과제제시·확인 철저

다인수 학급에서 수업 중 개별화 지도는 시간적·공간적으로 한계가 있을 수밖에 없다. 학생 개인별 수준에 맞는 과제를 제시하고 스스로 해결하도록 하며, 지속적으로 개별화된 확인과 보충지도를 실시해야 한다. 특히, 단원 예습을 위해 모르는 용어를 사전을 이용하여 찾아보게 할 필요가 있다. 이럴 때에만 수업내용을 학생들이 제대로 이해할 수 있을 것이기 때문이다.

우리말 한자어 LBH교수학습 프로그램 적용을 통한 창의적 어휘력 신장

정 주 희
경인교대 부설초교 교사

【차례】

※ 이 논문은 2010년도 현장교육연구대회 초등(국어)분과에서 1등상을 받은 논문의 요약본임. 원문은 한국교원총연합회 산하 현장교육지원센터 홈페이지에서 다운받을 수 있음. http://lib.kfta.or.kr/local/docs/s_search_research.html -편집자-

Ⅰ. 서론

본 연구는 인터넷 신조어와 영어에 밀려 학생들의 우리말 실력이 심각한 수준임을 자각하고 현장에서 쉽게 지도하고 적용할 수 있는 방안은 없을까? 라는 문제의식에서 시작되었다. 고유어, 외래어, 혼종어 등의 우리말 중에서도 한자어의 비중이 가장 높아 한자어의 의미힌트와 확장성을 활용하면 어휘력 신장에 큰 효과가 있을 것이라고 생각하였다.

학생들은 자신이 우리말을 잘 안다고 착각을 하고 있다. 그러나 글쓰기를 하면 우리말 실력이 여지없이 드러난다. 아는 어휘가 적으니 표현이 미숙하고 내용이 풍부하지 못하다. 한자어의 의미를 정확히 알지 못하여 대충 짐작하고 넘어가다 보니 갈수록 학습력이 떨어지는데도 현장에서의 한자어 교육은 낱말의 뜻만 알려주거나 한자를 쓰고 외우게 하는 것만 강조하고 있다. 심지어 영어에 밀려 우리말은 배워야 한다는 생각조차 못하고 있다. 이런 현실을 개선할 수 있는 방안모색이 필요하다.

이에 연구자는 학생들의 어휘력 신장을 위해 선행 현장교육연구 보고서와 어휘력과 관련된 이론을 참고로 하여 한자어의 의미힌트와 확장성 및 다양한 놀이와 방법을 활용하면 어휘력 신장에 큰 도움이 될 것으로 판단하였다. 선행 현장교육연구 보고서를 분석한 결과 한자어의 의미힌트를 활용한 연구는 단 한편도 없었다. 한자를 직접 쓰고 익히게 하는 연구와 놀이를 통한 어휘력 신장 관련 연구가 대부분이었다. 요즘 국어교육계에서 뜨거운 감자로 떠오른 것이 초등 한자 교육의 부활에 관한 것이다. 2005년에 한자를 직접 쓰고 외우는 과정을 통한 어휘력 신장에 관한 연구를 진행한 적이 있었다. 한자의 직접 지도를 통해서는 1년 이라는 짧은 기간 동안 의미 있는 어휘력 신장을 이루기 어렵다는 것을 알게 되었다. 그래서 선택한 것이 한자어의 의미힌트를 활용해 보자는 것이다.

본 연구는 우리말 한자어의 LBH교수학습프로그램을 적용하여 창의적 어휘력을 신장시키는 데 그 목적이 있으므로 초등학교에서 다루어져야 할 LBH교수학습법을 토대로 탐색하였다.

1. 우리말 한자어의 개념과 활용

한자어는 국어 전체 어휘 중에서 50% 이상을 차지하고 있다. 학자들마다 다소 차이가 있긴 하나 대략 50~70% 정도가 한자어라고 한다. 이렇게 많은 한자어는 중국어가 아닌 엄연한 국어로 보아야 한다. 5세기부터 시작한 우리말의 한문으로의 전환 노력으로 인해 순수한 우리말 어휘만을 가지고 언어생활을 하는 것이 불가능해졌다.

한자로 표기될 수 있고 한자에서 유래된 말은 모두 우리말 한자어로 보고 이들 한자로 표기된 어휘의 뜻을 한자의 음과 훈으로 지도하면 어의를 분명히 알게 되고 어휘력이 향상되어 일석삼조의 효과를 얻을 수 있다. 또한 초등학교에서 한자어에 대한 충분한 어휘학습을 한다면 중학교 이후의 학습에 많은 도움이 되며 깊이 있는 학문 수행에 지대한 영향을 미치게 된다.

한자어의 학습은 한자어를 익히는데 끝나서는 안 된다. 한자어를 언어생활에 활용함은 물론, 문장에서 읽고 내용을 파악할 수 있어야 한다. 이는 한자어를 정확히 이해함으로써 언어생활에서 의사소통을 원활하게 할 수 있을 뿐 아니라, 표현에 있어서도 정확하고 풍부한 자기표현이 가능하도록 해준다.

7차 교육과정에서는 중고등학교 학생들에게 한자어 지도를 통해 건전한 가치관을 심어주도록 제시한 점이 특징적이라 할 수 있다. 학생들은 한자어나 고사성어를 학습하면서 그 속에 담겨있는 일화를 통해 한문에 선인들의 사상과 감정을 이해하며, 이를 통해 자연스럽게 올바른 가치관을 형성하는데 도움을 주게 된다는 것이다.(한국교육개발원 1997, 57)

한자어 교육은 원활한 언어생활을 이끌어 주고 글 내용을 심도있게 파악하여 그 속에 담긴 선인들의 사상을 계승하고 올바른 가치관을 지닌 바람직한 인간으로 성장시키는데 필요한 인성교육의 한 수단이기도 하다. 또한 한자어의 뜻을 한자의 음과 훈으로 지도하면 어의를 분명히 알게 되고 어휘력이 향상되는 등 일석삼조의 효과를 얻을 수 있다. 그러므로 한자어 교육은 국어교육의 일환으로 다루어져야 한다.

2. LBH교수학습법[(1)]

한자어는 한자로 표기될 때 그 의미가 분명하게 드러날 수 있는 단어이므로, 한자와는 불가분의 관계를 가진다. 따라서 한자어에 대한 분석과 이해는 먼저 한자의 성질과 특질에 대한 이해가 선행되어야 한다.

한자의 특질에 대해서는 특히 字義 특질에서 언급한 내용 중에 한자어에 대한 LBH(Learning by Hint)교수학습법의 매우 중요한 이론적 근거가 포함되어 있기에 이를 인용해 보면 다음과 같다.

> "한자의 字義는 字形을 통하여 나타나고 있음은 너무나 자명하다. 다만 자형에 의하여 나타나는 자의가 어떤 특질을 지니고 있는지는 지금까지 많은 학자들의 논저를 통하여 구체적으로 제시되지 못하고 있는 점을 지적하지 않을 수 없다. 필자는 한자의 자의 특질을 한마디로 개괄하자면 暗示性을 들고 싶다. 암시성이란 한자의 자형을 통하여 나타내는 자의는 형태소든 낱말이든 막론하고 그것이 지칭하는 의미 전부를 나타내는 것이 아니라, 약간의 암시(hint)를 주고 있을 따름이다. 이러한 점에서 보자면 한자에 대하여 암시문자(hint graph)라는 또 하나의 명칭을 부여할 필요가 있다는 것이 필자의 주장이다. 예를 들어보자. '쉬다(rest)'는 뜻을 나타내기 위해서 고안된 〈休〉자에 제시되어 있는 두 가지 의미정보, 즉 '나무'(木 , tree)와 '사람'(人 , person)은 나무 그늘 아래에서 쉬고 있는 사람을 흔히 볼 수 있기에 그러한 연상을 통하여 '쉬다'는 의미임을 암시하는 기능을 하고 있다. 象形 방식에 의하여 고안된 글자들도 그것이 나타내고자하는 의미를 암시할 뿐이지 그 전체를 나타내는 것은 아니다."

한자 지식을 확보하고 있으면 형태소 의미를 토대로 단어 인지를 더욱 쉽고 명확하게 할 수 있다. 이러한 사실은 한자어에 대한 교수학습에 있어서 한자 형태소 지식이 얼마나 유효적절하게 활용될 수 있는지를 뒷받침해 준다. 한자 실력이 없는 학생들에게는 한글전용으로 쓰여진 문장이 추상적 부호의 나열에

(1) 전광진(2006) 〈한자의 특질을 통한 LBH교수학습법 개발〉 430~438.

불과한 것이기에 의미 파악이 매우 어렵게 된다.

이를테면 '사행천'이라는 학습용어를 한자에 대한 지식이 없으면 사행천이라는 용어 외에 '뱀이 기어가는 모양처럼 구불구불 흘러가는 하천'이라는 설명까지도 함께 외워야만 한다. 그러나 '뱀 사, 행할 행, 내 천'이라는 의미 정보(힌트)를 함께 준다면 사행천에 대한 이해가 훨씬 쉬울 것이다.

LBH교수학습법이란, 2음절 이상의 한자어(복합어, Complex Word)의 의미를 설명함에 있어 각각의 글자(형태소, morpheme)에 담겨 있는 암시적 의미 정보, 즉 힌트를 최대한 분명하게 밝혀 주는 것을 말한다. 이것은 학습자로 하여금 이해력 · 사고력 · 기억력을 높여주는 등, 교수 효과를 상대적으로 크게 높여 줄 수 있는 장점을 갖는다. 기존의 정의에 의한 교수학습법(Learning By Definition)과 비교하여 도표로 나타내면 다음과 같다.

〈표〉 기존의 교수법과 LBH교수법과의 비교

		기존의 정의에 의한 교수법 Learning By Definition	힌트에 의한 교수법 Learning By Hint
설명 방식	내용	X는 Y이다.	①X는 Y이다. ②Y를 왜 X라고 했을까? ③Y에 대한 X의 힌트는?
	결과	학생이 X와 Y의 관계를 확실하게 이해하지 못함	학생이 X와 Y의 관계를 확실하게 이해함
설명 특성		단순 주입식 설명	각각의 형태소에 담긴 힌트를 발굴하여 설명
학습 과정		무작정 암기	이해⇨사고⇨기억
교육자의 필요자질		Y에 대한 학술적 지식	①Y에 대한 학술적 지식 ②X에 대한 의미정보(한자) 지식
장 점		설명에 따른 시간이 절약	학습자의 이해력 · 사고력 · 기억력 증진
단 점		학습자의 이해 부족	교육자의 부담 증가(한자 지식)
예 시		'조도' : 단위 면적이 단위 시간에 받는 빛의 양	①照(비출 조), 度(정도 도) ②밝게 비치는[照] 정도[度] ③단위 면적이 단위 시간에 받는 빛의 양

3. LBH교수학습법과 어휘력과의 관계

교실에서 한자를 직접 가르쳐 어휘력을 신장시키고자 한다면 학생과 교사 모두에게 큰 부담이 따르게 된다. 한자에 대한 지식이 부족하더라도 우리말 한자어의 의미와 사용하는 경우를 지도함으로써 어휘력 신장에 기여하는 방법을 찾아 가르칠 필요가 있다.

LBH교수학습법이 우리말 한자어를 지도하는데 적합한 방법이 될 수 있다. 漢字를 직접 한 자 한 자 쓰고 외우게 가르치기보다 의미힌트(LBH)를 활용하면 어휘력 신장에 더 큰 도움을 얻을 수 있다고 본다. 예를 들어 '不可能'의 의미힌트(아니 불, 옳을 가, 능할 능)를 알고 사용되는 경우를 안다면 '불가' '불편' '불안' '불만' '능력' '가능성' 등의 뜻을 짐작하고 이해하기가 쉽다. LBH교수학습법은 의미힌트를 통해 한자어를 쉽게 이해할 수 있고 나아가 한자의 확장성을 활용하여 어휘력 신장에 큰 도움을 줄 수 있다고 본다.

따라서 본 연구에서는 우리말 한자어의 쉬우면서도 체계적으로 학습할 수 있는 교수학습 프로그램을 개발하여 어휘력 신장과 국어에 대한 긍정적 태도, 사고력 향상에 도움이 될 수 있는 실천 방안을 다음과 같이 마련하였다.

(1) 본 연구는 기존의 직접적인 한자 지도를 통한 방법과 달리 한자어의 의미힌트를 활용하고 놀이와 게임을 접목하여 어휘력 신장 방안을 제시한 점이 선행연구와는 다른 점이다.

(2) 초등학교 3학년 교육과정을 토대로 어휘력 신장에 도움이 될 만한 우리말 한자어를 분석하여 국어교과 학습시간, 아침자습시간, 국어 심화 · 보충학습시간, 재량활동 시간을 통하여 지도할 수 있는 우리말 한자어 LBH교수학습 프로그램을 구안 · 적용하였다.

(3) 3학년 학생들의 발달단계를 고려하여 漢字에 대한 직접지도 보다는 한자의 의미힌트 지도에 초점을 두어 학생들이 학습 부담을 갖지 않으면서도 한자어에 대한 정확한 이해를 바탕으로 어휘가 확장되는 효과를 거두고자 하였다.

(4) 어휘지도 원리를 충분히 반영하여 생활 속에서 꾸준히 학습이 이루어질 수 있도록 어휘 학습의 습관화에 초점을 두고 지도할 필요가 있을 것으로 보았다. 학급 내의 환경도 어휘학습의 생활화 · 습관화가 가능하도록 다양한 자료와 환경을 구비하여 학생들을 자극하고자 하였다.

(5) LBH교수학습법 적용이 어렵고 지루한 시간이 되지 않도록 학생들

의 경험을 최대한 활용하도록 하고 학생들의 참여를 극대화할 수 있도록 하였다.

(6) 학습한 내용이 장기 기억되도록 하고 흥미를 북돋우기 위해 다양한 게임을 개발하여 학생들에게 적용하였다. 게임을 적극 활용하는 것이 학습 효과를 높이는데 도움이 된다.

(7) 자기주도적 LBH 어휘학습능력을 기르고자 일기쓰기와 독후감 쓰기 등 평상시 가정학습과제를 해결할 때도 배운 어휘를 적극 활용하도록 하고 우리말 한자어 동아리 활동을 하도록 지도하였다.

Ⅱ. 연구의 실행

1. 학교 학습 활동

(1) 프로그램 적용을 위한 기초지도

프로그램을 적용하기 전 기초지도로 협동학습 훈련과 사전 찾는 방법을 지도하였다. 학생의 참여와 배경지식을 끌어내기 위해 협동학습을 실시하였다.

(2) 프로그램 전개

본 연구에 적용한 우리말 한자어 LBH교수학습 프로그램의 구조를 도식화하면 다음과 같다.

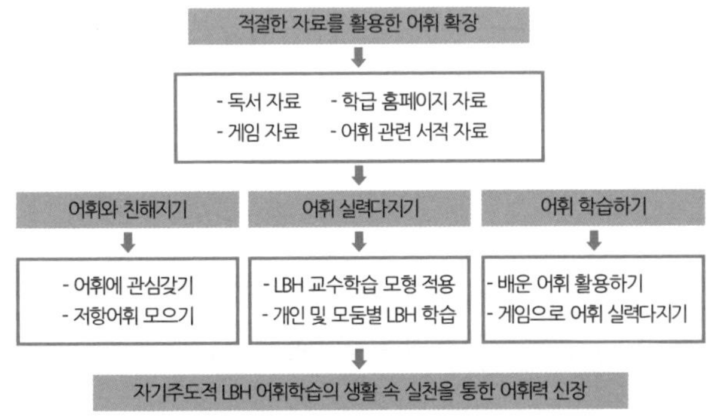

〈그림〉 우리말 LBH교수학습 프로그램의 구조

프로그램의 3단계인 '어휘와 친해지기, 어휘 학습하기, 어휘 실력다지기'의 단계적 실천을 위해 국어 교과 학습 시간 · 아침자습시간 · 창의적 체험활동 시간 등을 활용하여 진행하였다.

(3) LBH교수학습 실시

창의성 계발 교수학습 모형을 바탕으로 하여 LBH교수학습 모형을 구안하여 다음과 같이 구조화해 보았다.

차시	창의성 계발모형	LBH교수학습 모형	학습 내용
1차시	문제 발견하기	씨앗 살피기 -동기 유발 -목표 확인 -LBH 적용	-학습 목표 제시 -학습 방법 안내 -한자의 의미힌트 찾기 -국어사전의 뜻찾기
	아이디어 생성하기	싹 틔우기 -낱말 떠올리기 (연상하기)	-연상되는 낱말 적기 -낱말의 의미 유추 -연상에 관한 발표 및 토론
	아이디어 평가하기	꽃 피우기 -의미지도 그리기	-낱말 분류 기준 정하기 -의미지도 그리기
	아이디어 평가하기	열매 맺기 -관련 낱말 선정	-관련 낱말 선정하기(3~4개) -같은 한자가 사용된 다른 낱말 찾기
	아이디어 적용하기	소화시키기 -일반화하기	-짧은 글짓기 -짧은 글짓기 발표 -좋은 표현에 대한 의견 나누기

〈그림〉 우리말 한자어 LBH교수학습 모형

어휘를 학습할 때마다 LBH교수학습 모형에 근거하여 교수학습이 이루어지도록 하였다. 주 3~5회 학습하는 것을 원칙으로 하였다.

① LBH 적용 (씨앗살피기활동)

씨앗 역할을 하는 낱말을 먼저 살펴보고 이해하는 활동이다. 낱말에 쓰인 한자가 지닌 의미힌트를 살펴봄으로써 씨앗 낱말의 뜻을 짐작해 본다. 예를 들어 '博物館'이라는 한자어를 학습하고자 할 때 '넓을 박, 만물 물, 집 관'이라는 한자의 의미 hint를 제공하여 학생들이 박물관에 대한 개념을 찾아내도록 도와주었다. 그 다음에 국어사전에서 낱말의 뜻을 찾아보도록 하였다.

예) 박물관 → 넓을 박, 만물 물, 집 관 → 여러 가지(博) 자료(物)를 수집·보관·전시하여 사회교육과 학술 연구에 도움이 되게 만든 시설(館)

②낱말 떠올리기(싹틔우기활동)

씨앗 낱말의 뜻을 이해하였으면 씨앗 낱말과 관련하여 떠오르는 낱말들을 모두 적어 보는 활동을 하였다. 떠오르는 낱말은 무엇이든지 적어 보게 하였다.

③의미지도 그리기(꽃피우기활동)

낱말 떠올리기 활동에서 적어 놓은 낱말들을 기준을 세워 유목화하여 아래와 같이 의미지도를 그려보게 하였다. 같은 개념에 해당하는 낱말들끼리 유목화함으로써 어휘력이 확장되고 사고력이 확장될 수 있었다.

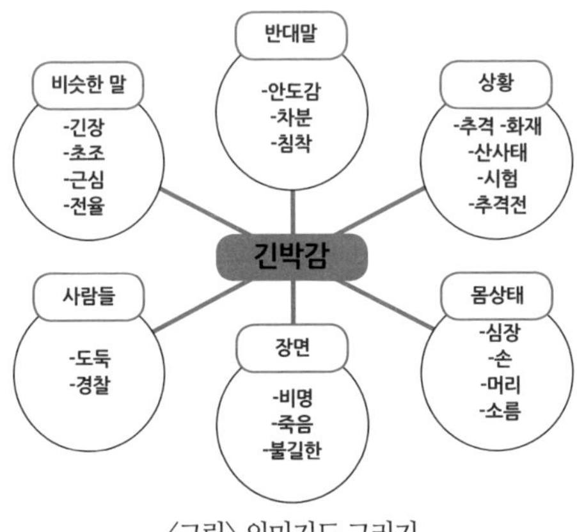

〈그림〉 의미지도 그리기

④관련 낱말 선정하기(열매맺기활동)

지금까지 학습한 낱말 중 가장 관련이 깊은 낱말을 3~4개 정도 선정하였다. 학생들이 2단계에서 관련 낱말을 떠올릴 수 있는 것이 부족할 경우에는 교사가 미리 준비하여 지도한 후 선정할 수도 있다.

⑤ 일반화하기(소화시키기 활동)

선정된 3~4개 낱말로 짧은 글짓기나 이야기 만들기 활동을 통해 기억 속에 오래 간직하고 생활 속에 적극 활용하는 태도를 기른다. 3학년 학생들의 발달 단계를 고려하여 놀이, 게임, 책, 인터넷 등 다양한 매체와 자료를 활용한 활동을 통해 어휘력을 신장시킬 수 있도록 하였다. 여러 가지 자료들을 적극 활용하여 학생들의 흥미와 참여도를 높였다.

(4) 프로그램의 확대 적용

어휘력은 생활 전반에 걸친 노력이 필요한 영역이므로 프로그램을 확대 적용하여 타교과와 창의적 체험활동 시간에도 5분 정도씩 LBH 어휘학습법을 실시하였다.

2. 가정 학습 활동

학생의 자기주도적 LBH 어휘학습 방법의 생활 속 실천을 위해 지도한 내용은 다음과 같다.

(1) 독서활동을 통한 LBH 어휘학습 실천

매주 독후활동 과제를 할 때 LBH 어휘학습 방법을 실천하도록 지도하였다. 독서를 하면서 저항어휘를 찾아 LBH 어휘학습을 하고 독후 학습지에도 기록하도록 하였다.

(2) 어휘탐구 동아리 활동을 통한 LBH 어휘학습 실천

어휘탐구 동아리를 조직하여 학생 주도적 어휘학습을 하도록 지도하였다. 스스로 찾은 저항어휘에 대해 학습하고 '낱말밭 가꾸기'를 작성하며 어휘탐구

보고서를 써 보도록 하였다.

(3) '나만의 국어사전' 만들기를 통한 LBH 어휘학습 실천

어휘학습 후, 독서 후, 교과 학습 후에 저항어휘가 나오면 국어사전과 《우리말 속뜻사전》(LBH교육출판사)을 활용하여 의미힌트와 정확한 뜻을 확인하여 자신의 '낱말밭 가꾸기' 학습장에 기록하는 것을 습관화하도록 하였다. 낱말밭 가꾸기 공책을 꾸준히 써서 공책 3권 분량이 꽉 차도록 쓴 학생도 다수 있었다. 처음에는 쓰는 것이 싫어 귀찮아하던 학생들이 자신이 만든 사전을 보며 뿌듯해 하고 자주 펼쳐 보곤 하였다.

(4) 생활 속 경험을 통한 LBH 어휘학습 실천

일기 쓰기와 TV 보기를 통해 어휘학습을 생활 속에서 계속 실천하도록 하였다. 경험을 일기로 쓸 때 배운 한자어를 넣어서 일기를 써 보도록 하였다. 매일 학습한 어휘가 학교에서의 학습만으로 끝난다면 쉽게 잊어버리기 때문에 일기를 쓸 때 가급적이면 배운 어휘를 넣어 써 보도록 하였다. 아직 어린 학생들이라 모든 학생이 배운 어휘를 적절히 넣어 일기를 잘 쓰는 것은 아니었지만 예상 밖으로 잘 쓰는 학생들이 있었다. 어휘를 주고 일기를 쓰게 하면 자연스럽게 문장 구성 능력과 어휘 확장 능력을 신장시킬 수 있어 일거양득이었다.

KBS 2TV '우리말 겨루기'라는 프로그램이 있다. 우리말의 뜻을 듣고 정확한 낱말을 맞히는 프로그램인데 본 연구의 목적인 어휘력 신장에 도움이 될 것으로 판단하여 매주 월요일마다 시청하도록 하였다. 평상시 자주 쓰는 말인데도 뜻만 듣고 맞히기 어려운 것도 있고 자주 쓰지는 않지만 의외로 맞히기 쉬운 낱

말도 있어서 3학년도 지루하지 않게 볼 수 있다고 판단하였다. 또한 평상시에 늘 우리말에 대한 관심을 갖고 생활하는 것과 학교에서만 학습하는 것으로 끝내는 것과는 큰 차이가 있다고 판단되어 TV 보기를 실천하도록 하였다.

Ⅲ. 연구의 결과

1. 국어과 학업성취도 향상

3월에 실시한 진단평가 결과와 11월에 실시한 학기말 학업성취도 평가 결과를 비교 분석한 결과 점수가 12점 이상 향상된 학생은 12명이며, 4에서 11점 정도 향상된 학생은 14명이고, 향상되지 못한 학생은 1명으로 대부분의 학생들이 국어과 성적이 향상되었다. 본 프로그램의 진행으로 어휘력이 더욱 늘면서 학업성취도 또한 향상된 것으로 분석할 수 있었다.

진단평가의 학년평균(83.1)과 학급평균(77.2)의 차가 −5.9점으로 연구자의 학급이 낮은 학업성취률을 보였으나 2학기말 평가에서는 학년평균(84.3), 학급평균(88.4)로 차가 +4.1로 높은 향상 정도를 보였다. 본 프로그램을 진행하면서 어휘력뿐만 아니라 국어과 학업성취도 향상에도 크게 기여하였음을 알 수 있었다.

〈표〉 국어과 진단평가·학기말 평가 결과 비교 ※N=27

번호	이름	진단평가(1)	학기말 평가(2)	차(2-1)	판정(향상정도)
1	금○○	92	100	8	중
2	김○○	64	84	20	상
3	김○○	88	92	4	중
4	노○○	72	88	16	상
5	문○○	84	100	16	상
6	박○○	84	84	0	하
7	이○○	92	100	8	중
8	이○○	76	84	8	중
9	정○○	80	92	12	상

번호	이름	진단평가(1)	학기말 평가(2)	차(2-1)	판정(향상정도)
10	정○○	76	88	12	상
11	조○○	84	92	8	중
12	천○○	52	60	8	중
13	최○○	88	92	4	중
14	권○○	88	92	4	중
15	권○○	84	92	8	중
16	김○○	92	100	8	중
17	김○○	64	72	8	중
18	김○○	60	64	4	중
19	노○○	84	88	4	중
20	박○○	84	96	12	상
21	방○○	84	76	12	상
22	백○○	68	80	12	상
23	서○○	72	96	24	상
24	이○○	92	100	8	중
25	이○○	84	96	12	상
26	장○○	60	92	32	상
27	장○○	76	88	12	상
28	박○○	-	88	-	4.16 전입
학급평균		77.2	88.4		
학년평균		83.1	84.3		
판정기준		상(12점 이상 향상) - 12명 중(4 - 11 점 향상) - 14명 하(0 - 3 점 향상) - 1명			

※ 28번 학생 : 진단평가 미실시로 검증 대상에서 제외함.

2. 어휘이해력 · 어휘활용력 향상

어휘력 검사지를 어휘이해력과 어휘활용력으로 나누어 개발하고 사전 · 사후 평가를 실시하여 비교 분석하였다. 어휘력 검사 결과는 평소 어휘력이 낮은 학생들의 향상 정도가 더 높게 나타났다.

〈표〉 어휘이해력 평가 결과비교　　※N=26

번호	이름	사전(1)	사후(2)	(2) - (1)	판정	번호	이름	사전(1)	사후(2)	(2) - (1)	판정
1	금○○	68	92	24	중	16	김○○	78	100	22	중
2	김○○	64	90	26	중	17	김○○	64	88	24	중
3	김○○	66	88	22	중	18	김○○	70	92	22	중
4	노○○	56	88	32	상	19	노○○	68	90	22	중
5	문○○	80	100	20	중	20	박○○	70	88	18	중
6	박○○	72	96	24	중	21	방○○	60	78	18	중
7	이○○	68	96	28	중	22	백○○	66	78	12	하
8	이○○	64	98	34	싱	23	서○○	68	98	30	상
9	정○○	58	88	30	상	24	이○○	72	100	28	중
10	정○○	78	94	16	중	25	이○○	64	90	26	중
11	조○○	56	94	38	상	26	장○○	60	88	28	중
12	천○○	34	62	28	중	27	장○○	72	100	28	중
14	권○○	68	96	28	중	28	박○○	-	88	-	04.16편입
15	권○○	72	98	26	중	13	최○○	64	-	-	12.07입원
판정 기준		상(30점 이상 향상) 5명, 중(16~29점 향상) 20명, 하(0~15점 향상) 1명									

※ 13번, 28번 학생 : 사전, 사후평가 중 1회 불참으로 검증 대상에서 제외함.

어휘이해력 평가문항은 총 50문항으로 사전 · 사후 동일한 평가지로 실시하였다. 3월에 사전평가 실시 후 평가 내용에 대한 검토를 하지 않은 상태로 12월 사후평가를 실시하였다. 그 결과 전체 학생이 어휘이해력이 월등히 향상 된 것으로 나타났다. 30점 이상 향상된 학생이 5명이고 16점 이상 향상된 학생이 20명이며 15점 미만의 낮은 향상을 보인 학생이 1명이었다. 학급의 모든 학생이 향상을 보여, 본 프로그램이 어휘력 신장에 큰 도움을 주는 것으로 분석되었다.

연구자의 학급 학생 중 평소 책을 즐겨 읽어 어휘력이 다른 학생들보다 높았던 학생들의 경우보다 보통이거나 그 이하 정도의 어휘력과 학업성취도를 보이는 학생들의 향상이 더욱 높았다. 그 이유로는 평소 어휘력이 보통 이하인 학생들이 어휘에 관심을 갖고 뜻을 정확하게 이해하며 게임과 놀이를 즐기는 과정에서 어휘력이 쌓여 향상 정도가 높았던 것으로 분석된다.

어휘활용력을 평가하기 위하여 '우리나라의 자랑거리'라는 대주제로 인물과 자연환경, 문화의 소주제 3개 중 선택하여 글을 쓰되 가급적이면 사전 · 사후 같은 소주제로 글을 쓰게 한 결과 우리말 한자어의 사용빈도가 더욱 많이 늘었으며 글이 세련되고 매끄러워진 것을 알 수 있었다. 특히 하위권 학생의 글에서 표현 능력과 어휘 활용력이 많이 향상되었다는 것을 알 수 있었다.

학생들의 글 속에 나오는 우리말 한자어는 본 연구를 진행하면서 학습과 게임 기타 생활 속 과제활동을 하면서 자주 사용하였던 낱말들이다. 짧은 글짓기와 동아리 활동에서 주어진 몇 개의 낱말로 이야기 만들기를 하면서 낱말의 뜻을 알고 적절한 문장을 만들어 말하고 쓰기를 반복적으로 한 결과 학생들의 글솜씨가 월등히 향상되었다. 어휘력은 정확한 뜻을 알고 알맞게 활용하는 빈도와 밀접한 관계가 있음을 알 수 있었다. 본 연구의 목표인 창의적 어휘력 신장 정도는 학생들의 글을 통해 월등히 향상된 것으로 평가할 수 있다. 또 저항어휘가 나오면 사전을 찾아보는 학생이 15%에서 74%로 크게 증가하였다.

3. LBH교수학습법의 효용성 검증

본 연구가 어휘력 신장에 도움이 된다고 응답한 학생이 96%에 이른다. 본 연구의 실천으로 창의적 어휘력 신장은 물론이며 더불어 모둠학습 활동을 통한 의사소통능력, 리더십, 상호간의 신뢰 및 협동심이 크게 신장되었다.

Ⅳ. 결론

본 연구를 통해서 얻은 결론은 다음과 같다.

첫째, '어휘와 친해지기' 활동을 통해 학생들이 자신도 모르는 어휘가 많다는 것에 스스로도 놀라고 어휘학습에 노력을 기울여야겠다는 것을 자각하는 계기가 되었다.

둘째, '어휘 학습하기' 활동으로 전개한 우리말 한자어의 의미힌트(LBH)를 활용하여 어휘의 뜻을 짐작해보고 생활 속에서 적극 활용하는 활동은 학생들의 어휘력 신장에 큰 효과가 있었다.

셋째, '어휘 학습하기' 활동에서 학생들의 경험과 배경지식을 최대한 이끌어 냄으로써 학생들의 리더십과 의사소통능력이 더불어 신장되었다.

넷째, 의미지도 그리기를 하면서 분류기준을 세워 유목화하는 능력이 크게 신장되었다.

다섯째, 주어진 어휘로 짧은 글짓기와 이야기 만들기 활동을 하면서 어휘의 뜻을 정확하게 파악하고 적절하게 사용하는 창의적 어휘력이 신장되었다.

여섯째, 학생 생활 속에 본 프로그램을 적용하여 실천하게 함으로써 어휘력 신장을 위한 학생 개개인의 노력이 지속될 수 있는 습관화가 이루어졌다.

우리말 한자어 LBH교수학습 프로그램을 적용하고 평가 결과를 분석하면서 여러 가지 시사점을 얻을 수 있었다. 어휘력이 향상되면서 자연스럽게 따라온 결과가 바로 학업성취도 향상이었다. 어휘력은 모든 학습의 바탕이다. 어휘력이 부족하면 학력 향상에 큰 어려움이 따르게 된다. 따라서 어휘력 신장을 위해서는 우리말 한자어 지도가 절실한 상황이다. 우리말 한자어의 의미힌트를 활용하여 지도하면 학력 향상에 크게 기여할 것으로 본다.

대부분 학생들이 LBH교수학습 활동 시간을 좋아한다. 그것은 학생들이 자신의 경험과 생각을 자유로이 말하도록 함으로써 어떠한 부담도 느끼지 않기 때문으로 분석된다. 어리다고만 생각했던 3학년 학생도 철저한 학습준비와 적절한 학습안내를 통한 학습훈련이 되면 모둠별 협동학습이 훌륭히 이루어지는 것을 알게 되었다. 앞으로는 어른 주도의 수업방식보다는 학습하는 방법을 가르쳐 주고 학생들이 스스로 학습하여 뭔가를 배울 수 있도록 이끌어 주는 수업방식을 많이 고민해야 함을 깨달았다.

이번 연구의 가장 큰 성과는 학생들이 앞으로도 계속해서 우리말에 대한 관심을 갖고 공부를 해야겠다는 의지를 갖게 된 것이다. 또한 우리말에 대한 무지의 자각도 큰 성과라고 할 수 있다. 모든 학습은 학습자 내부의 필요성에 의해서만 의미 있는 학습이 일어난다는 것을 고려할 때 바람직한 현상이라고 본다.

【참고문헌】

곽인성 1997 〈한자교육은 초등학교부터〉 《어문연구》 (25권). 한국어문교육연구회.

김용현 1997 〈의미지도 그리기를 통한 어휘력 신장 방안 연구〉. 석사학위논문. 한국교원대학교.

김홍재 2007 〈TV 프로그램 텍스트를 활용한 어휘력 신장 방안〉. 석사학위논문. 진주교육대 교육대학원.

나일라 1999 〈수준별 어휘지도를 통한 어휘력 신장 방안 연구〉. 석사학위논문, 전주교육대학교.

박중규 2002 〈의미지도 그리기학습을 통한 창의적인 문장표현력 신장〉. 현장교육연구보고서.

방순영 2007 〈한자어 지도를 통한 어휘력 신장 방안〉. 석사학위, 부산교육대 교육대학원.

이동주 2005 〈초등과학교과의 한자어 이해정도와 학업성취도의 상관관계 연구〉. 석사학위. 대구대학교.

이재승 1997 《국어교육의 원리와 방법》. 박이정.

전광진 2006 〈한자의 특질을 통한 LBH교수학습법 개발〉 《중국문학연구》 (제32집).

전광진 2007 《우리말 한자어 속뜻사전》. LBH교육출판사.

전광진 2008 《어린이 속뜻사전》. LBH교육출판사.

조명순 2007 〈소집단 어휘놀이 협동학습을 통한 3학년 아동의 어휘력 신장방안〉. 현장교육연구보고서.

조미자 1999 〈NIE를 활용한 한자 및 한자어 지도방안 연구〉. 석사학위논문. 한국교원대.

진성근 1997 〈단원별 저항어휘 선정 및 유추를 통한 어휘력 신장방안〉 《충남교육》 (120호). 한국교육개발원.

한민희 1998 〈어휘력의 상관요인에 관한 연구〉. 석사학위논문. 한국교원대학교.

한철우 외 1992 〈효율적인 어휘 지도 방안〉 《교원교육》 (제8권 1호). 한국교원대학교.

※인터넷 사이트

학생한자 www.ihanja.com

에듀넷 http://www.edunet4u.net/ssearch/

한자의 특질을 통한 LBH교수학습법 개발

전 광 진
성균관대학교 중문학과 교수

【차례】

※ 原載 : ≪중국문학연구≫ 제32집(2006. 6), 한국중문학회. pp.419-443.

1. 서론

교수학습에 관한 이론은 약 10 여종이 있는 바 이는 다시 행동주의 심리학, 인지주의 심리학, 인본주의 심리학 이상 세 가지 분야로 대별된다. 이러한 각종 이론이 수업 방법에 적용되는 교수법은 줄잡아도 14 종이 있을 수 있다[(1)]. 교수학습이론은, 대체로 심리학에 입각한 인간의 인지 활동에 주안점을 두고 있다. 언어 습득, 특히 어휘력 향상을 위한 교수학습법을 개발함에 있어서 참고의 가치가 있는 것을 꼽아보자면, (1)총체적 언어접근법, (2)몬테소리 교육, (3)마인드 맵, 이상 세 가지를 들 수 있다.

총체적 언어 접근법은 Goodman(1986, 1989)에 의하여 제창된 것으로, 교수학습 원리의 기초로 듣기 · 말하기 · 읽기 · 쓰기의 지도를 강조하면서도 정작 어휘의 중요성에 대해서는 인식하지 못하거나 거의 무시하고 있다고 해도 과언이 아니다. 학습자의 언어 체득에 대한 통제 기준 7개 중에 단어와 문맥의 적절한 사용이 제시되어 있을 따름이다(이성은 등 2002, 112)[(2)].

몬테소리 교육은 학생을 존중하고 학생의 작업을 중시하는 사상에 근원을 두고, 학생은 고유의 발달적 특성과 독자성을 지닌 존재이므로 그들 나름대로의 자유스럽고 자연스럽고 조화 있는 심신의 성장이 보장되어야 한다는 학생관을 강조하는 교육방법을 말하는데, 몬테소리 언어 교육의 특징은 말하기, 쓰기, 읽기의 순서로 이루어지며, 쓰기가 읽기에 앞선다고 보는 점이 특색이다(이성은 등 2002, 173). 교육에의 적용에 있어 수업에서 사용된 교구 안내를 먼저 국어, 수학, 사회 및 자연, 일상 생활, 이상 4 영역으로 나누어 제시한 40개 교구명 가운데 국어 영역에만 '사전 찾기' 교구명을 제시하고 '단 단원이나 기

---

(1) 이성은 등(2002)은 새로운 수업방법의 원리와 적용이라는 제목 하에, 프로젝트 접근법 · 총체적 언어 접근법 · 다중지능 접근법 · 홀리스틱 교육 · 몬테소리 교육 · 발도르프 교육 · 자기주도적 학습 · 협동 학습 · 개별화 학습 · 팀 티칭 · 정보통신기술 활용교육 · 자리 학습 · 마인드 맵 · 신문활용교육(NIE), 이상 14종 교수학습법에 대하여 상세히 소개하고 있다.

(2) 나머지 여섯 가지는 다음과 같다. ①의사 소통시 관련자들의 인식. ②언어 문맥에서 적절한 관습의 사용. ③기록 유형의 활용. ④문법 사용. ⑤다른 상황에서 언어를 사용하는데 가지는 확신. ⑥듣고 읽은 것의 이해.

타 모르는 단어의 뜻을 사전 찾기를 통해 알기'라는 활동 내용을 덧붙이고 있을 뿐이다. 이러한 활동이 다른 세 영역에서는 빠져 있는 것이 흠이다.

마인드 맵은 1970년대 초 두뇌이론을 기반으로 영국의 Tony Buzan이 발전시킨 학습방법이다. 그는 두뇌이론과 인지심리학에서 시각적 사고과정이 중요하게 다루어지는 점에 착안하여, 시각적 사고를 효과적으로 활용할 수 있는 방법으로 마인드 맵을 고안해 낸 것이다. 마인드 맵은 종래에 사용해 왔던 낱말로 아이디어를 표상하는 것보다 시각적 이미지로 표상 할 수 있게 해 줌으로써, 기억을 증진시켜 줄 뿐 아니라, 다양하고 풍부한 사고를 할 수 있게 해 준다고 믿었다(3)(이성은 등 2002, 331).

오늘날에는 어느 학교에서나 언어력 증진을 학교 교육의 주요 목표의 하나로 삼고 있기 때문에 모든 교사와 어린이들이 학교에 입학한 날부터 그 목표를 달성하기 위해 있는 힘을 다하고 있다(金鎭宇 2001, 329). 여기에서 말하는 '언어력 증진'은 말과 글을 포함한 개념이다. 입말이든 글말이든 언어는 語音, 語彙, 語法 이상 세 가지 층차로 대별된다. 어음과 어법에 관한 지식은 일정한 수준에 달하는 것으로 족한 반면에 어휘에 관한 지식은 많을수록 좋다는 특징을 지닌다. 따라서 언어력 증진에 있어서 어음과 어법에 관한 것은 어휘에 비하여 상대적으로 간단한 문제이다. 그러나 어휘력은 학력 정도에 따라 크게 달라지므로, 어휘력 향상이 곧 언어력 증진을 말하는 것인 셈이 된다. 그래서 金鎭宇(2001, 329)는 "궁극적인 의미로 볼 때 어휘력이 언어력의 기본이 된다는 것은 의심할 여지가 없다. 그러니까 결국 오늘날에는 어느 학교에서나 모든 교사들이 어린이들의 언어력을 증진시키기 위해서 최선을 다한다는 말은 그들이 어

(3) 두뇌가 낱말보다는 이미지를 몇 배나 더 많이 저장할 수 있다고 하여, 낱말을 다소 輕視하면서도 '핵심어'(key word)를 강조한 것은 앞으로 검토할 새로운 교수학습법에 의한 어휘 습득에 주요 이론적 기초를 제공할 수 있으므로 이를 소개해 보자면 다음과 같다. "두뇌는 중요하지 않은 것들은 자동적으로 잊어버리기 때문에 기억을 위한 방략들은 두뇌에 적합한 방식으로 이루어져야 한다. 따라서 주요 아이디어만을 입력해야 기억과 이해에 효과적이다. 이러한 의미에서 핵심어를 활용하는 것이 매우 효과적인 기억과 이해의 결과를 가져 올 수 있다. 핵심어를 이용하면 몇몇의 이점이 있다. 첫째, 핵심어를 이용하면 기억해야 할 양이 줄어든다. 둘째, 기록된 단어들에 대한 심상이 풍부해진다. 셋째, 핵심어를 추출할 때, 자료를 이해하는 일에 더 관여하므로 자료를 깊이 있게 처리한다"(이성은 등 2002, 338쪽).

린이들의 어휘력을 확대시키기 위해서 최선을 다한다는 말이나 같은 말이 된다"라고 하여 어휘력 확대가 학습의 최대 관건임을 강조하고 있다.

새로운 교수학습법을 개발함에 있어서는 학습자의 언어력 증진이 가장 기본적인 것이며, 언어력 증진을 위해서 가장 중요한 문제가 곧 어휘력 증대임을 선행 연구를 통하여 여실히 알 수 있다. 그러나 앞에서 본 14종 교수학습법 가운데 어휘력 증대와 유관한 것이 있기는 하지만 이러한 요구에 부응하기에는 매우 미흡한 실정이다. 따라서 본 논문은 학습자의 어휘력 증대에 효율적인 교수학습법을 개발하려는 것을 기본 목적으로 하고 있다. 먼저 어휘 습득과 지능 발달의 관계에 대하여 알아본 다음에 한자어와 한자의 특질에 대하여 살펴 볼 것이다. 그리고 이를 토대로 LBH교수학습법을 개발해 보려고 한다. LBH교수학습법은 중국문자학과 중국어어휘론을 기본 토대로 삼을 것이다. 아울러 교육심리학, 인지언어학, 언어심리학을 응용한 언어 습득에 관한 제반 이론을 활용함으로써 교수학습법으로서의 뿌리를 더욱 굳건히 하고자 한다.

2. 어휘 습득과 지능 발달

2.1 어휘 습득과 어휘의 수

언어가 발달되기 이전의 유아들은 울음, 옹알이(babbling), 흉내내기, 몸짓 같은 수단을 통하여 의사를 표시하며, 이 단계를 지나 言語 獲得期에 접어들면 바로 '엄마' '아빠' '맘마' 같은 한마디의 말, 즉 한 개의 단어를 사용하는 방법을 체득하게 된다고 한다. 교육심리학적으로는 "4~6세에 해당되는 유아는 일상생활에 필요한 어휘를 거의 대부분 습득하게 되고, 문법에 맞게 말하려고 노력한다"(이현림 등 2005, 67)고 보고 있다. 여기에서 말하는 '일상생활에 필요한 어휘'는 그 당시 의식주에 따르는 기본어휘(basic word)를 말하는 것일 따름이다.

이 시기 이후에는 사고와 학습을 통하여 필요한 어휘의 수를 늘여나가게 된다. 사고와 언어의 관계를 연구한 소련의 심리학자 Vygotsky(1962)는 "아동이

7세 정도가 되면 ……논리적 기억력을 사용하여 머릿속에서 언어의 조작을 배우게 된다. 이 시기에 획득된 사고능력과 언어를 기초로, 생을 통하여 언어적 사고에 있어 내적 언어와 외적 언어를 구사하게 된다"(이현림 등 2005, 62. 재인용)라고 하여 논리적 기억력과 언어적 사고의 중요성을 강조하였다.

우리 머릿속에는 엄청난 수의 단어에 대한 지식이 축적되어 있는데, 심리학자들은 이것을 심성어휘집(mental lexicon) 또는 어휘기억(lexical memory)이라고 부른다. "영어의 경우를 참고하여 보면, 평균적으로 한 사람이 성인이 되기까지 습득하는 단어의 수는 약 5만개라고 한다(Anderson & Freedy, 1981, 이정모 등 2005, 252. 재인용).

金鎭宇(2001, 325)는 4명의 서구 학자들이 조사한 연령별 어휘 수와 그 증가 추세에 관한 자료를 소개하고 있어 이를 다시 도표로 정리해 보자면 다음과 같다.

〈표〉 연령별 어휘 수 증가 추세

	만6세	초등1년	비고
Hoff-Ginsberg(1997)	8,000	14,000	15만(대학생)
Clark(1983)	14,000		
Harris(1970)		3,000~17,000	
Anglin(1993)		11,000	2만(3학년), 4만(5학년)

위의 표로 보자면, 학자들의 연구 결과가 크게 차이가 나지만, 대체로 초등학교 때 이미 성인에게 필요한 어휘의 80% 정도를 확보함을 알 수 있다. 그런데 우리나라 학생들을 대상으로 조사된 보고가 없음이 매우 안타깝다. 앞으로 누군가에 의하여 이러한 조사가 이루어지길 희망하며, 그 경우 고유어와 한자어를 구별하여 조사한다면 어휘력 증대 방안을 더욱 구체화하는 데 도움이 될 것이다.

2.2 어휘력과 지능

어휘를 풍부하게 하는, 즉 어휘력을 늘려나가는 것은 지능과 무관하지 않다. 무엇이 지능인가에 대하여 교육심리학에서는 대체로 각기 다른 세 가지 관점을 제시하고 있다. 고도의 추상적인 사고 능력으로 보는 관점(Terman, Thurstone 등), 학습의 기초 능력으로 보는 관점(Dearborn, Freeman, Woodrow, Gates, Henmon 등), 새로운 환경에 대한 적응 능력으로 보는 관점(Stern, Pintner, Colvin, Piaget)을 꼽을 수 있다(이현림 등 2005, 102). 가장 많은 학자들이 견지한 두 번째 관점에 입각하여 '학습 기초 능력이 곧 지능'이라고 한다면 어휘력과 지능은 불가분의 관계를 맺게 되는 셈이다. 학습에 필요한 어휘 지식 없이 학업 능력이 향상된다는 것은 불가능하기 때문이다.

그렇다면, 지능은 무엇으로 구성되어 있는가 라는 문제를 다루고 있는 '지능 구조'에 대해서 교육심리학자들의 견해는 대체로 네 가지로 나누어진다. 그 가운데 Binet와 Guiford의 주장이 우리의 관심을 끌고 있다. 이현림 등(2005, 103~104)의 요약에 따르면, Binet는 ①추리하는 능력, ②이해하는 능력, ③사고의 방향 결정과 이를 유지하는 능력, ④자아비판의 능력, 이상 네 가지가 복합적으로 작용한다고 보고 있다. Guiford는 지적 능력은 기억력과 사고력으로 구성된다고 여겼다. 두 학자의 견해를 종합하여 어휘력 향상 관점에서 정리해 보자면, 추리력, 이해력, 사고력, 기억력이 어휘력 향상, 즉 지능의 발달로 이어진다고 보아도 무방할 것이다. 각도를 달리하여 말하자면, 어휘력 향상을 위해서는 새로 학습한 어휘에 대하여, 추리력, 이해력, 사고력, 기억력을 함양하는 것이 관건이 된다고 볼 수 있을 것이다. 따라서 이 논문에서 새로이 개발하고자 하는 교수학습법의 학습 효율을 높이기 위해서는 바로 이러한 점을 최대한 고려할 것이다.

2.3 어휘력 증대 방안

학업 능력 신장의 가장 중요한 기초가 되는 어휘력의 증대를 위하여 기존의 교수학습 이론 또는 언어 습득 이론에서 이미 소개된 바 있는 방안을 정리해 보자면 다음과 같다.

(1) 언어 습득 이론에서 제시한 방법[4]

① 읽기 : 읽기가 가지는 두 가지 기능은 첫째, 읽기를 통해서 이미 말로 배운 낱말들의 지식을 보다 견고하게 하거나 보다 확대시킬 수 있다. 둘째, 읽기를 통해서 말하기나 듣기를 통해서 접할 수 없었던, 다양하면서도 수준 높은 어휘들을 많이 접할 수 있게 된다[5].

② 사전 찾기 : 어린이들이 읽기를 배울 무렵에는 보통 사전 쓰기도 배우게 되는데, 이것 역시 그들이 어휘력을 늘리는 데 한 몫을 하게 된다[6].

(2) 마인드 맵을 위한 先修 학습에서 제시한 방법[7]

① 제목 정하기 및 대표하는 말 쓰기 : 각 나열된 단어들 사이의 공통점

---

(4) 金鎭宇(2001, 331~332)에 제시된 것을 요약한 것임.

(5) 읽기, 즉 독서가 어휘력 확대에 직접적으로 연관되는 것임은 만고불변의 진리라고 할 수 있다. 한글전용으로 쓰여진 글은 한글을 깨친 학생이면 누구나 쉽게 읽을 수 있다는 장점이 있다. 그러나 읽을 줄 안다고 뜻을 아는 것은 결코 아니다. 홍명희의 〈임꺽정〉에 나오는 한 구절을 인용해 보자. "청춘에 돌아간 우리 누님의 팔자도 기박하지만 의초 좋던 내외간에 생리사별한 것이 포원이 되어서 속현 아니하고 일생을 홀아비로 지내는 중일이의 일도 가엾지요". 이 구절에서 '기박' '생리사별' '포원' '속현' 같은 한자말은 읽을 줄 안다고 해서 그 뜻을 다 아는 것은 결코 아니기 때문에 읽는 것으로 끝날 것이 아니라, 이러한 종류의 어휘에 대한 지식을 기르기 위한 별도의 대책이 필요시 된다.

(6) 우리나라 학생들의 경우에는 영어사전은 많이 활용하면서도 정작 국어사전은 별로 사용하지 않는 것이 큰 문제점이다. 국어사전이 전과목 학습에 활용된다는 사실을 잘 모르고 있는 학생들도 의외로 많다. 그리고 더 큰 문제점은 현재 시판되고 있는 각종 국어사전은 모두 정의와 용례 의미 풀이를 중심으로 하고 있다. 그 때문에 한자어의 경우, 형태소 의미와의 연관성을 알기 힘들어서 사전 찾기가 어휘력 제고에 별로 도움이 되지 않는다. 예를 들어 '총명'(聰明)이라는 단어에 대하여 "①보거나 들은 것을 오래 기억하는 힘이 있음. ②썩 영리하고 재주가 있음"이라고 풀이되어 있는데, 왜 그렇게 풀이될 수 있는지, {총}(聰)과 {명}(明)이 각각 무슨 뜻으로 쓰여진 것인지는 사전을 찾아봤자 여전히 알 수 없기 때문에 이 단어의 의미에 대한 이해와 사고 과정이 생략된 채 바로 기억 단계로 들어 가야하는 어려움을 겪게 된다. (참고, 이 논문에 인용된 단어 뜻풀이는 모두 국립국어연구원(1999)에서 간행한 《표준국어대사전》에 의거한 것임).

(7) 이성은 등(2002, 347~348)에 제시되어 있는 것을 요약 정리한 것임.

을 찾아 하나로 묶을 수 있는 낱말을 생각해 내는 연습.

② 단어 묶기 : 나열된 단어들을 상위 개념과 하위 개념으로 분류하여 묶을 수 있는 제목을 정하는 연습.

③ 핵심단어 찾기 : 주어진 문장 속에서 핵심 단어를 찾아내는 연습.

④ 브레인스토밍 : 한 단어에 연상되는 낱말을 되도록 많이 찾아내는 연습.

⑤ 미니 마인드 맵 :

〈1〉 한 단어 생각나는 단어 10개 적기 연습.

〈2〉 단어 대신 그림으로 10개의 이미지를 나타내는 연습.

마인드 맵에서 제시한 다양한 방법들이 어휘력 확대에 크게 이바지할 수 있을 것이다. 특히 '핵심 단어 찾기'는 주어진 문장의 뜻을 이해하는 데 있어서 매우 효과적인 방안이라 할 수 있다. 우리나라 학생들에게 많이 노출되는 문장을 대상으로 핵심어의 유형을 조사해본다면 참으로 유용한 결과가 도출될 수 있을 것이다. 즉 그 가운데 한자말이 차지하는 비중과 그런 한자말에 쓰인 한자의 字種을 정리 분석해 본다면 어문 교육정책 수립에도 크게 기여할 수 있을 것이다. 이 문제는 앞으로 누군가에 의해 구체적이고도 심도 있는 연구가 이루어지기를 기대해 본다.

(3) 피바디 언어발달 프로그램(8)

어린이들의 언어학습활동을 가장 과학적이면서도 종합적으로 체계화시켜 놓은 것이 바로 '피바디 언어발달 프로그램'인데, 여기에는 조립하기를 비롯하여 생각하고 말하기, 운율을 따라 말하기, 분류하기, 비교하기, 숫자 세기, 묘시하기, 토의하기, 극화하기, 지시 따르기, 분별하기, 상상하기, 명칭 붙이기, 듣기, 짝짓기, 無言으로 행동하기, 예측해서 말하기, 문제 해결하기, 추리하기, 관계짓기, 기억하기, 문장구성하기, 계열화하기, 이야기하기, 어휘습득하기, 등의 25가지 학습활동이 포함되어 있다. 물론 겉으로 보기에는 이 가운데서 명칭

(8) 주영희(1984); 金鎭宇(2001, 330)에 제시된 것을 인용한 것임.

붙이기와 어휘습득하기 정도만이 어휘력 신장과 직접적으로 관련이 되어 있는 것으로 되어 있다. 그러나 조금만 자세히 살펴보면, 이 가운데서 어휘력의 신장에 조금이라도 기여하지 않고 있는 것은 하나도 없음을 알 수 있다.

이상의 어휘력 확대 방법론들은 나름대로 상당한 성과가 있다. 그러나 우리나라 학생들에게 한글로 포장된 채로 노출되어 있는 수많은 한자어들에 대하여 각각의 형태소에 대한 이해 없이 무턱대고 외우는 것은 매우 무모한 동시에 비효율적인 것이다. 특히, 사전 찾기가 어휘력 확대에 도움이 되는 것은 지극히 옳은 말이나, 현행 국어사전에서는 한자말의 풀이가 定意(definition) 중심으로 되어 있으며, 형태소 의미를 고려하지 않고 있기 때문에 한자 복합어의 의미를 제대로 이해할 수 없는 등 많은 문제점을 안고 있다. 따라서 한자어 어휘력 확대를 위한 새로운 교수학습법을 개발하기 위해서는 먼저 한자어와 한자의 특질에 대하여 깊이 고찰해볼 필요가 있을 것이다.

3. 한자어와 한자의 특질

3.1 한자어와 형태소

앞에서는 새로운 교수학습법을 개발함에 있어서 어휘의 중요성에 대하여 일반적인 상황 하에서 살펴보았다. 우리나라의 경우만으로 국한시켜 문제를 심도 있게 고찰하려면, 먼저 한국어 어휘의 특성에 대해 살펴볼 필요가 있다.

한국어에 쓰이고 있는 어휘는 크게는 고유어와 차용어로 나뉠 수 있고, 차용어는 다시 한자어와 외래어로 나뉘어 진다. 그러나 모든 한자어는 차용어가 아니고, 즉 우리나라에서 만들어진 한자어도 많이 있고, 또 순수 외래어와는 문화적 역사적 배경이 다르기 때문에 이를 독립시켜, 고유어, 한자어, 외래어라는 삼분법으로 나누는 것이 일반적인 관행으로 되어 있다.

이러한 세 가지 부류의 어휘에 있어서 한자어가 지니는 비중을 먼저 양적으로 살펴볼 필요가 있을 것이다. "한자어는 그 기원을 가지고 보면 외래어임에도 불구하고 그 수와 사용빈도에서 고유어를 능가하고 있다. 한국어 어휘의

60% 이상을 한자어가 차지하고 있으며 일상 생활에서의 사용빈도를 따진다면 70%를 넘어서고 있다"(심재기 1980, 조명한 등 2003, 116).

일상 생활이 아니라, 학교에서의 어문 교육에 쓰이고 있는 어휘들로 보자면 한자어의 비중은 70% 정도에 그치는 것이 아니라, 80%를 훨씬 상회할 것이다. 특히 교재에 쓰인 문장의 핵심어(key word)로 보자면 90%이상이 한자어일 것으로 추정된다. 이러한 사실을 뒤집어 말하자면 어문 교육의 관건은 바로 한자어에 대한 이해와 숙지에 달려 있다고 할 수 있다고 해도 과언이 아닐 것이다.

한자어에 대한 이해는 형태소에 대한 정확한 인식이 선행되어야 한다. 언어 단위들 가운데, 일정한 소리에 일정한 의미를 지닌 것으로서, 의미 있는 요소 중 더 작게 분석할 수 없는 단위를 형태소(morpheme)라 한다. 또는 더 작게 분석하면 그 뜻을 잃어버리는 말의 단위를 형태소로 정의하기도 한다(남기심, 고영근 1995). 또는 의미/통사를 담당하는 최소의 언어학적 단위를 형태소로 정의하는 설도 있다(조명한 등 2003, 101).

조정래의 〈태백산맥〉에 나오는 "돈뭉치를 그대로 꺼냈다가는 의심받기가 십상일 것이었다"라는 구절에 등장되는 '십상'이라는 한자어가 실제로는 [십쌍]으로 발음하기 때문에 {십}과 {상}이라는 두 형태소의 결합이라는 사실을 간과하기 십상이다. 더구나 '十常' '十常八九'라는 한자 또는 한자어 지식이 없는 사람의 경우에는 '쉽상'이라 적더라도 잘못 쓰여진 곳을 찾아내기 어려울 것이다. 한자어에 대한 정확한 이해는 바로 각각 형태소에 대한 올바른 파악이 관건임을 이를 통하여 알 수 있다.

3.2 한자어의 구조

형태소는 단어 내부(sublexical)의 단위로서, 단어는 하나 이상의 형태소로 구성된다. 한 개의 형태소로만 이루어진 단어를 단일어 또는 단순어(simple words)라 하고, 두 개 이상의 형태소로 이루어진 단어를 복합어(complex words)라고 한다. 예를 들어 '학문'(學問)이라는 단어는 {學}이라는 형태소와 {問}이라는 형태소가 결합된 것이다. 학자에 따라서 복합어를 합성어라 부르는 예도 있으나, 합성어(compound words)는 파생어(derived words)와 함께 복합어의 하위 부류를 이룬다. 즉, 합성어와 파생어를 합하여 복합어라 부르며 합성어의 구성법을 합성법이라 한다(조명한 등 2003, 101).

한자 어휘는 2음절 복합어휘가 대종을 이루고 있는데, 이것은 派生法(derivation)·合成法(compounding)·重疊法(reduplication), 이상 세 가지 유형으로 나누어진다.

語根(root) 형태소에 접두사나 접미사가 첨가됨으로써 하나의 낱말을 형성하고 있는 파생어는 수적으로 많지 않다. 한자말에 쓰이는 접두사로는 {第}(第-四), {假}(假-建物)·{非}(非-道德)·{沒}(沒-廉恥) 같은 소수의 準접두사(quasi-prefix)가 고작일 따름이다. 한자에는 접미사 발달도 매우 미미하다. 순수 접미사로는 {子} 밖에 없다고 해도 과언이 아니다(女子, 男子, 卓子, 孔子 등).

어근 형태소가 중첩되어 있는 것으로는 微微(미미)·少少(소소)·疏疏(소소)·間間(간간) 등이 있다. 이러한 중첩어는 수적으로 매우 적을 뿐만 아니라 그 의미를 이해하는 데 크게 어려운 점은 없기 때문에 더 이상의 설명이 필요 없다. 파생어와 중첩어는 수적으로 매우 제한적이며 극소수에 불과할 따름이다. 반면, 합성법에 의하여 형성된, 즉 두 개 이상의 어근(실질) 형태소가 결합된 합성어는 거의 대부분에 달할 정도로 가장 많은 비율을 차지하고 있다. '한자어=합성어'라고 해도 과언이 아닐 정도로 합성어는 매우 중요한 것이다. 그리고 그 구조 유형에 따라 의미가 달라질 수도 있는 등 난해한 점이 많기 때문에 이에 대한 이해가 합성어휘를 학습하는 데 있어서 핵심적인 역할을 할 수 있다. 따라서 이에 대하여 간단하게 살펴보자면 다음과 같다.

(1) 竝列 구조 : 'A와 B' 'A 또는 B' 같이 두 어근 형태소가 나란히 제시되어 있는 것을 말하는데, 두 형태소간의 의미 상관성에 따라 對等 관계와 對立 관계, 두 가지 유형으로 나누어진다. 대등 관계는 서로 동일하거나 매우 비슷한 어근 형태소가 병렬되어 있는 것을 말하며, 대립 관계는 서로 상반되는 것이 병렬되어 있는 것을 말한다. ① 對等관계(人民, 河川, 言語). ② 對立관계(是非,

有無, 大小).

(2) 修飾 구조 : 수식어와 중심어(피수식어)로 구성되어 있는 것을 말한다. 이것에는 ①명사+명사(예, 鐵路, 電燈, 雨衣), ②형용사+명사(美人, 朱門), ③동사+명사(流水, 學生), ④수사+명사(四海, 三綱), 이상 네 가지 유형이 있다.

(3) 主述 구조 : 'A가 B하다'같이 두 어근 형태소가 각각 주어와 술어로 쓰인 방식을 취하고 있는 낱말을 말한다(天動, 地震, 家貧).

(4) 副述 구조 : A가 부사어에 상당하고, B가 술어(동사, 형용사)에 상당하는 방식으로 짜여져 있는 것을 말한다. '조동사+동사'와 '부정부사+명사'의 구조를 취한 것도 편의상 이에 포함시켜보자면, 총 5종으로 세분될 수 있다. ①부사+동사(豫測, 特定, 頻發), ②조동사+동사(當爲, 可憐, 肯定). ③부사+형용사(最少, 至急), ④부정부사+형용사(不安, 莫大, 非凡), ⑤부정부사+명사(非禮, 不孝, 非道).

(5) 述補 구조 : A가 술어이고, B가 보어인 구조를 말하는데, 보어의 성격에 따라 두 가지로 세분된다. ①결과 보어(縮小, 矯正, 說明, 餓死, 擊破), ②정도 보어(激甚, 爽快).

(6) 述目 구조 : 술어와 목적어로 구성되어 있는 것으로 다시 두 가지로 나누어진다. ①지배 관계[(9)](讀書, 避難, 殺人, 放火, 防火). ②존현 관계[(10)](有力, 有名, 無實, 立春, 開花).

3.3 한자의 성질 및 특질

한자어는 한자로 표기될 때 그 의미가 분명하게 드러날 수 있는 단어이므로, 한자와는 불가분의 관계를 가진다. 따라서 한자어에 대한 분석과 이해는 먼저 한자의 성질과 특질에 대한 이해가 선행되어야 한다.

---

(9) 'B를 A하다'는 뜻으로 해석될 수 있는 어휘를 말함.

(10) 술어+목적어의 구조인데, 목적어가 술어의 의미상의 주어로 해석될 수 있는 것을 말함.

한자의 성질 문제는 문자유형학적인 측면에서 한자를 어디에 귀속시킬 것인가 라는 문제로 귀착된다. 한자의 성질에 관해서는 1930년대 이후로 많은 학자들의 분분한 설들이 있었다. 表意文字說 · 過渡文字說 · 表音文字說 · 意音文字說 · 語彙文字說 · 語彙-音節文字說 · 形態素文字說 · 形態素-音節文字說, 이상 8종 학설이 있었는데, 전광진(2001)은 이에 대한 분석 · 정리를 통하여 (1)표의문자(seme-graph), (2)형태소문자(morpheme-graph), (3)음절문자(syllable-graph), 이상 세 가지로 귀납시켰다. 종합해서 재정리하자면, '表意'의 '意'는 형태소로서의 의미를 말하는 것이며, 그것의 절대다수가 단일 음절로 쓰이고 있다는 점이다.

그리고 한자의 특질에 대해서는 楊潤陸(1988) · 蘇培成(1994) · 鄭廷植(1997) · 胡雙寶(1998) · 高更生(1999) · 許錟輝(1999) · 張 · 夏(2001) 등의 많은 연구가 있었다. 전광진(2002)은 이러한 선행 연구에 대하여 한자의 3대 요소인 字形 · 字音 · 字義에 관한 것을 基本 특질로, 한자의 활용에 따른 부수적인 효과와 관련된 것을 附隨 특질로 구분 짓고, 기본 특질은 다시 形音義에 공통된 공통 특질과 형음의 각각에 대한 개별 특질로 세분하였다. 특히 字義 특질에서 언급한 내용(전광진 2002, 28)중에는 한자어에 대한 교수학습법의 매우 중요한 이론적 근거가 포함되어 있기에 이를 인용해 보자면 다음과 같다.

> "한자의 字義는 字形을 통하여 나타나고 있음은 너무나 자명한 것이기에 이에 대한 詳論이 필요 없을 것 같다. 다만 字形에 의하여 나타나는 字義가 어떤 특질을 갖는지는, 지금까지 많은 학자들의 논저를 통하여 구체적으로 摘示되지 못하고 있는 점을 지적하지 않을 수 없다. 필자는 한자의 자의 특질을 한마디로 개괄하자면 '暗示性'을 들고 싶다. 暗示性이란 한자의 자형을 통하여 나타내는 字義는 형태소든 낱말이든 막론하고 그것이 지칭하는 의미 전부를 나타내는 것이 아니라, 약간의 暗示(hint)를 주고 있을 따름이다. 이러한 점에서 보자면 한자에 대하여 暗示文字(hintograph)라는 또 하나의 명칭을 부여할 필요가 있다는 것이 필자의 주장이다. 예를 들어보자. '쉬다'(rest)는 뜻을 나타내기 위해서 고안된 '休'자에 제시되어 있는 두 가지 의미정

보, 즉 '나무'(木, tree)와 '사람'(人, person)은 나무 그늘 아래에서 쉬고 있는 사람을 흔히 볼 수 있기에 그러한 연상을 통하여 '쉬다'는 의미임을 暗示하는 기능을 하고 있다. 象形 방식에 의하여 고안된 글자들도 그것이 나타내고자하는 의미를 암시할 뿐이지 그 전체를 나타내는 것은 아니다."

위에서 말하는 한자의 암시(힌트)성은 한자 내부의 각 요소들이 단음절 어휘 또는 단음절 형태소로서의 의미를 암시하는 기능을 수행하는 것을 말한다. 즉, '쉬다'라는 뜻을 나타내는 休자에 쓰인 '나무 목'[木]과 '사람 인'[人]은 모든 나무와 모든 사람을 지칭하는 것이 아니라, 나무 아래에서 쉬고 있는 사람을 암시하는 것일 따름이다. '소나무'를 뜻하는 松자의 木은 소나무 또는 모든 나무를 말하려는 것이 아니라, '나무의 일종'임을 나타내는 암시적 기능을 할 뿐이다. 한자의 의미요소(semantic indicator)에 내포되어있는 암시적 기능은 마치 영어 단어의 접두사의 경우를 방불케 한다. 이를테면 '(연극 등의) 막간(幕間)'을 의미하는 intermission이라는 단어에 쓰인 접두사 inter-가 '사이'(between{間})를 암시하는 것과 같은 기능으로 볼 수 있다.

이러한 의미 암시적 기능은 한자말, 특히 합성어의 경우에 더욱 현격하게 나타난다. '생일'이라는 단어를 예로 들어 보자. '생일'이라는 단어의 뜻을 아는데 있어서 {生}과 {日}이라는 형태소가 의미를 암시하는 중요한 안내자 역할을 수행하고 있다. 이러한 현상은 영어 복합어휘의 경우와 완전히 똑같다. 즉, 'birthday'이라는 단어의 뜻은 {birth}와 {day}라는 두 형태소가 결정적인 도우미 역할을 수행하고 있다. 이러한 형태소의 의미 암시 기능을 적절히 잘 활용하는 것이 새로운 교수학습법의 관건이 될 수 있을 것이다.

4. LBH교수학습법의 개발

4.1 이론적 진단

(1) 언어심리학

한자의 사용이 날로 줄어들고 있는 것은 사실이다. 그런데도 한자말의 사용은 거의 줄어들지 않고 있다. 한자말의 표기를 한자로 하지 않고 한글로 표기하는 데 그치고 있다. 그래서 한자를 몰라도 한자어의 뜻을 알 수 있는 것으로 착각하는 사람들이 많다. 그래서 오늘날 한자교육은 갈수록 그 강도가 아주 낮아짐에 따라 한자어 형태소에 대한 사람들의 이해는 상당히 저조해지고, 급기야 학력 저하라는 결과를 낳고 말았다.

이러한 현실에 대하여 언어 심리학에서는 표기와 형태소의 대응 관계가 일치하지 않음에 따른 문세점을 이렇게 지적하고 있다.

> "표기와 형태소의 대응 관계가 일정하지 않다는 것이다. 예를 들어 {方}, {防}, {房}, {放} 등의 형태소가 모두 표기상으로는 하나의 글자 '방'과 대응하고 있다. 이것은 한자를 표기에 사용하지 않기 때문에 나타나는 현상으로서, 한자어의 형태소 처리를 어렵게 하는 요인이기도 하다"(조명한 등 2003, 116).

한자어휘를 한자로 써 놓으면 형태소간의 시각적 경계가 분명하여, 형태소 처리와 인식이 용이할 텐데, 이러한 사실을 무시하고 있는 경향이 참으로 안타깝다. 한글로만 적어 놓은 교재를 사용하는 학생들이 한자어를 어떻게 인식하고 있는가 이 점에 대하여 언어심리학자는 다음과 같이 진단하고 있다.

> "한자어 하나하나를 더 이상 분해할 수 없는 하나의 덩어리로서 학습하거나, 처리하지는 않을 가능성이 높다. 사람들은 '천지, 천하, 지하' 등과 같은 단어를 학습하는 경우, 거기에 {천}, {지}, {하} 등의 보다 작은 의미 단위가 있음을 직관적으로 이해할 수 있을 것이다. 이와 같은 추론은, 한글 표기가 일상화된 현대에도 한자어의 표상과 처리가 그 구성 형태소들에 관한 암묵적 지식에 근거할 수 있음을 시사한다"(조명한 등 2003, 117).

위의 진단에서 "한자어의 표상과 처리가 그 구성 형태소들에 관한 암묵적 지식에 근거할 수 있음"을 지적한 것은 한자 교육을 받은, 즉 한자 지식을 이미 습득하고 있는 사람에 해당되는 것이지, 한자 지식이 전혀 없는 사람은 위의 글 첫머리에서 지적하였듯이 "더 이상 분해할 수 없는 하나의 덩어리로서 학습하거나, 처리하지는 않을 가능성이 높다"고 볼 수밖에 없다. 실제로 우리의 교육 현실은 그런 늪에서 헤매고 있고, 1800자 정도의 한자를 익히면 될 것을, 수 만 개의 단어를 통째로 익혀야하는 큰 부담을 안게 되는 어리석음을 자초하고 있다.

이러한 현실에서 보자면, 한자 형태소의 학습이 매우 절실함은 아무리 강조해도 지나침이 없을 것이다. 한자 형태소의 학습이 단어의 습득, 독서 능력의 발달에 있어서 매우 중요함을 언어심리학에서는 다음과 같이 말하고 있다.

> 첫째, 단어의 습득에서도 형태소의 학습은 매우 중요하다. 형태 인식(morphological awareness) 능력은 음운 인식(phonological awareness) 능력 못지 않게 독서 능력의 발달에 중요한 변인으로서 작용하고 있다(조명한 등 2003, 121).
>
> 둘째, 한국어는 영어보다 복합어적인 자극 상황이 훨씬 많고, 따라서 한국어에서 단어의 인지과정은 어쩌면 형태적 구조 분석의 과정이라고 바꾸어 말할 수도 있다. 한국어 텍스트에서 기본적인 단위는 어절이고 어절은 다형태소 단위이기 때문에 형태소의 분절은 독서의 핵심적 과정이라고도 할 수 있다(조명한 등 2003, 123).

그래서, "한국어에서는 '미인'이라는 단어의 어두 형태소가 {美}라는 것을 알기 위해서는 단어의 처리가 선행되어야 한다. 이 점이 漢字를 사용하는 중국어 또는 일본어와 다른 점이다. 한자를 사용하여 처음부터 '美人'이라고 적으면 {美}와 같은 형태소 마디들이 먼저 활성화되고, 그 활성화가 단어 마디로 입력될 것이다"(조명한 등 2003 120). 이러한 지적은 한글 전용의 한국어 문장에 쓰인 단어에 대하여 한자 지식이 전혀 없는 경우를 두고 한 말이다. 한자로 서사된 중국어나 일본어의 경우에서 볼 수 있듯이, 한자 지식을 확보하고 있으면 형태소 의미를 토대로 單語 認知를 더욱 쉽고 명확하게 할 수 있음을 알 수 있다. 이러한 사실은, 한자어휘에 대한 교수학습에 있어서 한자 형태소 지식이 얼마나 유효 적절하게 활용될 수 있음을 뒷받침해주는 언어심리학적 근거라는 점에서 더욱 큰 의의를 지닌다. 그런데도, 한국 한자어의 형태소에 관한 연구는 한자 교육의 침체 때문인지 매우 소홀하였다[11]. 그래서 앞으로는 형태소 그 자체에 대한 연구나 형태소 지식의 활용 방안을 강구하는 예지가 필요함을 강조해 두고 싶다[12]. 사실, 본 연구는 이러한 점에 착안하여 한자어휘 지식이 학습 능력 제고에 이비지할 수 있는 방안을 강구하려는 뜻에서 비롯되었다.

(2) 복합어 습득 이론

앞에서 보았듯이 "한국어는 영어보다 복합어적인 자극 상황이 훨씬 많고, 따라서 한국어에서 단어의 인지과정은 어쩌면 형태적 구조 분석의 과정이라고 바꾸어 말할 수도 있다"(조명한 등 2003, 123). 그래서 영어 복합어 습득에 관한 이론이 한자어 교수학습에 큰 도움이 될 수 있을 것이다. 취학전 유아가 영어 복합어를 어떻게 습득하는지를 단계별로 조사 분석한 Berko(1958)의 연구 결과가 하길종(2001, 150)에 소개되어 있어 이를 재인용해보기로 하겠다.

1단계 : 주제 파악 단계로 대상의 주제나 형태 진술(X는 X이기 때문에 X이다) 이다. '책가방은 왜 그렇게 불리어지느냐?'는 물음에 대해서 유아는 '책

(11) 언어심리학의 문제 지적을 옮겨보면 다음과 같다. "한국어의 단어인지에 관한 연구는 주로 글자, 자모, 획 그리고 단어의 수준에서 이루어져 왔다. 중간의 수준, 즉 형태소 처리 과정을 다루는 연구는 상대적으로 적었다"(조명한 등 2003, 102).

(12) 형태소의 중요성을 언어심리학적 측면에서 조명한 것을 옮겨보자면 다음과 같다. "단어와 관련된 연구에서 형태소에 주목해야 하는 이유 중 하나는, 상당수의 어휘가 다형태소(multimorphemic) 단어 라는 점이다. 사람들은 새로 생성된 다형태소 단어를 쉽게 이해하며, 또한 필요에 따라 손쉽게 만들어 쓰기도 한다. 한편, 단어 인지의 연구에서도 단어의 형태론적 구조는 어휘 표상/처리의 이해에서 필수적인 고려 사항이다. 예를 들어 심성어휘집을 구성하는 표제어(entry)의 단위에 대한 여러 논쟁이 있으나, 만약 심성어휘집이 형태소를 기본으로 하여 구조화되어 있다고 보면, 심성어휘집의 저장 공간을 절약하고, 심성어휘집에 접속하는 시간을 줄인다는 장점이 있다"(조명한 등 2003, 101).

가방이기 때문에 책가방으로 불리어진다'고 대답하였다. 이것은 책가방이라는 의미단위보다는 책가방의 단어의미로만 설명을 하기 때문이다. 즉 책가방을 '책+가방'이라는 의미단위로 기억하거나 습득하지 않고 '책가방'이라는 단어의 형태로만 습득을 하기 때문이다.

2단계 : 특징 자질이나 기능을 습득하는 단계로 복합어의 기능이나 자질을 설명한다(복합어를 이루고 있는 각 자립 형태소의 의미에 관계없이 습득하거나 기억하는 단계). 즉 '왜 에어컨이냐?'고 물으면 유아는 '에어컨은 시원하기 때문'이라고 대답을 한다. 이것은 유아가 에어컨이라는 기능적인 측면, 즉 에어컨은 시원하게 해주는 것이라는 것만을 습득하고 기억하는 단계이다. 이것은 유아가 에어컨이라는 각각의 형태소 의미보다는 복합적인 의미로 기억을 하기 때문이다.

3단계 : 어휘에 연관된 특징이나 자질을 습득하는 단계이다. 이 단계는 두 형태소 중 하나의 형태소 의미만 이해하는 단계이다. 단풍나무라는 단어에 대해서 '단풍 + 나무'라는 형태소로 구성되어 있지만, 유아가 단풍나무에 대해서 이해하는 것은 '단풍'보다는 적어도 '나무'라는 형태소만을 이해할 수 있는 단계이다.

4단계 : 어원을 습득하는 단계이다. 이 단계는 두 자립 형태소의 어원을 파악하여 복합어를 사용할 수 있는 단계이다. '어린이날'이라는 복합어에 대해서 {어린이}이라는 형태소와 {날}이라는 형태소의 의미를 이해하여 사용하는 단계이다. 그러나 이 두 형태소의 어원을 이해하기 이전에 유아는 막연히 쉬는 날로 이해하였으나, 학습에 의해서 점차 두 형태소인 '어린이와 날'의 어원을 파악하는 단계이다. 유아가 이 두 형태소의 어원을 파악하여 이해하는 것은 학습에 의하지 않고는 해결될 수 없다. 어원을 파악하는 단계는 대체로 초등학교에 입학이 가능한 연령이어야 하는 고차원의 습득단계이다. 이 시기에는 의존형태소를 무의미한 단어로 구분해서 습득한다.

Berko(1958)가 연구에 활용한 영어 복합어휘는 afternoon, airplane,

birthday, breakfast, blackboard, football, newspaper, sunshine 등이다. 그런데 이것들은 각각 '午後' '飛行機' '生日' '朝餐' '黑板/漆板' '蹴球' '新聞' '日光' 같은 한자말과 대응되고 있다. 바꾸어 말하자면, 'afternoon'이라는 영어 복합어의 학습은 '午後'라는 한자어의 학습과 동일한 성격을 지닌다. '午後'를 '오후'라는 서사 형식으로 익히는 것은 'afternoon'을 '에프터눈'이라 기록하여 학습하는 만큼이나 어리석은 일이다. '에프터눈'이라 적으면 형태소 경계와 분석이 쉽지 않기 때문에 Berko(1958)가 말한 제4단계의 효율적인 학습이 사실상 불가능하게 되는 문제점이 있다. 이러한 현상은 한자지식이 없는 학생들은 모두 한자말을 제1단계의 원시적인 방법으로 익힐 수밖에 없기 때문에 학업 능력이 현격히 저하되고 있다. {after}('이후')와 {noon}('정오')라는 두 형태소로 나눌 수 있으면 'afternoon'을 쉽게 익힐 수 있듯이, '오후'를 {午}+{後}로 나누어 보게 되면 한자어를 효율적으로 학습할 수 있을 것이다.

아울러, Berko(1958)가 제시한 4단계 학습 가운데 제1단계와 제4단계의 차이가 매우 큰 의의를 지니고 있으므로, 이를 토대로 삼아 다시 정리하자면 복합어에 대한 교수학습에 있어서 다음 두 가지 사실이 매우 중요함을 발견하게 된다.

첫째, 'birthday'(X)가 '생일'(Y)을 뜻한다는 사실을 인지함에 앞서, '생일'(Y)을 왜 'birthday'라고 하는지를 이해하는 것이 어휘력 확대에 큰 밑받침이 된다는 사실이다. 즉, X는 Y라는 뜻임을 단순 주입식으로 학습시킬 것이 아니라, Y를 왜 X라고 하였는지를 이해시키는 것이 중요하다. 무턱대고 외우는 암기가 아니라 이해와 사고가 기억력을 배가시킬 수 있기 때문이다.

둘째, 'birthday'에 대한 교수 학습은 {birth}(生)와 {day}(日)라는 두 형태소를 나누어 설명함으로써 그 효율을 극대화할 수 있다는 점이다. 형태소의 의미가 단어 의미의 근간이 되며, 형태소 의미에 대한 지식이 단어 의미에 대한 이해로 이어지는 징검다리 역할을 하기 때문이다.

4.2 현실적 진단

(1) 교재 관련 문제

한글전용으로 쓰여진 교재는 발음정보만 제공하고 있고 의미정보에 대해서는 아무런 장치가 없는 셈이다. 학생들에게 정작 필요한 것은 발음정보가 아니라 의미정보라는 사실을 망각한 처사이다.

한자 실력이 없는 학생들에게는 한글전용으로 쓰여진 문장이 추상적 부호의 나열에 불과한 것이기에 의미 파악이 매우 어렵게 된다. 이를테면, '사행천'이나 '해식애' '파식동' '감입곡류 하천' '하방 침식' 같은 한자 용어가 전과목에 걸쳐 부지기수로 등장하지만 이에 대한 이해를 돕기 위한 배려가 거의 없다.

(2) 교육자 관련 문제

학생들이 한글로 쓰여진 문장을 읽을 줄 알면 그 뜻을 아는 것으로 착각하고 그냥 넘어가는 경우가 많다. 학생들이 학습에 있어서 어떤 애로가 있는 줄 모른다. 자상한 선생님의 경우에는, '사행천'에 대하여 '뱀이 기어가는 모양처럼 구불구불 흘러가는 하천'을 말한다는 설명을 덧붙여 줄 것이다. 그러나 학생들은 그러한 것을 일러 왜 '사행천'이라고 하는지, 영문을 몰라 어리둥절해 한다는 사실을 선생님들은 잘 모르고 있다. 한자 지식이 없는 교육자들이 많고, 한자 지식이 다소 있다 하더라도 그것을 어떻게 활용해야 교육 효과를 극대화 할 수 있는지를 인지하고 있는 이는 매우 드문 형편이다.

(3) 학생 관련 문제

학습 과정에서 모르는 영어 단어를 만났을 때에는 사전을 찾아보면서도, 모르는 국어 단어를 마주친 경우에는 사전을 찾아보지도 않고 그냥 읽고 지나가는 예가 많다고 한다. 그럴 때마다 국어사전을 찾아보는 좋은 습관을 지닌 학생이라 하더라도, 현행 국어사전으로는 궁금증을 속시원하게 해결 할 수 없다. 이를테면, '해일'이 무슨 뜻인지 궁금하여 사전을 찾아보면 "해일(海溢)[해ː-] 〈지리〉 해저의 지각 변동이나 해상의 기상 변화에 의하여 갑자기 바닷물이 크게 일어서 육지로 넘쳐 들어오는 것"이라 되어 있다. 그러한 것을 일러 왜 '해일'이라 하는 지를 모르는 것은 '바다 해'와 '넘칠 일'이라는 의미 정보(힌트)를 활용할 줄 모르기 때문이다. 즉, 한자 지식이 없기 때문이다. 한자 공부를 많이 한 학생의 경우에도 그렇게 어렵게 취득한 한자 지식을 전 과목 공부에 활용할 줄은 잘 모르고 있다. 한자말에 대한 어휘력 증강에 필요한 무기를 확보하고도, 정작 그것을 활용하지 않고 있는 실정이 안타깝기 그지없다.

4.4 내용 및 예시

한자어휘에 대한 기존 국어사전들은 모두 定意式 풀이에 입각하고 있다. 그리고 그러한 사전에 의거할 수밖에 없음에 따라 교육자들은 LBD(Learning By Definition) 교수학습법[13]을 활용하는 셈이 된다. 정의를 통하여 가르치는 것은 학습자로 하여금 이해와 사고라는 두 단계를 거치지 않고 암기를 강요하는 주입식 교육의 전형으로 학습 효율이 매우 낮은 단점을 지닌다.

LBH(Learning By Definition) 교수학습법이란, 2음절 이상의 한자어(복합어, Complex Word)의 의미를 설명함에 있어 각각의 글자(형태소, morpheme)에 담겨 있는 암시적 의미 정보, 즉 힌트(hint)를 최대한 분명하게 밝혀 주는 것을 말한다. 이것은 학습자로 하여금 理解力 · 思考力 · 記憶力을 높여주는 등, 교수 효과를 상대적으로 크게 높여 줄 수 있는 장점을 지닌다. 이 두 교수법을 일목요연하게 도표로 나타내 보자면 다음과 같다.

(13) '해식'이라는 단어에 대해 기존 국어사전에서는 "해식(海蝕)[해 : -]해식만[해 : 싱-]〈지리〉파도, 조류, 연안류 따위가 해안을 침식하는 현상"이라는 지리학적 정의만을 제시하고 있을 뿐이다. 이러한 정의 풀이 사전을 활용할 수밖에 없기에 현행의 학습지도 방법을 이름하여 'LBD교수학습법'이라 하였다.

〈표〉 기존의 교수법과 LBH교수법과의 비교

		기존의 정의에 의한 교수법 Learning By Definition	힌트에 의한 교수법 Learning By Hint
설명방식	내용	X는 Y이다.	①X는 Y이다. ②Y를 왜 X라고 했을까? ③Y에 대한 X의 힌트는?
	결과	학생이 X와 Y의 관계를 확실하게 이해하지 못함	학생이 X와 Y의 관계를 확실하게 이해함
설명 특성		단순 주입식 설명	각각의 형태소에 담긴 힌트를 발굴하여 설명
학습 과정		무작정 암기	이해⇨사고⇨기억
교육자의 필요자질		Y에 대한 학술적 지식	①Y에 대한 학술적 지식 ②X에 대한 의미정보(한자) 지식
장 점		설명에 따른 시간이 절약	학습자의 이해력 · 사고력 · 기억력 증진
단 점		학습자의 이해 부족	교육자의 부담 증가(한자 지식)
예 시 (1)		'조도' : 단위 면적이 단위 시간에 받는 빛의 양	①照(비출 조), 度(정도 도) ②밝게 비치는[照] 정도[度] ③단위 면적이 단위 시간에 받는 빛의 양
예 시 (2)		산포-도(散布度)[산:-] 〈수학〉도수 분포의 모양을 조사할 때에, 변량의 흩어져 있는 정도를 가리키는 값. ≒분산도②.	산:포-도【散布度】(흩을 산, 펼 포, 정도 도). ①흩어져[散] 펼쳐져[布]있는 정도(程度). ②〈수학〉 도수(度數) 분포의 모양을 조사할 때에, 변량(變量)의 흩어져 있는 정도를 가리키는 값. 분산도(分散度).

4.5 기대 효과(三力 효과)

첫째, 理解力 增進 : 'X는 Y이다'는 명제에 대한 암기를 강요하는 학습이 아니라, 정의(Y)와 용어(X)의 상관 관계를 명확하게 이해할 수 있도록 설명해 줌으로써 학습자의 이해력이 증진되는 효과가 기대된다.

둘째, 思考力 涵養 : 한자말(용어 X)에는 정의(Y)에 대한 의미 암시라는 힌트가 담겨 있는 바, 그것을 추정해 내는 과정을 통하여 학습자의 사고력을 함양시킬 수 있는 장점이 기대된다.

셋째, 記憶力 倍加 : 'X는 Y이다'는 명제를 무작정 억지로 암기해야하는 기존의 교수법에서는 지능이 계발될 수 없고, 기억력 증진을 기약할 수 없다. 반면, 정의(Y)와 용어(X)의 관계에 대한 이해, 그리고 정의(Y)를 암시하는 용어(X)

의 힌트에 대한 사고와 추리가 선행되면 기억력이 배로 증가되는 효과를 얻을 수 있을 것이다.

5. 맺음말

우리는 한자는 안 써도 되지만, 한자말은 안 쓸 수 없다. 그래서 학습용 어휘 및 용어는 90% 이상이 한자어임에도, 그것이 외형적으로는 한글로만 적혀 있기 때문에 한자 지식의 필요성을 看過하게 된다. 특히, 주어진 문맥에서 한자말은 Key-Word로서의 중요한 역할을 하는 경우가 대부분이다. 따라서 한자말에 대하여 그 뜻을 명확하게 파악하려는 노력이 없이 修學 능력을 높인다는 것은 불가능한 일이다. 그래서 한자어에 대한 새로운 교수학습법의 개발이 더없이 절실히 요구되고 있다.

한자에는 의미 정보, 즉 '힌트'가 담겨 있고, 한자는 表意 기능 상 "힌트문자"(Hintograph)로서의 특질을 지니고 있다. "한국 야구 파죽의 6연승"의 '파죽'이라는 말에 있어서 '쪼갤 파'(破)와 '대나무 죽'(竹)은 결정적인 힌트를 제공해주고 있다. 이러한 힌트를 활용하면 어휘력을 크게 보강할 수 있고, 효과적인 교수학습법의 열쇠가 바로 거기에 있음을 알게 된다.

기존의 교수학습법에서 제시된 어휘력 확대 방안은 앞에서도 보았듯이, 모든 종류의 어휘에 적용될 수 있는 장점이 있으나, 복합어라는 특성을 지닌 한자어에 있어서는 그러한 일반적인 방법론에 추가하여 특수한 이론과 방법으로 무장할 필요가 있다. 그래서 한자의 특질을 활용하고, 언어심리학적인 형태소 처리 방법을 응용하고, 복합어 습득 이론을 기초로 하여 고안한 것이 바로 'LBH교수학습법'이다.

이 교수학습법은 기존의 'LBD 교수학습법'에 비하여 월등한 학습 효과가 기대될 수 있다. 그렇다고 단점이 전혀 없는 것은 아니다. 앞의 도표에서 본 바와 같이, 교육자의 부담이 증가하는, 즉 교육자의 한자 지식이 추가로 소요되는 단점과 부담을 지니고 있다. 교육자의 그러한 부담을 덜어 주자면 기존의 국어사전으로는 도저히 불가능하다. 이를테면, '橢圓'의 {橢}라는 형태소가 어떤 의미인지를 알려면 한자자전을 다시 찾아 봐야하는 번거로움과 시간적 비용이 소요된다. 따라서 형태소(morpheme) 의미를 풀이하고 있는 字典과 단어(word) 의미를 풀이하고 있는 詞典 기능을 동시에 수행할 수 있는 'LBH교수학습법 활용 사전'이 새로 편찬되어야 할 것이다. 그러한 사전의 등장과 이 땅의 모든 선생님이 LBH교수학습법을 활용하여 학습자의 학업 능력이 크게 신장되는 꿈을 꾸어보면서 졸고를 마친다.

【參考文獻】

姜信沆 2005 〈한글專用政策과 漢字語〉《漢字教育과 漢字政策에 대한 研究》 29~70. 도서출판 역락.

김용한 1998 《한자 어소의 의미 기능 연구》. 국학자료원.

남기심 · 고영근 (1995) 《표준 국어문법론》. 탑출판사.

박영섭 1995 《국어한자어휘론》. 박이정출판사.

沈在箕 2005 〈國漢混用論의 歷史 · 文化的 背景〉《漢字教育과 漢字政策에 대한 研究》 71~104. 도서출판 역락.

심재기 1987 〈한자어의 구조와 그 조어력〉《국어생활》 (제8호) 25~39.

이강로 1987 〈한자어의 기원적 계보〉《국어생활》 (제8호) 15~24.

李基文 2005 〈漢字와 한글〉《漢字教育과 漢字政策에 대한 研究》 11~28. 도서출판 역락.

이성은 등 2002 《초 · 중등 교실을 위한 새 교수법》. 교육과학사.

李翊燮 2005 〈漢字의 독서 능률〉《漢字教育과 漢字政策에 대한 研究》 121~148. 도서출판 역락.

이정모 등 2005 《인지심리학》. 학지사.

이현림 등 2005 《새롭게 보는 교육 심리학》. 교육과학사.

全廣鎭 2001a 〈교과서의 '표현 · 표기' 무엇이 문제인가?〉《교과서연구》 (제37권) 70~73. 교과서연구재단.

全廣鎭 2001b 〈한자의 성질에 관한 제 학설 탐구〉《중국언어연구》 (제13집) 257~277. 한국중국언어학회.

全廣鎭 2002 〈한자의 특질에 관한 제 학설 탐구〉《중어중문학》 (제31집) 13~33. 한국중어중문학회.

조명한 등 2003 《언어심리학》. 학지사.

주영희 1984 《유아를 위한 언어교육》. 교문사.

하길종 2001 《언어 습득과 발달》. 국학자료원.
高更生 1999 《漢字硏究》. 山東教育出版社(濟南).
裘錫圭 1985 〈漢字的性質〉. 《中國語文》 1, 35~41.
金鎭宇 2001 《言語習得의 理論과 實相》. 한국문화사.
蘇培成 1994 《現代漢字學綱要》. 北京大學出版社(北京).
蘇新春 1994 〈漢字性質之爭背後的語言因素〉《漢字語言功能論》 79~99.
楊潤陸 등 1988 《文字學概要》. 北京師範大學出版社(北京).
張玉金・夏中華 2000 《漢字學概論》. 廣西教育出版社.
鄭廷植 1997 《漢字學通論》, 福建人民出版社(福州).
周有光 1987 〈文字類型學初探〉《民族語文》 6, 5~19.
周有光 1998 《比較文字學初探》. 語文出版社(北京).
許錟輝 1999 《文字學簡編》. 萬卷樓圖書公司(臺北).
胡雙寶 1998 《漢語・漢字・漢文化》. 北京大學出版社(北京).
胡雙寶 1988 〈關於漢字的性質和特點〉《漢字問題學術討論會論文集》 14~119.
Berko, J. 1958 〈The Child's learning of English morphology〉 14. Word.
Nation. I.S.P. 2001 〈How Good is Your Vocabulary Program?〉《ESL Magazine》 (May/June) 22~24.
Nation. I.S.P. 2003. 〈Effective Ways of Building Vocabulary Knowledge〉《ESL Magazine》 (July/August) 14~15.
Olson, D. R. 1977. 〈From utterance to text: The Bias of language in speech and writing〉《Harvard Educational Review》 47, 3.

편집 후기 공저자 말!말!말! (명언록)

- "한 권의 훌륭한 사전이 우리나라 교육 발전의 초석이 될 수 있다."(p.24) 이돈희_숙명여대 이사장 / 前 교육부장관, 민사고 교장
- "어렸을 때부터 책을 좋아했던 것이 제 인생 최고의 행운 중 하나였다."(p.209) 김동연_아주대학교 총장 / 前 국무조정실장
- "어릴 때의 독서는 인생의 보약이다. 아이들에게 어떤 공부보다도 풍부한 독서와 사전을 통한 어휘력 습득에 힘을 기울이게 해야 한다."(p.217) 박시형_샘앤파커스 출판사 고문 / 前 대표이사
- "책을 읽거나 공부할 때 사전을 동반자 삼아 함께 간다면 무엇보다 든든한 원군이 될 것이다."(p.227) 김상문_㈜IK 회장
- "책과 사전을 늘 가까이하는 습관이 큰 인재, 큰 인물을 키운다."(p.221) 박계신_㈜다이아텍코리아 회장

- "청소년의 강한 애국심이 국가 경쟁력으로 승화되자면, 다른 나라 젊은이보다 강한 학력 기초를 가져야 한다."(p.285) 박기태_반크VANK 단장
- "언어 능력은 절대로 하루아침에 만들이지는 게 아니다."(p.213) 박시형_샘앤파커스 출판사 고문 / 前 대표이사
- "유명한 운동선수들은 대개 어렸을 때부터 총명하고 영특했다. … 학업에 충실했다면 반드시 우등생이 되었을 것이다."(p.212) 최순호_대한축구협회 부회장 / 前 국가대표 축구선수
- "공부도 잘하면서 축구도 잘하는 만능선수가 되는 것은 결코 불가능한

일이 아니다. 안 해서 그렇지 누구나 할 수 있다."(p.214) 최순호_대한축구협회 부회장 / 前 국가대표 축구선수

- "어릴 적의 어휘력은 그 아이의 지적능력을 대변하며, 모든 학습의 기본 토대가 된다."(p.217) 박시형_샘앤파커스 출판사 고문 / 前 대표이사
- "일단 초등학교 때 공부를 잘해야 어느 분야든 전문가로 대성할 수 있다."(p.221) 박계신_㈜다이아텍코리아 회장
- "낱말 뜻을 알아야 글을 읽고 이해할 수 있는데도 오늘날 우리 아이들의 어휘력은 가난하기 짝이 없다."(p.228) 이기성_서울대학교 사범대학 부설고등학교 교장
- "듣고, 말하고, 읽고, 쓰는 활동이 어휘를 바탕으로 이루어진다. 습득한 어휘가 많을수록 토의 · 토론 능력이 향상된다."(p.262) 최순옥_서울 연은초등학교 교장
- "어휘력은 모든 학습의 바탕이다. 어휘력이 부족하면 학력 향상에 큰 어려움이 따르게 된다."(p.346) 정주희_경인교대 부설초등학교 교사
- "학생들이 단어 공부를 꾸준히 하는 습관을 기른다면 모든 과목의 성적 향상은 '따 놓은 당상'이다."(p.257) 원정환_서울 숭미초등학교 교장

- "잘 읽는다고 잘 이해하는 것은 아니다."(p.243) 김윤숙_서울 송원초등학교 교장
- "글을 읽고도 이해할 수 없으니, 공부가 갈수록 어렵고 재미없는 일이 된 것이다."(p.228) 이기성_서울대학교 사범대학 부설고등학교 교장
- "학생들은 낱말 뜻풀이를 대단히 목말라한다."(p.278) 민기식_서울 묘곡초등학교 교사

- "이해하기 쉬운 용어라고 생각되는 경우에도 한자를 알면 그 의미가 좀 더 확실해진다."(p.269) 유석재_조선일보 문화부 기자
- "어려서부터 글을 대충대충 적당히 이해해 무조건 암기하도록 가르친다면 창의성 있는 인재양성은 요원하다."(p.233) 성명제_前 서울 목동초등학교 교장
- "단순히 외우기보다 속뜻을 파악하고 외울 때 기억에도 훨씬 오래 남게 된다."(p.248) 추성범_서울 길음초등학교 교장
- "정확한 사고는 정확한 단어(용어)의 사용에 의하여만 가능하다."(p.34) 전광진_성균관대 중문과 교수 / 前 문과대 학장
- "한자어는 알고 나면 오히려 쉽다."(p.272) 유석재_조선일보 문화부 기자
- "한자어를 잘 안다는 것은 지적 능력과 사고력을 향상시킨다."(p.260) 박인화_서울 재동초등학교 교장

- "국어사전은 국어시간에만 필요한 것이 아니다."(p.49) 김승호_전남 목상고 교장 / 前 함평교육청 교육장
- "국어사전 활용이 효과적인 학습방법의 기본이다. 공부를 잘 하고 싶다면 국어사전을 제대로 활용해야 한다."(p.53) 김승호_전남 목상고 교장 / 前 함평교육청 교육장
- "국어사전은 '세상 만물, 인생 만사'를 이해하는 가장 기본적이고 객관적인 기준을 알려 준다."(p.223) 권점주_신한생명 부회장 / 前 신한은행 부행장
- "훌륭한 국어사전은 한자어를 얼마나 잘 풀이하고 있는지가 잣대가 된다."(p.260) 박인화_서울 재동초등학교 교장
- "한자어 풀이가 독특하고 창의적인 한 국어사전이 우리나라 학생들의

장래를 밝혀줄 희망의 등불이 될 것이다."(p.280) 윤재웅_LBH교육연구소 강원지부장

- "국어 기본을 탄탄히 쌓고 나날이 우리말 어휘력을 향상시키는 것은 나 자신을 위한 멋진 선물이다."(p.267) 안지환_성우, KBS, MBC, EBS 등
- "영어를 잘하고 싶으면 먼저 모국어인 한국어에 대한 어휘력이 풍부해야 한다."(p.264) 아이작_Isaac, EBS 미국인 영어 강사
- "스스로 어휘력을 높이는 방법을 알게 된 아이는 국어사전을 열어 단어도 찾고 자신감도 찾았다."(p.289) 이성숙_서울사대 부설초등 2학년 학부모
- "자기주도 학습의 비밀이 바로 국어사전에 숨겨져 있는 것 같다."(p.289) 이성숙_서울사대 부설초등 2학년 학부모

- "책꽂이에 꽂아 둔 사전은 아무런 소용이 없다."(p.45) 전광진_성균관대 중문과 교수 / 前 문과대 학장
- "죽는 순간까지 가장 가까이 할 수 있는 것이 바로 사전이며 독서이다."(p.237) 정운필_국립한경대 겸임교수 / 前 서울 은평초 교장
- "인터넷사전이 '직선 코스'라면 종이사전은 '우회 코스'이다. … 종이사전에서 우연히 만나게 되는 단어들은 들꽃처럼 정겹다."(p.282) 김시원_소년조선일보 취재팀장
- "종이사전은 숲도 볼 수 있고, 나무도 볼 수 있어 일거양득이다."(p.265) 아이작_Isaac, EBS 미국인 영어 강사